丸山友岐子

逆うらみの人生

死刑囚・孫斗八の生涯

SON Topal

辛淑玉【解説】

インパクト出版会

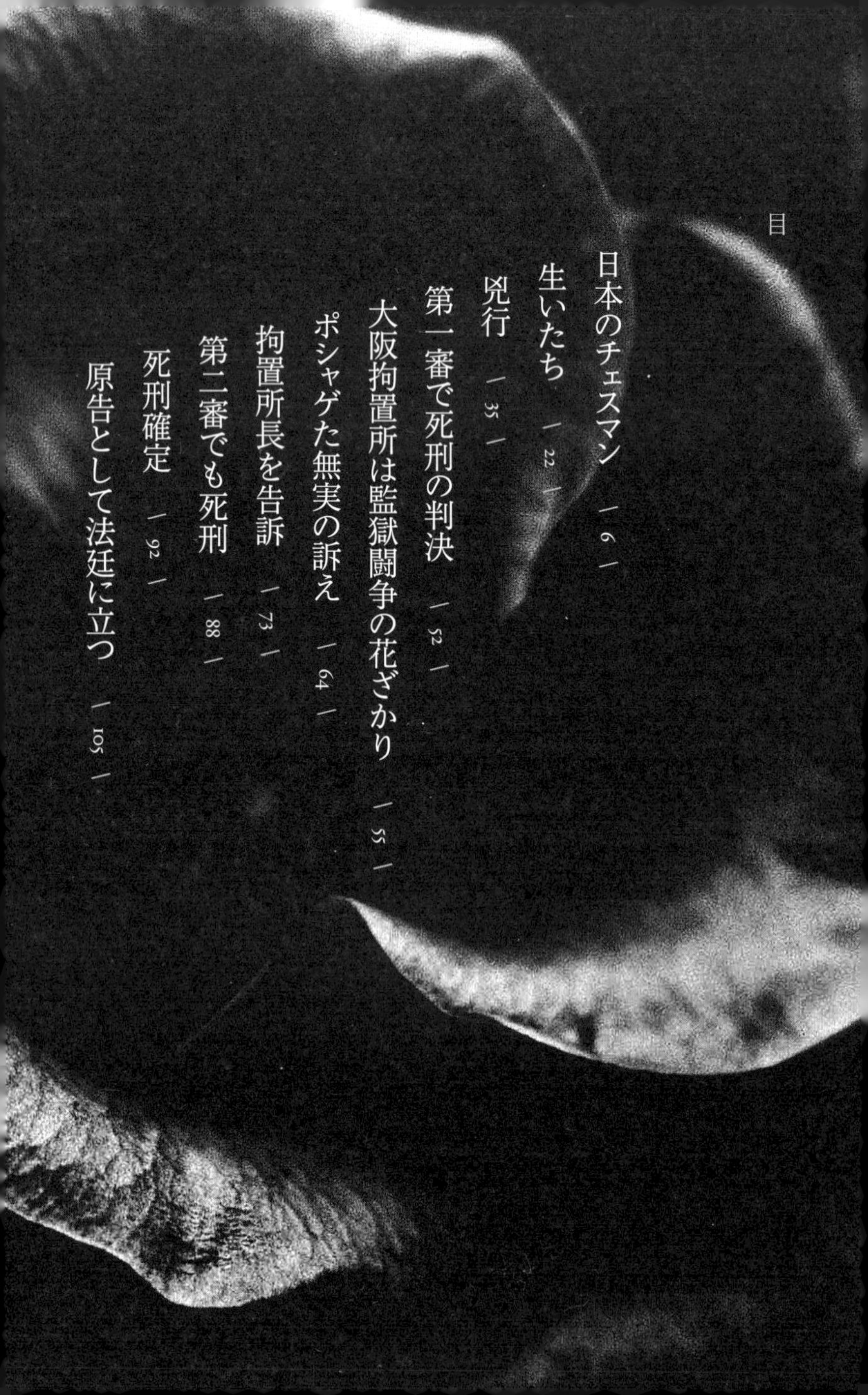

目

凡例

一、本作品は、これまで『逆うらみの人生』一九六八年二月、社会公論社、『さかうらみの人生』一九七〇年一〇月、三一書房、『逆うらみの人生――死刑囚・孫斗八の生涯』一九八一年九月、社会評論社、『超闘　死刑囚伝――孫斗八の生涯』一九九三年九月、社会思想社（現代教養文庫）の四回出版されている。
本書は社会評論社版を底本とし、他の版も参考にした。

二、写真は、社会公論社版および社会評論社版のものを使用し、キャプションは原書を元に改変した。

三、作品には明らかに差別的な言葉や言い回しがあるが、作者が故人であり、また作品が執筆された時代的限界の反映でもあるため、そのまま掲載した。

逆うらみの人生

日本のチェスマン

一九六三年七月十七日、夏の間中でも数日しかない最高に暑い日の朝だった。旧大阪拘置所の死刑執行場で、変則的な死の儀式が執行された。きまりどおりことが運ばなかったのは、死刑囚が大暴れに暴れたためである。

日本では、執行直前の死刑囚が暴れるということはめったにないことらしい。変則的でない死刑執行の状景は、元大阪拘置所長の玉井策郎氏や、やはり大阪拘置所で教誨師をしていられた故北山河氏がくわしく記述していられるが、おおむね、日本の死刑囚は、おとなしく、いさぎよく、感動的な死を死んでいくということである。そこに前例となってしまった一つのきまりきった執行儀式の定式が完成していて、主人公の死刑囚たちもあえてそれに逆らおうとはしないらしい。

執行儀式というのは、いいかえれば、死刑囚の生きながらの葬式みたいなものである。葬式というヤツは厳粛であればあるほどいい。涙と読経と線香のかおり。日本の温情的で礼儀正しいお役人さんたちは、たとえ相手が極悪非道の犯罪者であっても、自からの葬式に参列している生きている死者に対して、同情の涙を惜しみはしない。それに、厳粛で敬虔なおとむらいの儀式は、執行人としての心の痛みをも軽くする。死刑の執行に当たる役人連は殺人に参画するのではなく、ただ葬式の会葬者に過ぎないのである。死刑囚たちにとっても、この生きながらに出席した葬式が、彼らの唯一の「葬式」であって、彼らが死後、誰かによって葬むられるということは、例外中の例外なのだ。というわけで、罵声と暴力でわれとわれ自からの葬送の儀式を冒瀆するような不心得な死刑囚は一人もいなかった、というのが実情のようだ。

だから、いつもなら死刑の執行に当るお役人さんたちも、ちょっぴり、「死」そのものに対する感傷的な涙を用意すればよかったのだが、その朝だけは、そうはいかなかった。朝っぱらから温度計が体温ラインを突破するような猛烈に暑い日に、制服制帽で、死刑囚と格闘しなければならなかったのである。

翌日の新聞は、前日の処刑のニュースにかなりのスペースをさいた。

「日本のチェスマン遂に処刑、だまし打ちにするのかと叫びつつ」

七月十八日付朝日新聞朝刊は、このような見出しで、死刑囚孫斗八の処刑を報じている。

「日本のチェスマン」「訴訟マニア」と異名をとったこの男の名を、あるいは記憶にとどめている人もいるかもしれない。

孫斗八が「日本のチェスマン」と呼ばれたのは、獄中で法律を勉強し、その法律を武器として「監獄法は憲法違反だ」「囚人の待遇を改善せよ」「俺には死刑の執行を受ける義務はない」などという訴訟を次々と起こしたからである。

特に彼を有名にしたのは「監獄法は憲法違反か」と問題を投げかけた監獄の人権を争う訴訟

である。第一審の判決ではほとんど孫斗八が勝訴。「六万受刑者に光明をもたらすもの」として注目を浴びた。当時、アメリカの死刑囚チェスマンが、死刑囚監房を法律事務所にかえ、自から自分自身の弁護人となって法廷闘争を行ない、きわどいところで七、八回も死刑執行停止をとりつけて世界の話題になっていた。チェスマンが死刑囚監房で書いた『死刑囚2455號』〈新潮社、一九五六年一月刊〉という本が日本でも翻訳されてベストセラーになったりしていたところから、法廷で闘う死刑囚孫斗八が「日本のチェスマン」と呼ばれるようになったわけである。

孫斗八は死刑囚の身でありながら、数々の訴訟の原告兼原告側弁護人として、実に百回以上も法廷に立ち、監獄の人権を争い、「お前の命はもらったぞ」と宣告を下した国家権力に対して、「俺の命をとることはまかりならぬ」と、自分の命をあらそった。孫は大阪地裁に提起した「死刑執行処分取消請求事件」によって、まったく異例の「死刑執行停止命令」を二度までとりつけることに成功している。この訴訟を進行する過程で、彼がそこで殺される予定の（現にそこで殺されたのだが）旧大阪拘置所の死刑執行場を現場検証した彼は、彼を絞め殺した殺人道具はもちろん、刑場の隅々まで、あますところなく、執行官以上によく知っていた。執行の手順、縄のよごれ具合、その太さ、長さ。一メートル七〇センチの彼の身長では、縄がどう調節され、ぶら下った瞬間には、どっちをむいてどういう状態を呈するか、死の確認はどのようにしてなされるか、など、つまり彼は、自分自身の死を研究しつくしていた、といってもいい。

彼は、彼自身がそこで殺された旧大阪拘置所の死刑場、広島拘置所、宮城刑務所内にある死刑場と三つの死刑執行場の青写真と百枚余にのぼる刑場の検証写真を持っていた。

日本には六つの絞首台がある。そのうちの三つの絞首台について、彼は全く知らぬことがないくらいに知りつくしていた。その他、こと死刑に関する限り、彼にはわからぬことはおそらくなかったろうと思われる。彼自身が死刑囚であったという点もふくめれば、なおさらだ。彼は、その死から自分を救うために、可能な限り研究し、知りつくそうとしたのである。

殺されるためではなく、殺人儀式の式次第を研究するために刑場に足をふみ入れた死刑囚は彼が最初で最後だろう。いかに日本のお役所が前例を尊ぶといっても、死刑囚に刑場を研究させる機会を、たびたび与えるとは思えないからだ。

前例といえば、彼は死刑囚による初の死刑場の検証、というようなトテツもない前例を新たにつくったのを始め、実に多くの前例を日本の監獄行政に置き土産した。ありていにいえば、監獄が温存してきた前例という前例に挑戦し、そのいくつかを破ったのである。

「前例を破る」なんて、口でいうのはやさしいが、日本のお役所の前例をくつがえすなんて、ちっとやそっとの力わざでできるものじゃない。まして、役所は役所でも、彼の相手は、彼が現にひっとらえられ、閉じこめられている監獄という役所なのである。

二十四時間の日常生活のすべてが、規則、規則、これまた規則と、がんじがらめに法律によって律しられている世界である。頭を西にむけて寝るか東にむけて寝るかが重大事件である社会なのだ。孫斗八がこの社会でとりきめられた規則の中で、まずまず忠実に守ったのは、食事時間ぐらいのものだったろう。

西をむいて寝ろ、といわれたら、東をむいて寝る、というような生き方を彼は十二年間監獄でつらぬいた。あまつさえ、囚人の身でありながら、正義の守り手であるお役人連中を片っ端から告訴し、夥しい数の善良な紳士達を被告席に坐らせたのである。裁判では被告というのは「悪いヤツ」にきまっている、というのが、裁判なんかとかかわりのないところで、ノホホンと茶の間の裁判劇を見ているわたしたちの常識だ。「原告」、つまり告発者はつねに正しいにきまっているのだ。この常識は裁判所でも通用するのか、それとも、こうした裁判のありようを、知らず知らずのうちにわたしたちの〝常識〟として浸透させせられたのか、原告席はひどく立派なフワフワの椅子なんだそうである。それで、役人たちを告訴した孫斗八は法廷ではいつもフワフワの原告席であり、「正しい人」だったわけだ。「悪いヤツ」に仕立てられ、被告席に坐らせられたお役人の方は、被告席がひどく坐りごこちが悪かったらしい。この裁判所での地位の逆転は、そのまま監獄に持ちこまれて、孫斗八は、自分がまるで監獄の長であるかのようにイバっていた。

また見張り役の看守連は下級も上級も、彼をほしいままにイバらせた。何しろ、孫斗八の前では、国家権力の走狗である看守のすべてが「悪いヤツ」の方に組しているわけで、孫はいつでも「正しい」のだから、看守より囚人の方がイバっているという珍しい現象がおこってもいたし方がない。共産党の徳田球一さんだって、この点じゃとても彼の足もとにも及ぶまいと思う。もちろん徳球さんには看守にイバりちらすような趣味はなかったろうと思うけれども。

看守連が、孫斗八を「拘禁大名」と呼び、彼の監獄の日常を「大名ぐらしだ」と長嘆息ししい、彼にヘイコラかしずいていたんだから、監獄側が彼に捧げた「敬意」のほどが知れようというものである。

彼が裁判所に訴訟を起こした事件はかれこれ二十件。そのすべてが「訴訟救助」の決定を受けている。「訴訟救助」というのは「勝訴の見込みがある場合に限り」国が訴訟費用を負担してやろう、という制度だそうで、孫は国の費用で養われながら、国の裁判所で訴訟を起こし、費用国家負担で、国と国の使用人である役人を告発しつづけた、ということになる。孫を十二年間監獄で養ったためにかかった費用は実に莫大な額にのぼるだろうと思う。看守の人件費などを考慮に入れたら、とてつもない数字になるだろう。一人の囚人に対して、国家が支払った犠牲という点においても、おそらく孫の右に出るものはいまい。

監獄社会には、常識をこえた行為に出るものはゴマンといる。看守連も、囚人の奇矯なふるまいや、トッピな行動にはなれっこになっていて、ちょっとやそっとでは動じないらしいが、孫にはホトホト手をやいたようだ。その結果が、インギン丁重な殿様扱い、というようなことにもなってしまったらしいけれども、手をやいたのはひとり大阪拘置所の管理者だけじゃない。日本の法務省全体が、一人の囚人にふり廻されたのである。一坪あまりの鉄格子のついたコンクリートの部屋へ、殺すまでの仮住居に封じこめたはずの囚人が、法務省首脳部に鳩首会談をひらかせ、金城鉄壁の監獄をゆすぶったのだ。まさに法務省にとって、法務省始まって以来の驚天動地のできごとだったにちがいない。

孫斗八が数々の訴訟によって得た具体的な成果といえるものは、日本の全部の監獄が囚人に新聞を読むのを許すようになった、ということくらいのものらしいが、シャバにいるわたしたちには、孫が訴訟を起こすまで、囚人には新聞も読ませなかった、ということの方がむしろ驚きである。孫はこういう監獄の現実をあからさまにし、正さなければならない不正義として、裁判所に持ちこんだのだ。

裁判所に持ちこんだからこそ、法務省全体の問題にまで発展したので、ただ単に、看守に不平をぶちまけていたのでは、横ビンタの一つもくらわされるのがオチだったろう。たまたま孫に、六法全書を読み通すだけの教養と根気があったこと、そして、ただそれを読むだけじゃなく、ただちに実用兵器として使いこなせる才能と行動力があったことが、法務官僚にとってとんだ災難だったわけである。

しかし、何よりも「監獄をゆすぶる」というような巨大なエネルギーの源となったものは、孫という男の「あくなき生への執念」というヤツである。彼は死にたくなかった。生きながら監獄で葬むられたくはなかった。彼は一度として、罪の償いのためにいさぎよく自分の生命を捧げるなんてことに同意しなかった。彼は二人の尊い命を奪っている。キャバレーで女遊びをするために。いい服装をしたいために。中年の夫婦を殺害して、その子供たちから一度に両親を奪ったのだ。

そのために彼は死刑囚監房につながれることになったわけだが、死刑という刑罰が彼にはどうしても納得できない不当なものだった。自分が二人も人を殺しておいて、今度は自分の番になって殺されるのはイヤだなんて筋が通らない、というのが正直いってわたしたちの心情である。「そんなに殺されるのがイヤなら人殺しなんてしなきゃいい、殺された人たちだって、あなた以上に死にたくはなかったのよ」といいたいところだ。

第一、首の座に坐ってから、未練ったらしく「死ぬのはイヤダイヤダ」とうろたえるのはカッコよくない、という感情が伝統的に日本人にはある。「まないたの鯉を見習いなさい」「悪党は悪党らしく、死に際くらいキレイに死んだらどうなの」と悪態の一つもつきたくなる。

このへんが死刑囚教育のカンどころじゃないか、とわたしはにらんでいるけれども、孫斗八は日本人じゃない。看守たちの「死の美学」には絶対同意しなかった。要するに孫斗八は、日本的モラルからいくと「卑怯未練な、男の風上にもおけないヤツ」の部類にはいるだろう。

しかし、いさぎよく死んでいった他の死刑囚だって、自分が殺した命とひきかえに、自分の命を捧げるのはイヤだったに違いないと思う。彼らが、イヤイヤながら死に同意し、あるいは同意するフリをして、めでたく、とどこおりなく執行儀式に参列したのは、国家が与える絶対的な死に対するあきらめと、「せめて死にぎわをキレイに」という日本的情緒に、本能的なホンネの方をくみふせた結果にほかならないのじゃなかろうか。

キレイに死ぬのと、孫のように大暴れして死ぬのと、どちらがより人間的かといわれると、わたしはなんともいえないような気がする。彼はあくまでホンネの方に忠実だっただけなのである。

「泥棒にも三分の理」というが、孫の論理は「泥棒にも一五〇%の理」といえるくらいのものだ。自分が犯した「殺人・ドロボー」という犯罪行為はたな上げにして、自分を拘禁し、不自由な生活を強制するもの、生命すら奪おうとするものに対する怒りと反抗、ただそれだけだった。そして、彼はこの怒りと反抗に、論理的な正当性を与えることにある程度成功したのである。

わたしは拘置所で彼と面会し、相当長時間にわたって話しあったことが何度かある。

彼はいつでも、しゃべってしゃべってしゃべりまくった。訴訟資料やノートをテーブルに積みあげ、エンピツをふりまわして、日本の監獄を攻撃し、彼に死の宣告を下した裁判のデタラメさ、裁判官の非人間性を攻撃した。わたしは、彼の雄弁にアテられ少々くたびれながら、いつもなんとなく白けた気分になって拘置所の門を出たものだ。孫はあんなことをいうけれど、とわたしは考えこんでしまう。あれもこれも、彼が「人殺し」をした、そのことの結果ではないか、と。自分のその行為には一言半句もふれることなく、アッケラカンと彼に制裁を加えようとするものに対する攻撃演説をブチまくるのは、ちょっとおかしいんじゃなかろうか。わたしはおずおずと、その点をついてみる。たちまち彼の反撃にしてやられてしまう。「坊主ザンゲが何になるんだ」とひらき直られたら、わたしにはもうグーのネも出ないのである。

「坊主ザンゲ」を窮極まで押しつめていけば、犯した行為の償いイコール死、完全な自己否定、というところへ行きつかざるを得ないのである。老練な監獄職員や教誨師さんたちが奮闘努力して、死刑囚たちを導いていくその道へいきつくしかないのである。孫がその道を選ばず反抗と生の執着に徹していたからこそ、わたしは、死刑囚である彼とかかわりを持ったのではなかろうか。わたしは孫の反撃の前に、シュンとなって論理的にはテもなく屈服しながら、感情的に激しい嫌悪をかきたてられるのをどうしようもなかった。

孫との関係では、不幸な運命を生きる人間に対する安直な同情なんて、介在する余地が全くなかったといっていい。孫は嘘つきでゴーマンで、鼻持ちならぬくらい自己肯定の強い男だった。その意味では、英雄の英雄たる資格を十分備えていたとはいえるだろうが、全くイヤなヤツだった

わたしはこのいやなヤツと数年間つきあった。本を差し入れしてやったり、何度も面会にいったり、孫がパンフレットを出版するのを手伝ってやったりした。わたし自身、貧しくていつもおカネがなくてピイピイしながら、なけなしのサイフをはたいた。なぜ、彼に対してそうしたのか。同情ではなかった。彼のいわゆる「監獄闘争」を支援したいためでもなかったように思う。わたしは法律のことは皆目わからなかったし、彼が法廷に立ってゴチャゴチャやっている事件の内容についてほとんど知らなかった。訴訟資料をうんざりするくらい送ってよこしたが、通読しないで返送することの方が多かった。彼が法廷で勝とうが負けようが、大した関心はなかったのだ。ではなぜ、彼のために奔走したのか。

彼のために用を足してやったあとは、今度こそ何かいってよこしたらつっぱねてやろう、と待ち構える気持ちになりながら、そうすることはなかなかむずかしいことだった。一つには彼のこの頼みが、最後のものになるかもしれない、という気持ちが働くためでもあったけど、そういうセンチメンタルな気持ちだけじゃなく、もっと積極的な、わたし自身の生きかたにもかかわる意志的なものがあった。

同情や憐憫の感情が、わたしを死刑囚のところへ引きよせたのなら、わたしは孫のようなコニクラシイ相手じゃなく、もっと〝可憐な〟相手を選んだろう。十八歳の少年死刑囚とか、悔

い改め宗教によって生まれかわった作家の卵、といった相手を。全く、死刑囚監房ほどマカ不思議な作用を人間に及ぼす状況はないだろう。かつてむごい人殺しをやってのけた男たちを、天文学者や園芸家、社会奉仕家、詩人、歌人、はては作家の卵に変えるのである。しかもごく短い時間の間に。何の才能も開発できなかった死刑囚でも、敬虔きわまりない宗教人になるというのだから驚く。だから〝可憐な〟死刑囚を見出すことは実に簡単だ。拘置所へ行って、教誨師さんの仕事を助けたいと申し出ればいいのだから。

わたしは、孫が悔い改めることを拒否した死刑囚だからこそ、彼に近づいたのだ。彼は死ぬのがイヤだと猛然と全身全霊でもって死と格闘していたから、彼のいのちの叫びに共鳴するものがあったのである。

最初、わたしが孫と知りあったばかりのころ、彼はわたしに、「僕は命より名を重んじる人間なんです」というようなシャラくさいセリフをまくし立てたものだ。わたしは大きな声でケラケラ笑ってやった。「サギ、ドロボー、強盗殺人と悪事を重ねて死刑囚になった男が、どんな名声を？」意地悪く、冷酷にキメつけた。そして「あなたは生きたいんでしょ。生きたいと欲するものには生きる権利がある。その権利のために闘いなさい」と小生意気な黄色い唇でそそのかしたものである。もちろん、わたしがそそのかすまでもなく、彼はそのために闘っていたのだが、彼自身の内部はともかく、外部の他人に対しては、何とかそのエゴイスティックな闘争を美辞麗句でとりつくろおうと努力していた。

わたしは、そのような孫の見せかけのウソッパチをこっぴどくやっつけながら、一方で「悔悛の情」というヤツも期待した。ところが、孫のような「たたかい」と「悔いあらため」の感情とは全く両立しないのである。後者が欠落していたからこそ「たたかい」が可能だったのだ。そのへんの事情が始めはよくわからなかったので、わたしは相矛盾する期待を孫にかけていた。

わたしがほかでもない、孫斗八という死刑囚に近づいたのは、彼が悔悛を拒否した死刑囚だからだと悟ったのは、だいぶあとになってからである。しかし、悔いあらためることを拒否した犯罪者というものは、わたしたち善良な人間には甚だ不愉快な存在である。彼の存在は「人間性はすべて善なり」と、ともすれば信じたがる、わたしたちの楽天主義をおびやかす。そう悟ったからといって、孫が不愉快なヤツだということにかわりはなかったから、こんなヤツの用事をしてやるために走り廻るのは甚だ腹立たしいことに変りはなかった。

この感情は、孫にアゴで使われた看守さんたちと一脈通じるものがあったろうと思うが、腹を立てながらも用を足してやるのは、これは、わたしが熱烈な死刑廃止論者の一人だからだと、わたしはあらたな悟りを開くことにきめた。わたしは、死刑囚の哀れな運命に同情の涙をふりそそぎながら「やっぱり死刑制度は必要ですよ」とキッパリ答えられる慈善家ではない。驚いたことには死刑囚とつきあいを持ち、つきあいを持った当の死刑囚の助命は熱烈に望みながら「死刑制度は必要」と考えている人が大変多いらしいのである。

わたしは孫の死後、孫を後援した人々の何人かに、死刑制度の是非をきいてみた。死刑は廃止すべし、と答えてくれたのは、近畿大学の前田信二郎教授ただ一人である。この先生は訊ねるまでもなく、死刑廃止の論陣をはっていられるが、もっとも意外だったのは、孫の彼女が、非常にハッキリした死刑存置論者だったことだった。死刑囚と結婚しようと決意し、ほとんど感情的には夫婦と同様といえるくらい孫と親しかったこの人が、死刑廃止は反対というのを聞いたとき、わたしは全く仰天する思いだった。彼女の論旨でいくと孫など助命どころか、まっさきに絞首台にブラ下げなければならない死刑囚なのである。

孫は裁判で、死刑制度そのものをあらそったわけだが、死刑制度を何とかしない限り、要するに全部の死刑囚と一緒に救われない限り彼が救われる道はなかったのだ。孫はわたしあての手紙の中で「僕は岸信介みたいなヤツは死刑にしなければならないと思っていましたが、いまでは、完全な死刑廃止論者になりました」と書いてきている。死刑囚に「死刑にすべし」と考えられていた岸信介氏こそいいツラの皮みたいなもので、ちょっとしたお笑い草だが、孫が「完全な」死刑廃止論者に宗旨がえしたのは「ヒットラーでも死刑は反対だ」というわたしの廃止論に脱帽してというより、その当時、彼が「絞首刑は憲法違反だ」という死刑訴訟を始めていて「制度」そのものをどうにかしない限り、自分のいのちはどうにもならぬ、とはっきり悟ったためだとわたしは思っている。

この少々ご都合主義的ではあるが、彼自身死刑囚で「完全な」死刑廃止論者であった孫さえ、その恋人の死刑制度に対する観念を変えさせるには至らなかったのである。

恋人の、心情的には「夫」の、突然の処刑に、悲しみのため瞼を真赤に泣きはらしながら、その「制度」のために、いま愛する者が奪われたばかりだというのに「やはり、死刑の制度は必要……」とためらいなくいいきれる、というところに、死刑廃止の実現のむずかしさがあるのだろう。

　そういうことはともかくとして、わたしは死刑廃止論者の一人であり、たまたま、死刑廃止論者だったゆえに一人の死刑囚と知りあったのだ。孫がどういう男であれ、彼が生きたいという欲求をつらぬくことを援助するのはわたしの義務ではなかろうか、とわたしは考えた。

　なにしろ、わたしは、死刑廃止論者であっても、自分一人で内心そう思っているだけで、大声でそれを叫ぶ機会もない一家庭の主婦に過ぎないのである。孫を援助することは、わたし自身の内心のかんがえを発露する唯一の機会なのだ。こういう機会にそっぽを向いてしまうことは、わたしが自分で自分の考えを否定することになるのじゃないか。こういう次第で、孫との交際が数年間続いたのだ。

　そして、ひとり、わたしだけではなく、孫の闘争を支えた力は、日本の死刑廃止を望む人々の意志であった、とわたしは考える。孫がいかに意志の強い、超人的な男であったとしても、外部に支援する力がなければ、彼の闘争は成立しなかったにちがいない。彼に経済的、精神的なエネルギーのかてを与え続けたのは、日本の法曹界であり、日本の良心である。孫は約二千通にのぼる外部からの通信を受け取っているが、孫とかかわりをもった人々の層は厚く広い。わたしのような主婦から、貧しい農婦、サークル活動にはげむキマジメな青年たち。その中には、小林多喜二のお母さんである故小林せきさん、姉の佐藤ちまさん、社会党の松原喜之次代議士というような人々まで含まれている。なかでも最も大きな比重を占めているのは法曹界のお歴々だ。孫は恋人あての手紙の中で「ちょっと無心をいってやれば弁護士たちがお金を送ってよこすから、金の心配はいらぬ」といっている。孫が、資金源としてもいかに日本の法曹界を頼り、信頼しきっていたかわかろうというものである。孫が持っていた資料のすべてを通読して、わたしがもっとも感動したのは、こうした外部の人々とのかかわりあいであった。一人の死刑囚に寄せた、さまざまな人々のさまざまな心の寄せかたに感動しながら、わたしは日本に生きていることの幸福をしみじみあじわった。それまでのわたしは、左翼的な紋切型の単純な思考でしか、日本や社会を考えたことがなかった。わたしの社会はいつも歪んだ社会であり、朝鮮人問題であり、部落問題であり、教育問題であり、アメリカの基地の問題であった。しかし、それらの問題はつねに遠いところにあって、ただ、漠然と日本で生きることの不幸感のような感情をかたちづくっていたように思う。閉塞的な女房的視野と感覚しか持つことのできないわたしのような女には、社会を自分の問題としてとらえるのは非常にむずかしいことなのである。

とにかく、わたしは、自分が日本人として日本で生きていることを、しあわせだというふうに感じとったことは一度もなかった。もちろんこのような感覚は「家庭の幸福」なんていう、ミミッチイ幻想を追っかけ廻している女房族にはもう一つ抽象的で、高等な触覚を要するから、わたしが、それを感じとることができなかったとしても不思議じゃないけど、孫が遺した夥しい記録が、わたしをそういう場所へ連れ出したのである。わたしは、日本人であることを感謝した。ゴミゴミした今様貧民街の〝非文化住宅〟の、ほんのわずかな空間しか占めることができないくらしでも、日本の空の下で呼吸していることが無性にしあわせだった。日本の法曹界に対する満腔の信頼感がわたしを充たした。わたしは無実の罪で獄窓につながれたりすることはないだろう。万に一つ、そのようなありうべからざることが、わたしの身の上に起ったとしても、日本の法曹界がわたしを助けてくれるだろう。孫の闘争を支援した無数のよき魂が、わたしを放っておかないだろう。わたしは確信を持っていうことができる。これはわたしたちが戦後得たもろもろのしあわせの中でも、もっとも大きなしあわせといえないだろうか。わたしは、自分が一人の死刑囚とかかわったこと、その死刑囚の記録を掘り返すというような面倒な仕事に長い時間を費してしまう結果になったことをもあわせて感謝したい気持ちだった。

孫は、その執念の力によって、死刑確定後半年、と法によって定められた彼の寿命を七年半まで引きのばした。彼と前後して確定した死刑囚で、まだ生命をまっとうしているのは、帝銀事件の平沢さんと、気が狂って執行できなくなった女囚がいるくらいなもので、身心ともに正常で、再審請求の理由も持たない死刑囚の中では、彼が長生きの新記録だと思う。

そして、その七年半の間に、彼はどれだけのものを得ただろうか？　新たな友情や、献身的な女性の愛情、絶対に生きて再びシャバに出て見せるという確信。他の死刑囚がほとんど持つことができない人生に対する希望の輝きで、彼の晩年はいろどられていた。彼の生涯は、たとえ死の脅迫をもってしても、人間から〝希望〟を奪うことはできないという一つの証明でもある。

それともう一つ、孫のような「英雄豪傑」を監獄から生み出したものは、まさしく日本の戦後的状況であったとわたしは思う。わたしには荷のかちすぎる仕事だけれど、一つの時代の一つの証言として、孫という男の生涯をたどってみたい。

生いたち

孫斗八は朝鮮人である。彼の死後、韓国から送って貰った戸籍謄本によると、孫一尹、曹加毎の長男として、一九二五年十二月二十一日、朝鮮慶尚南道陜川郡鳳山面霜峴里九二二番地で生まれている。朝鮮の戸籍謄本を見るのは初めてだが、その記載の仕方が、実に日本のわたしたちのとよく似ている。ただ年号が西洋暦になっているのと、父母の姓が違うだけで、他は全く同じである。これは、もとからこういう記載の方法をとっていたのか、日本の植民地行政の名残りだろうか、そんなことを考えながら、孫も人の子として、こうして役場に届けられ、祝福されたみどり子としてその人生の第一歩をふみだした、という思いに憮然とするものがあった。孫の両親は彼の出生を喜び、まだ生まれ出ぬうちに、名を付け、役場に届け出た、と孫が日記に書いている。孫のほんとの誕生は届けられた生年月日より三ヵ月もおそい、翌年の早春で、よもぎのもえ出すころだった。孫の両親は、よもぎ餅をどっさりつくって隣近所に配り、はじめての男の子の誕生を祝ったという。

しかし、彼の幸せな幼年時代は短かった。五歳のときに父が死んだ。まもなく、若い母親は斗八を祖母の手に残して再婚した。彼の母はまだ、韓国で生きているが、孫にとって、母はつねに瞼の母であり、母のいつくしみは、ただ空想の中でだけしか得られぬものとなった。祖母は、一度に両親を失った孫をいとおしみ可愛いがったようだが、その祖母も四年後にこの世を去った。孫がたびたび、なつかしい家族の思い出として語っているのは、このお祖母さんの記憶だけである。お祖母さんがつくってくれた汁のうまさとか、寝ているとき、孫がふとんにもぐらず枕をズラして上へ上へと上っていくのは出世する証拠だといって喜んだとか、折りにふれて思い出すのは、お祖母さんのことだけだったようだ。この祖母も失って、孫は全くの孤児となった。

一九三三年ころの朝鮮がどういう状態であったか、わたしは知らない。孫は、彼自身が書いた年譜にこの年のことを「父は九人兄弟の次男で、家は傾いていた。父の弟に当たる叔父が二人、日本へ来て土方をしていた。祖母の葬式に帰国した叔父孫金乭について日本にくる。そのとき叔父孫乭允も、一緒にきた」と書いている。彼の生家がどういうなりわいを営んでいてなぜ家が傾いたのか、ということは一行も書かれていない。ただ三人の叔父が日本に渡って、なんとか生計の資を得ようとしたことを通じて、政治の波にあらわれ、日本へ日本へと吹き寄せられてきた、その当時の朝鮮人家族の一つだったということが想像できる。

孫が叔父に伴われて日本へ来たのは、昭和八年の四月上旬ごろで、孫は数え年の九歳だった。広島県呉市広町の飯場で、叔父三人と孫の生活がはじまったのである。二週間ぐらいして、広南尋常高等小学校に入学した。

「学校へ行くときは、学校の近くまで、バラックの子供たちが一緒につれて行ってくれたが、帰るときは一人だった。ぼくが朝鮮語で話しかけるので、朝鮮人の子供もぼくをきらった。学校へ行っても全くチンプンカンプン、当時は泣いてばかりいた。叔父に毎日、朝鮮へ帰ろうといって困らせた。泣かないで寝たことはなかったという」と書いている。

また、わたしあての手紙の中で、

「電灯もなにもない朝鮮の田舎から突然日本にきたので、最初はまごついた筈です。広島駅で憲兵をみて叔父にしがみついた記憶や、汽車や汽船が珍しかったこと、きれいなネオンサイン、まるで夢の国へ来たようでした。それとは全く別に、すごい孤独感をその日からぼくはずっともちつづけています。

朝鮮の家にくらべると、バラック建の土方飯場は家のうちに入りません。そこにうごめく朝鮮人たちは、人間というより動物に近い感じがしたものです。ぼくはそういう飯場を渡り歩きながら学校に通いました。あるときは叔父たちと小さい一室にくらし、あるときは、そういう人たちと一緒に寝起きもしました。ニンニクの匂をさせるので、学校に行くと、日本人の子供たちはにげてしまう。ニンニクの入ったものがおいしいけれど、それはいらないといって別の菜をつくってもらう。学校では一生懸命勉強したけど、家へ帰ると全く勉強しない。本を入れたままの鞄を放り出して、日が暮れるまで遊び回り、夜はそういう人達の遊びに仲間入りするという奇妙な生活。それが五年頃まで続きました。日本語がほとんど一語も話せないまま学校に入ったのですが、一学期のうちに不自由しないくらい話せるようになったのです。そして二年になると、もう級長になっていました。大人たちがバクチをやる、それを見て僕もやりたくなる。女の話をすると、それも面白がってというより、好奇心から懸命にきく。——そういうひどい環境の中でぼくは大きくなったのです。そのくせ、学校では勉強でも運動でもなんでもチャンピオンだったのです。いわゆる英雄だったのです。

自分の生活の場をみると全く惨めでしょう。それは朝鮮人という、その生まれからくる宿命だったわけです。これに僕は自問しています。その答は、なんとかして学問し、自分だけは、この泥沼からはいだしたいということでした。学校ではいくらよくできても、朝鮮人だというこのために〝あれは朝鮮人じゃないか〟という、軽蔑の眼がいつも向けられ、よくて同情です。これが僕をどんなに苦しめ悲しませたかわかりません。

ここから、〝おれは日本人になりたい、立身出世がしたい〟という考え方が生まれ、盲目的にそれに進んだのです。だから、この神聖な目的のためだったら、ウソもいい、少々無理があっても突破する、というのがぼくの情熱的実行力の源泉だったわけです。希望のあるところ、絶望は生まれません。とにかく頑張ったわけです。家へ帰ると朝鮮人、外へ出ると日本人、それが僕の二重人格の根幹となったのです」とその当時を語っている。

彼は学校ではよくできる生徒だった。入学したとき、先生から「福石辰夫」という「通称」をつけてもらい、朝鮮人「孫斗八」から日本人「福石辰夫」に生まれ変ろうと努力した。事実かどうかわからないが、小学校の高等科まで八年間の間に六年間級長をつとめ、朝日新聞社主催の健康優良児に選ばれたことがあるという。小学校時代に貰った賞状が三十数枚、といった具合に、孫は自分の少年時代の輝かしさをあくことなく、語りつづけている。彼の自己宣伝はいくらか割引くとしても、彼が明るく真面目な、よくできる生徒であったことは間違いのない事実だったようだ。

広島県呉市時代に孫が大変親しくしていた未亡人の一家があった。そこにも男の子が二人いて、孫はその家へしょっちゅう出入りしていたらしい。奥さんは大久保政代さんといって、孫を大変可愛いがったようだ。この一家との交遊は孫が死ぬまで続いているが、大久保政代さんが孫の少年時代について書かれた文章があるので、ちょっと引用させていただく。

「孫斗八、彼の幼き頃の記憶の一端をここに記します。

彼は幼くして両親を失い、不幸中の幸い、伯父の親切で、なにかと面倒を見ていただいていた。また彼も、なにかと伯父に対してつとめていたのを再三見受けたのを覚えております。その頃はすまいも私の家の近くで、小さい時から、よくできた子だなあ、と印象づけられております。学校も近くの広北尋常小学校へ通いました。クラスの人たちも、お国は違っておりましても、よくしたっていたのを覚えております。私の家のお使いも足軽くしてくれていたことを記憶しております。

学校へ通いますのにも、いつもお洋服は折目正しく、きちんとしたものを着て、帽子はいつもかぶって(田舎のため、帽子をかぶらない子も沢山ありました)、親のない子とは思えないほど、きちんとして、いつも伯父は気を使っていたものと今になって思い出します。

学校の成績もよくできまして、先生方からも大層可愛いがられたものでした。

丁度、私の家にも男の子が二人ありましたが、よく田圃などへ連れて行ってお守りをしてくれたものでした。子供たちも大変なついておりました。中学へ入ってからも成績もよく、いつもお友だちの尊敬の的でした。いつも休暇にはきっとわたしの家を訪ねて、元気な姿を見せておりました。私の家を訪ねる度毎に、お豆さんなり、お芋さんなり、なにかと彼に土産を作ってやりました。住いは遠く離れるし、だんだん成長はする。私から遠ざかりながらも、学校の休暇などには、ラジオの修理や鶏小屋を作ってくれたり、なにかと家のためにつくしてくれておりました」

孫は犯行後十日目に、この大久保さん方へ立ち回ったところを逮捕されているが、孫にとっては、大久保さんの家が、第二の生家といえるくらい親しかったらしい。一つには、大久保政代さんという人が大変心の暖かい親切な人柄だったことにもよろうが、これほどまでに可愛いがられたのは、孫が全く模範的な少年だったためだろう。

その当時の、日本における朝鮮人の姿を一度思い起こしていただきたい。わたしが生まれたのは昭和九年で、わたしの小学生時代は孫のときより十年くらいずれるけれども、わたしの前に存在していた朝鮮人の姿はどんなだったろう？　わたしが生まれ育ったのは大阪府下の農村だが、村はずれに、やはり朝鮮人が住む掘立小屋のひとかたまりがあった。そこにいくつの家族が住んでいたのか知らないが、全くブタ小屋にも等しいバラックだった。そして、その軒下にブタを飼っていた。子供たちは朝鮮人が傍を通ると「チョーセンクサイナ。チョーセンチョーセンパッカにするな。ワーッ」などとはやしたてたものだ。わたしの家にも、何日か続けて朝鮮人がマキ割りにきたことがある。その男は、人にはばかる病気のために、おチンチンの先を失くしていた。わたしの父が面白がって、わたしたちにそれを教えた。「チョーセンがショーベンするとき、よう見てみ」父はそれを理由によくその男をからかっていた。わたしも、彼がおシッコに行くのを辛抱強く待って、彼がやおら、引っぱり出すと前に回って、ジックリとのぞき見たものである。そうして覗かれ、からかわれても、その男は指でおどすだけで、ほとんどおこらなかった。わたしの記憶に残っているその当時の朝鮮人は、いつも半分しかないおチンチンを持つ男のイメージを通して甦る。わたしには朝鮮人の子供たちと遊んだという記憶はない。朝鮮の子供たちは、ブタ小屋のまわりで、ほとんどいつも裸で遊んでいた。幼い子供たちは大きなお腹をむき出しにしていたし、大きな子供たちもたいていハダシだった。わたしには、キチンとした朝鮮人の子供、というのがちょっと想像できないくらいである。もちろん、その当時の日本と、彼らが住まいしていたブタ小屋を背景にしてのことだが。

孫少年が、似たりよったりの飯場ぐらしをしながら、まるで女師匠の一人息子か、金満家の無気力なボンボンみたいに、キチンとした服装をして、帽子までかぶっていたことが、少し異様な気がする。わたしたちの小学生時代は、通学はもっぱらワラ草履バキで、帽子をかぶって通学していた男の子の姿は思い浮かばない。きっと誰も帽子なんぞ、かぶってこなかったんだと思う。大久保政代さんも、きっと珍しいこととして、三十年も以前の少年の姿を記憶にとどめていられたのではなかろうか。そしてこれは、叔父さんたちがいつも孫少年の身なりに心を砕いていたというより、孫自身の努力の結果ではなかったかとわたしは思う。独身の土方ぐらしをしているむくつけき男たちが子供の帽子にまで気をつかったとは考えられない。まして、帽子などほとんどかぶらないのが普通だった田舎の小学校でだ。

孫はおそろしく几帳面な男だった。彼の獄中日記の相当な部分は、彼がいかにキレイ好きだったかを語っている。ハタキをどこにどうかけ、雑巾でどこを拭いて、どう清潔を保っているかというようなことが、くり返し、克明に記録されている。彼が最初の一年間拘禁されていた神戸拘置所では、監房のドアに「整理整頓模範室」というかけ札をかけてもらっている。彼のキレイ好きはほとんど病的といえるくらいのものである。キレイ好きというような性格が、先天的なものとしてあるのかどうか、わたしにはわからないが、こういう性格は、むしろ、後天的につくられるものではなかろうか。孫の場合、彼の育った生活環境を考えると、身の回りの整理整頓にはだらしのない方が普通だろう。孫は勉強のよくできる利発な少年だった。彼が利口であればあるほど、朝鮮人としてのひけめは深刻だったにちがいない。彼はそのひけめをはね返すために、身なりをキチンとととのえ、帽子をかぶり、礼儀正しい上にも礼儀正しい、模範少年としての自分をつくりあげていったのではなかろうか、とわたしは想像する。好物のニンニクをがまんしたように、彼は見せかけの性格を自分に与えたのだ。彼のような活発な少年には、いつも「キチン」としていることは相当な努力を要する苦痛な首枷だったにちがいないと思う。皮膚の色を変えるのは大人たちだけじゃない。子供だって、自分がそういう子供だと他人に受けとって貰いたいとき、カメレオンのようにその皮膚をかえるのだ。子供だからこそ容易に、見せかけにかむった「皮膚」そのものに同化しうるのである。孫斗八は、当時の日本が描いていた理想的な少年像に、ピタリと自分をあてはめようといじらしいまでに努力したのだと思う。

わたしは十三歳のわたしを思い出す。わたしは、生まれて初めて生家をとび出し、広い社会で、何とか一人で生きていきたいと決心していた。わたしは電車に乗って都会の中にさまよい出、どこかにわたしのはいりこめる場所はないかとたずねまわった。家出少女を受け入れてくれる場所はどこにもなかった。わたしは「なぜ家を飛び出したのか」と、いろんな人から訊ねられた。家出の直接の動機はもう記憶にないが、貧乏人の子だくさんで、いろいろな欲求不満が昂じて、家出へとわたしをかり立てたのだと思う。わたしはなぜか自分が貧乏人の娘だということを誰にも悟られたくなかった。家が貧しくて、その貧しさが原因で家を飛び出したと考えられるのはなおさらイヤだった。わたしは、話した人のすべてに、少女小説のヒロインが使うような言葉で語った。生まれて初めての標準語であり、そんな言葉づかいや身ぶりがシックリしないどころか、ひどくコッケイであることは自分でもわかっていた。わたしは、焼跡で、浮浪児たちと知りあい、その少年たちにも同じ身ぶりと言葉でしゃべったのである。「へっ、こいつ、ございますっていやがるぜ」わたしと同じ年頃の少年が冷笑したことが忘れられない。わたしは「お上品な言葉」を使うことで、わたしの家の貧しさを、わたし自身の貧しさをかくそうとしたのだ。わたしはその夜、その焼け跡でお巡りさんに保護され、無事家へ連れ戻された。その後、家出というそのことよりも、家を出て、見知らぬ他人に、自分がどうしてあんなにお上品ぶろうとしたのか、なぜあんな言葉をふいに使おうと思ったのかということがわたしを悩ませた。そのことを思い出すと、カッと体中がほてるほど恥ずかしかった。そのせいかどうか、それからは、お上品ぶったりバカ丁寧な身ぶりをすることは、わたしにはできない。

孫の場合、このような見せかけが彼の日常だった。彼自身も書いているように、日本人社会での孫と、叔父さんたちと一緒に過ごす家へ帰ってからの孫と、一人の人間が二つの人格に使いわけられたのである。

そして、彼が苦学して中学校へ上ってからは、叔父さんたちと別れ、日本人の家庭に住み込むことになり、ますます、見せかけの人格が彼の人格としてかたちつくられることになったわけだ。「模範少年」の保護色に守られて、「朝鮮人孫」はたくみにかくされた。彼が三羽がらすといわれたほど、学生時代から親しくしていた二人の友だちすら、戦争が終るまで、孫が朝鮮人であったことを知らなかったという。その二人の親友もまた、孫が重大な犯罪を犯して拘禁されてのちも、ずっと手紙やお金を送りつづけている。「あいつはそんなヤツだったのか」とサヨナラせずに、死刑囚になり下ったかつての友人と交遊を持ちつづけられる友情なんて、いまどき珍しいくらい貴重なものだが、そんな友情で結ばれていた無二の親友にさえも、孫は朝鮮人であることをあかさなかった。彼がそれをうちあけたからといって、その友情にヒビが入ったとは考えられないが、孫をそこまで追いつめていたものは、孫自身の性格もさることながら、何といっても、日本人のわたしたちの責任である。

孫は日本人になりきろうとした。そして、日本人として、日本の社会で指導的な社会的地位を得たい、立身出世をしてみせる、と気負いこんでいた。そのためには学校へ行かねばならぬ。まず「学歴」を獲得し「エリート」としての資格を身につけるのだ。しかし、その当時、朝鮮人が官立の高専に入学しようとすると、朝鮮奨学会の資格審査にパスしなければならなかった。その推薦状がなければ受験すらできなかった。孫はその試験にもパスし、昭和十九年、広島高専電気科に入学した。その年の夏に叔父孫尚尹がなくなった。孫は徴兵検査に甲種合格した。

一年後の八月、広島に原爆が落ち、まもなく終戦。その直後に、彼の育ての親だったもう一人の叔父孫金乭も病死した。終戦を境に二人の叔父を失い、もう一人の叔父も朝鮮へ帰国した。原爆の街の廃墟の中に、ただ一人「半日本人」孫斗八がとり残されたのである。

生き残った最後の叔父は、孫をしきりに朝鮮へ連れて帰ろうとしたが、孫はもう言葉も忘れ去った朝鮮へ帰る気にはなれなかった。せっかく入学できた広島高専も卒業したかったし、何といっても日本は、彼の野心と夢を育てた第二の故郷である。

とはいえ、敗戦のショックは大きかった。むごたらしい死の街に、一人茫然と佇みながら、彼の中のある部分、大きな生きる支えになっていた重大なある部分が瓦解した。孫はよく「人生態度」という言葉を使ったが、彼がそれまで、かたくなに堅持してきた「人生態度」が一挙にくずれ去ったのである。彼が必死になってつくりあげた「模範的日本人」の像は、日本の敗戦というその時点で、もろくもうちくだかれた。

孫は、日本人社会から朝鮮人社会へと帰っていった。敗戦によって、日本人と朝鮮人の位置が逆転したかに見えたそのときに、彼は朝鮮人であることをかくす必要はなかった。終戦は、長い間の欝屈した朝鮮人の感情をバクハツさせた。その渦の中に、孫青年も何の抵抗もなくまきこまれていったのである。「朝連」の腕章をまいて、街を闊歩した。その腕章をつけていると電車もタダで乗れたし、映画館のモギリ嬢も、ウヤウヤしくフリーパスさせるという時代だった。けしからん日本人を事務所に呼びつけ、つるしあげもした。

制服制帽の真面目な学生というカラを脱ぎ捨てたとき、しかし、孫のすべてが変ってしまったわけではない。長い間の習慣になってしまった「キレイ好き」というような性格とともに、「みせかけ」の外郭だけは、彼の皮膚の一部になってしまっていた。ただ制服制帽が背広服にとってかわっただけなのだ。リュウとした背広、シャレたネクタイ、金ペンの万年筆、ラクダのシャツなどが、孫の新たな関心事になった。

しかし、制服制帽時代と、内容も目的もだいぶちがう。制帽時代には、服装をキチンとととのえることで朝鮮人であることをかくし、日本の模範学生「福石辰夫」になりきるという目的があった。そして、その服装が、彼のモラルを規制した。だが、背広に着かえた孫は、朝鮮人であることをかくす必要はなかったばかりか、かえってそれを誇示したいくらいのものだった。孫は戦後初めて、民族の誇りをとり戻した、と自分ではいっているが、日本が戦争に負けて急に彼が朝鮮人であることをひけらかし始めたのは、いつでも優位に立っていたいという歪められた自尊心の発露でもあったと思う。彼の異常なまでの服装に対する関心は、もうおシャレと見栄っぱり以外の、どんな目的でもなかった。戦後の孫は、模範学生を気どるかわりに、いい「カッコ」をしたがる、ただの享楽的な若者の一人に過ぎなくなった。彼は金が入ると、人にもパッパとおごり、最高級のワイシャツを買いこんだ。彼の服装に対する趣味は成金趣味のそれである。監獄に入ってからも、自分の服装はもちろん、他人の身なりにも敏感だった。一緒に風呂に入った同僚の下着をチラリと見て「アイツ、こんなところに入ってからでもラクダのシャツを着てやがる」と、日記の中で批難攻撃している。きっとシャバで悪いことをしてきて、その金でそんなぜいたく品を身につけているにちがいない、と大いに憤慨し慨嘆しているのだが、孫だって、シャバにいるときは「ラクダ氏」の一人だったのである。

わたしには人の下着をチラリとみて、やれラクダだ、フラノだと鑑定できる自信は全くない。第一、ラクダのシャツというものに手をふれてみたこともない。せいぜい、チヂミとメリヤスと化繊が識別できるのが関の山だ。三十歳になった女のわたしですらそうなのである。貧しい朝鮮人の二十歳を出たばかりの青年が、衣服にそんなふうな関心のよせ方をするのはやはり異常というべきだろう。学生がキチンと制服をととのえている分には、それは欠陥として作用しないが、若い男の異常なおシャレは、人格のアンバランスを示す以外の何ものでもない。これが、孫を転落させる契機になったのである。

帰国するとき、叔父さんが学資として残してくれた僅かなお金は、洋服をつくったり、朝連の仕事で走り廻ったりする間にたちまち消えた。下宿屋へも一銭も入れなくなった。その後アメリカ軍キャンプのハウスボーイをやって、品物をちょろまかし、重労働六ヵ月の刑を受けている。この事件のために、広島工専を退学処分になってしまった。

そのあと広島にもいられなくなり、神戸へやってきた孫は朝鮮人の経営するレコード会社や新聞社を転々、どこも長続きしなかった。彼は元「新聞記者」だったことを、輝かしい履歴ででもあるかのように、あらゆる場所で宣伝しているが、いやしくも「記者」といえるような仕事ではなかった。彼の勤め先は月給も定っていず、必要なときにとってくる（朝鮮人で金を持っていそうなところへ行ってたかってくる）といったていの「新聞社」だった。勤めている間につぶれたり、クビになったりして、収入も定まらず、住居も定まらない生活が続くと孫は次第にあせり始めた。金につまると自転車ドロボーのようなケチな盗みもやった。持ちまえの弁舌にものをいわせて詐欺も働いた。

在日朝鮮人があたかも戦勝国民のように熱狂したのはほんのいっときにすぎなかった。日本人にも困難を極めた戦後のその時期に、朝鮮人のくらしがラクであったはずはない。日本の社会は、ムリヤリ労働力として連れてきた朝鮮人たちに、ただ日本の空を貸してやっただけだった。孫のような中途半端なインテリを受け入れる場所はどこにもなかった。かつぎ屋であろうと、どぶろくつくりであろうとカネになることならなんでもやる、という決意がなければ、犯罪を犯すより仕方がなかったのである。孫はあとの道を選んだ。

兇行

昭和二十六年一月十七日。神戸三の宮のガード下で洋服商を営んでいた中年の夫婦が惨殺された。殺されたのは、福島虎次郎さん（四十九歳）と福島すみ代さん（四十歳）である。孫斗八が全国に指名手配され、十日後の一月二十七日、広島県呉市石内、大久保政代さん方へ立ち廻ったところを逮捕された。この事件が、死刑囚としての彼の後半生を決定したのである。孫は満二十五歳だった。

犯行前後の彼の生活を裁判所の記録から探ってみよう。このことはあとで述べるが、彼はその当時の真実を、自分自身の口からは一言もしゃべっていない。何とか犯行を否定しようとし、否定しきれなくなってからは、それを糊塗しようとして、いろいろさまざまないつわりの雄弁をふるうことをやめなかった。僅かに裁判所に出廷したいろいろな人々の証言から、当時の彼の生活が推察できるだけである。

孫は福島さん方で、犯行の約一ヵ月前、金八千円也でパイル地のオーバーを買っている。その当時は「パイル」地のオーバーが流行していたのかもしれない。現在と貨幣価値もだいぶちがうし、まだナッパ服がハバをきかせていた時代だから、パイル地のオーバーはダテ男には魅力だったのだろう。その金をどこから手に入れたのかわからないが、そのあと、詐欺容疑で全国指名手配になっていたというから、詐欺で儲けた金だったのかもしれぬ。とにかく金さえ手に入れれば、おシャレ用品をまっさきに買いたい見栄っぱりだから、明日の生活費があろうとなかろうと、明日は明日の風が吹く、だ。住所も定まらず、安ホテルを転々としながら、悪事の合間合間は質屋通いだ。パイル地のオーバーを買って十日もしないうちに、そのオーバーを、顔見知りの古着屋に時価一万六千円の品だと吹きこんで一万円で売却している。詐欺容疑で警察には追われ、その金もたちまちなくなって、犯行直前の孫は、洋傘から、ハンカチや下着類をつめこんだスーツケースまで質に入れている。犯行前日の一月十六日には、たった一足残ったはいている靴を質に入れ、そのかわりに質屋のオバサンのペッチャラ下駄を借りた。靴を質に入れたとき、靴下も脱いで靴の中におしこみ、孫は素足だった。靴下をはいて女ものの下駄をつっかけるのは「カッコ」悪いと思ったのだろうか、その夜は、道路におきっ放しのトラックで野宿。その翌日また、同じ質屋へ行って、タバコ銭として質草なしで四十円借りている。

二度目に福島さん方を訪れたときには、オーバーもなく、ドンゴロスのうわっぱり、ナッパズボン、素足にペッチャラ下駄といういでたちだった。一月の半ば、一年中でも一番冷えこみのきつい季節である。ただフラフラと通りがかりに、一度オーバーを買ったことのある店に立ち寄っただけなのか、何か目的があっていったのか、それはわからない。たそがれ時に、「また、パイル地のオーバーがあったらほしい」と訪ねた孫を、福島さん夫妻は覚えていた。すみ代さんは一度オーバーを買ってくれた客に熱いぜんざいをふるまった。

たまたま福島虎次郎さんも、広島県の出身で、呉市の中学校を出ており、呉市で代用教員を何年かつとめたことがある人だった。「同郷のよしみ」というような感情も働いて話がはずみ、虎次郎さんは孫を誘って、すぐ近くの一ぱい飲屋へ連れていった。ビールとショウチュウをおごって貰って、孫は、とどまるところを知らぬジョウ舌で大ブロシキをひろげた。虎次郎さんはもっぱら聞き役だった。

のみ屋の女は警察で次のように証言している。

「本年一月十七日午後九時頃、福島さんと私の全然見かけたことのない年齢二十七、八歳

くらいの半島人が入ってきましたので、私はちょくちょく福島さんが私かたで焼酎を飲みに来られることを知っているので、

——おっさん、いつものつけるのか。

とたずねると、

——ふふん。

と返事がありましたので、焼酎一本ずつ出しました。そうして、仕出しはと尋ねると、福島さんは、豆腐、ネギマ（ネギに筋肉を刺したもの）、卵各一本ずつ、鮮人の方は、豆腐、ネギマ串刺し丸天各一本ずつと申されますので、私はこの仕出しを皿に入れて二人に差出しました。そして私は汚れ物を洗濯していますと、鮮人の方が、

——俺はＣＩＤへ呼び出しがあって行くんですけど、すぐ帰してくれる。

と話して居りましたので、私もＣＩＤへ集金に行くし、又、知っている人もありますから耳を傾けていますと、更に鮮人は、

——俺は朝鮮に帰れば、真面目な同胞の「赤の思想」を追放して、俺がよりよき道に指導していく決心です。

と話しておりました。そうすると福島さんも、

——俺も変骨だけど、なかなかあんたのいうことは気にいった、気にいった。

と、再三くり返して合槌をうっていました」

朝鮮戦争が始まったのは、その前年の昭和二十五年である。終戦後、在日朝鮮人のすべては、

一方的に日本の国籍をハクダツされ、外国人登録証を持たされて、朝鮮人だということを示すために国籍欄に「朝鮮」と書きこまれていた。ところが戦争が終ったあと、朝鮮本土は韓国と朝鮮民主主義人民共和国に分断され、日本政府は韓国政府の要請に応えて、「朝鮮人は、外国人登録証の国籍欄を〝韓国〟と書きかえてもよろしい」というおフレを出すと、日本にいる朝鮮人の間にも、南と北の色わけがすすみ、韓国系と北朝鮮系にわかれた。孫斗八は、いち早く「朝鮮」から「韓国」に国籍欄を書きかえた一人である。孫が飲み屋で福島さんに語った「朝鮮へ帰って」という朝鮮は韓国であり、韓国から赤色分子が一人もいなくなるよう指導するのだといきまいたのだ。孫はあとで、「終戦直後には朝連の活動家だった僕がこんなことをいうはずはない。この女の証言はでたらめだ」と攻撃しているが、孫と何の利害関係もないゆきずりの飲み屋の女が、孫がいいもしなかったことをいったと証言するはずもないのである。

孫は福島さんだけじゃなく、行き当りばったり誰にでも、自分は大阪大学工学部の出身で、工学士だとか、将来はエラブツになるんだというようなウソとハッタリをまじえた大言壮語をしている。金ペンをふりまわしながら弁舌さわやかにまくしたてるのである。福島さんにも自分が学生時代にどんなに優秀な成績をおさめたか、というようなことから始まって、バラ色の人生をくりひろげて見せた。

飲み屋で話をしているあいだに、福島さんは女にタバコを買ってきてくれと頼み、女が三個買ってきたうちの一個を、孫の前に黙っておいてやった。ところが、一時間あまりたって、そこを出るとき、孫はカウンターにタバコを置き捨てたまま出た。女がそれに気がついて、通りまで出て、福島さんに渡し、福島さんが改めて孫に「とっときなはれ」とすすめている。孫はそこで初めて「どうも」とタバコ一個をもらったのである。ささいなことだが、孫の性格の一面を語るものがある。孫はその朝、タバコ銭として質屋のオヤジから四十円借りたくらいで嚢中無一文だったはずだ。福島さんと会ったときはタバコは持っていなかった。だから福島さんがタバコを買って与えたのである。しかし、そんな好意をスンナリ受けることは、孫にはむずかしいことだったのだと思う。窮状を人に訴えて好意にすがったり、恩恵を受けることができない性格だった。あからさまに弱味を見せるくらいなら尾羽打ちからしていても大言壮語して肩ヒジ張っている方がよほどよかった。

福島さんは、福島さんの店の前で孫と別れるとき、「脱線せんと、まっすぐ家へ帰りなはれや」と声をかけている。その一時間後に妻もろともこの男に撲り殺されるなんて夢にも思わなかったろう。それどころか、一パイひっかけた上に、孫の自慢話をタップリきかされ、上機嫌だった。すみ代さんに「孫というヤツはオモロイ奴っちゃ」というような噂話でもして、二階へあがり、着のみ着のまま、いい気持ちでうたたねをしていたのではなかろうか。

孫が一時間後に引き返してきて、再び福島さんの店の裏口から入ってきたときは、すみ代さんは台所であとかたづけをしており、虎次郎さんは二階で前記のようにゴロ寝していた。孫が殺意を持ってひき返してきたとは思えない。孫には「脱線せんとまっすぐ家へ帰りなはれよ」と忠告されても、帰る家はなかった。金もなかった。福島さんと別れたあとは、寒風の吹くま夜中を、前夜と同様野宿しなければならない身の上だった。浮浪者のような身なりをして、どこかの家の軒下か青空駐車のオート三輪の荷台を借りて、野良犬のように寝るのは、孫のように自尊心の強い男には耐えられない苦痛だったに違いない。お酒を飲んで怪気炎をあげたあとではなおさらだ。福島さんの好意も身にしみたろうし、フラフラと引き返してきたのは、もう少しの好意を得たかったのではなかろうか、とわたしは善意に解釈したい。たとえば、一夜の宿を借りるとか、宿泊代をねだるとかいうようなことである。しかし、孫がそんなにまで困窮していることは福島さん夫妻も知る由もなかったろうし、まして夜中になって、さっき別れたばかりの朝鮮人が引き返してきたことは、ちょっと意外でもあり迷惑だったろう。すみ代さんは、酔っぱらいがまたクダクダいいにきた、くらいに思って、「もう一度御主人と一パイのみたい」と孫がいってもとりあわなかった。「いま何時だと思ってるの、さっさと帰っておとなしく寝なさい」くらいのことはいったかもしれぬ。「主人はもう寝てるから」と、すみ代さんがとめるのをふり切って、孫は二階に上り、虎次郎さんを起こそうとしたが、寝入りばなでうるさげにするだけで起きなかった。

仕方なく二階からおりようとして、ふと金槌が眼にふれた。階下では、少し不機嫌になったすみ代さんが台所で洗いものをしている。店には売りものの洋服類がたくさんある。現金もあるにちがいない。すみ代さんの背中を見ながら、今夜もまた野宿しなければならぬ、という思いが、トッサに金槌を摑ませたのではなかろうか。孫はいきなり、すみ代さんに襲いかかり、力いっぱい金槌をふりおろした。すみ代さんは声もたてずにその場にくずおれた。二度、三度、金槌がすみ代さんの頭がいを打ちくだいた。再び二階に上った孫は寝入っている虎次郎さんの頭にも同じように金槌を打ちおろした。虎次郎さんも一言も声をあげる暇もなく、仮寝の夢が、永遠の眠りとなった。孫は手あたり次第、洋服をこうりにつめこみ、別に大きな風呂敷包みをこしらえ、手さげ金庫にあった貯金通帳と現金をかっさらって、逃走したのである。荷物は裏口から持ち出して、三の宮駅まで三輪タクシーで運んだ。その当時、オート三輪をタクシーに仕立てた三輪タクシーがハバをきかせていた。普通のタクシーより安かった。福島さん宅から三の宮駅まで孫は五十円也の料金を払っている。タクシーの運ちゃんは、孫のことをよく覚えていて、のっぺりした浮浪者風の男を乗せたと警察で証言した。この運転手と飲み屋の女の証言から、孫斗八は簡単に割り出された。飲み屋の女は孫の風貌を「女のように色の白いぺっちゃり顔の男」と表現しているが、色白ののっぺりした面長で、はれぼったい瞼、うすい三日月型の眉が女の能面のような印象を与える。飲み屋では一時間以上も飲食していたのだから、一メートルと離れぬところで二人だけの相手をしていた女の観察は正確で、こまかいところまでよく見ていた。女は、忘れもののタバコを渡したときに、孫が素足であることに気づき「こんなに冷えこむのに素足だなんて」と思ったと語っている。

孫が逮捕されるまでの足どりを追ってみると、連日、質屋と古着屋の歴訪である。犯行当夜はキャバレーで遊び、行き当りばったりの旅館に宿泊。翌日は朝早く、下駄を借りた質屋へ出かけ、洋服と靴を受け出し、下駄を返し、盗んだ洋服類を買ってくれと持ちかけている。

その足で郵便局へ行き、福島すみ代さん名儀の貯金を引き出そうとしたが、係の局員が「本人でないと困る」と断わった。それで、一旦郵便局を出てから、たまたま持っていたお巡りさんの名刺を利用することを思いつき、そのお巡りさんの三文判を買って「この人は福島すみ代さんの息子さんであることを証明します」と、名刺の裏に書いて、三文判を押した。ところが、係の局員がよほど注意深い人だったのだろう。払い戻し用紙に書いた孫の筆跡と、名刺の裏に書かれたお巡りさんの筆跡が同じであるのに気がついて、「これはあなたが書いたのですか」と詰問。警察署へそのお巡りさんがほんとにそんな証明をしたかどうか問いあわせようとしたからたまらない。孫は目的を果さず、スタコラサッサと逃げ出した。午後は、入質したものを出したり、新たに入れたり、あちこちの質屋をめぐってその夜は、娼婦の部屋で泊った。娼婦と一緒に銭湯へ行き、帰りにビールと夕飯をおごって、ミカンをどっさり買いこみ娼婦を抱いて寝た。孫は「犯行後、娼婦を抱いたが、目的は果さなかった」と、わたしあての手紙に書いているが、孫に抱かれた娼婦は法廷で「×回関係しました」と述べている。

その後の数日間は毎日、質屋、古着屋、競輪場、と彼の行動範囲は、きまったコースをたどる。盗品を処分したあと、姫路へ飛んで、そこでもまた、質屋、質屋だ。姫路には孫と短い期間同棲して、特飲街に身を落した女がいた。孫はこの女の衣類もいくつかの質屋に入質していたので、それらを受け出してやり、病気で寝こんでいたので、見舞金として二千円やっている。孫は、この女と会うために、それまでもたびたび姫路へやってきた。このことを日記に、「僕は女から慰籍料をとるため、度々姫路へ行った」と書いている。孫はかつて一緒に暮らしたことがある女に、金の無心をしに行った、ではいかにも「カッコ」が悪いので、「慰籍料のとりたて」に行ったと書く男なのである。ていのいいヒモであり、女の着ているものをハギとってでも質に入れるヤクザな男であったことを「慰籍料の請求」というような言葉のアヤで、糊塗できると信じられる男なのだ。

旅館住まいの遊興の生活で、わずかな金が長持ちするはずがない。呉市で逮捕されたときには、二人の生命とひきかえにした金が、もういくらも残っていなかった。

呉市から神戸の生田署に護送された孫は、飲み屋の女や運転手の首実験で、間違いなくこの男に相違ないと証明された。飲み屋の女は「この男に間違いはありませんが、福島さんと一緒に飲みにきたときには、こんな立派な服装はしていませんでした」と証言している。孫を運んだ運転手も同じような意味の証言をしているが、孫が逮捕されたとき、どんなにパリッとしたダンディだったか、わかろうというものである。人殺しをして、「立派な服装」に一分のスキもなく身をかためることができたのは、わずか十日間である。しかも、そのよそおいは、あちこちの質屋ののれんをくぐるためにのみよそおわれたようなものだ。犯罪の無目的さ、むなしさを感じないではいられない。孫が福島さん夫妻を殺して得た金は、盗品を売って得たものも含めて五万円くらいのものである。もちろん、二人の命の代償としては、ごくわずかな金額だが、当時の五万円はなかなかの大金だ。無目的に浪費しなければ、若い男の生業資金にはなりうる金額である。彼はその金を十日間で使い果してしまっている。彼の生活がどんなにすさみ果てていたか、もっと以前に監獄へ入るより道はなかったのである。詐欺かドロボーでつかまっていれば、二人の命は救われただろう。強盗殺人という大罪は、孫にあってはほとんど必然的な犯罪行為だったといえるかもしれない。

夫婦揃って金槌で頭を叩き割られ、悲惨な殺され方をした福島さん夫妻こそ、気の毒とも何ともいいようがない。犯罪者によって殺されるということは、不意の事故死というだけではすまないのである。他の死に方をしたのなら、死者は死者として手厚く葬られるだけで済む。交通事故なら賠償金でいくぶん償われるということもある。しかし、ことが殺人事件となると、死体は散散見知らぬ他人にいじり回され、その残酷な死にざまをあらゆる角度から写真に撮られ、否も応もなく切り刻まれる。殺された家族たちは、手弁当で警察の納得がいくまで調書をとられるのだ。それのみではない。死者はもちろん、その家族まで身辺を洗われ、過去を掘り起こされ、プライベートな家庭の秘事まで洗いざらいむき出しにされてしまう。これは犯人を割り出すための避けられない手続であり、捜査官は捜査上の秘密はもらさないたてまえになっているけれども、つつきまわされる当事者にとって、不快なことにかわりはあるまい。その上、被害者に、ちょっとでも人眼につく欠陥でもあれば、世間の人からロクなことをいわれないのがオチだ。被害者に何の罪とががなくても、被害者と被害者遺族が社会から得られるものは「よくって同情」なのである。兇悪な殺人事件ほど、人間の酷薄さ、社会の酷薄さを、あらわにむき出して見せるものはない。

ついでだからいうけれど、国家は犯罪による被害者に対して責任をもって損害を賠償するべきである。損害賠償というのでいけなければ、せめて弔慰金でも出すべきである。犯罪が社会の持つ必然的な病巣であり、それを根本的に根治するのがむずかしいのなら、せめて、病巣からシミでたうみくらいは始末するべきだ。それとも、日本の国家は、犯罪の被害者に香奠を贈れないほどにも貧しいのか。

年々犯罪が激増し、殺人のような凶暴な犯罪が増えているといっても、その犠牲者の数は一人一人に香奠を出せば日本が破産するというほどに多くない。総理大臣がその気になれば、今日ただちに実行できる微々たる支出にとどまるだろう。一度に両親を奪われた子供たちの悲しみは、彼らの前に横たわっている、扶養者を失った生活の困難さによって倍加される。

福島さん夫妻が残した子供さんたちの運命を想像するとき、獄中十二年の孫の不自由や不如意以上の苦しさ、困難さがあったのではなかろうか、と偲ばれる。「あなたの両親を殺したニックキヤツは、あなたに代って国が成敗してあげますからね」と、国があとは知らぬ顔の半ベエをきめこんでいてていいものだろうか。

福島さん夫妻は善良な市民だった。善良な上にも善良な人たちだった。福島さんの人柄について語っているすべての証人は、福島さんが仏さまのような人だったと証言している。

一ゲンの客に過ぎない朝鮮人の青年に示した夫妻の好意と暖かさをみても、福島さんの人柄はあきらかだ。長い間実直に代用教員をつとめあげてきて、洋服商に転業したのは、殺されるつい二、三年前からだった。商売を始めるために、親戚から幾バクかの金を借り入れていたが、殺された頃にはようやく商売も軌道に乗り、借金もボツボツ返し、これから、というときだった。店には孫が発見しそこねた八万円ばかりの現金が押し入れにかくされていた。それにすみ代さん名儀の二万円の郵便貯金、これが、そのとき、福島さん夫妻が遺族に残した財産のすべてだった。

ささやかな商売人の人生がこれから始まろうとしていたちょうどそのときに、なまじっか人が良かったばかりに殺されてしまったのである。もし福島さんが、浮浪人同様の恰好でやってきた一ヵ月前の客を相手にしていなかったら、そのままスゲなく帰していたら、福島さん夫妻はあるいは殺されずに済んだかもしれぬ。わたしは、この人たちの命を奪った孫の行為を憎む。憎んでも憎みきれないくらいの憤りを、孫がつるし首にあったのちまで執ようにかき立てられるのは、孫が、その罪を一度も被害者に対して詫びていないためでもある。罰から免れるために、さまざまな嘘をつき、何とかいいくるめようとするのは人間の弱さとしてまだ許すことができる。

しかし、それとは別に、彼に少しでも人間の心があるなら、大罪を犯してしまったことへの内心の慟哭があるはずである。彼にはそんな感情は全くなかった。孫が残した夥しい記録類を読みすすみつつ、わたしが期待したのはそれだった。物理的にそれ以上の細字はかけぬくらい細かい字で書かれた百二冊の日記を読み通した根気もそこから出てきた。わたしが彼の記録から見出したものは、うそいつわりと、彼を絞首台へ追いこんだ外部の力に対する呪咀だけである。彼をそこへ追いやったという理由で、彼自身が殺した福島さん夫妻すらも、孫にとっては「加害者」だった。孫は「あの事件では僕も被害者だ」と書いている。「福島さんがもう少し曖かくしてくれていたらあの事件は起らなかった」と書く。そして、何とか福島さんを「悪いヤツ」に仕立てようといろいろなつくり話をでっちあげている。麻薬密売人に仕立てようとしたり、鬼のような非情酷薄な冷血漢だったと、彼の事件を直接知らない、外部の後援者にいいつくろったりしている。死人に口なしをいいことに、好き放題に被害者の名誉すらも蹂躙して恥じないその卑劣さ。わたしは、幾度かハキ気を催おすような嫌悪を感じないではいられなかった。孫は獄中闘争を通じて第二の母と呼ぶ人を得た。Mというもうかれこれ七十歳のおばあさんだが、このおばあさんが、孫にかわって、被害者遺族におわびの手紙を出している。遺族の福島雅臣さんが、Mさんにあてたその返事の手紙を一部ここに引用させていただく。

「お手紙拝見致しました。孫斗八とは、永久に私たちの頭から消え去ることのできない名であります。……私にかかった重荷は今後ますます茨の道を歩むことでしょう。困ったこと、苦しいとき、ああ、父がいてくれたらなあ……と考えることもしばしばありました。私自身を省りみて、一時はこの世の中に神も仏もないものか、同じなくなるのなら交通事故ならまだある程度の補償があるではないか。苦しむものはわれわれだけか、どうしてこんなに苦しまねばならないのか。世の中がのろわしく思ったこともあります。……孫斗八も最後まで人々のためにつくすその行為は、あの世で両親も喜んでいることでしょう。なぜならば、父は自分のためにならなくても、よく人の世話をした人でありました。……お母さんにはますます当人のよき支えとなってあげて下さいませ。」

この手紙が書かれたのは、犯行後七年半を経過した昭和三十三年九月だけれども、両親を無惨に殺された痛恨が、生活の苦しさの中からなまなましくにじみ出ている。そしてその痛恨にもかかわらず、「お母さんにはますます当人のよき支えとなってあげて下さいませ」と、加害者孫への暖かい思いやりも忘れていない。この人々の精神の高さにくらべて、孫のそれは全く雲泥の差がある。

Mさんから、この手紙を送られた孫は、さすがにシュンとなって、その日の日記に、「何たる悲劇だろう。これはどうしたことだろう。これはまさに〝運命のいたずら〟かも知れん。いやそうじゃない。こんな感傷的問題ではない。しかし僕はこの人たちのために何をしてやることができようか。福島虎次郎らとは関係、理由があるとはいえ、この人たちとは何の関係理由もなかった。しかし、僕の罪はこの人たちにいつまでも苦しみを与えているではないか。おれは死刑になってはならん。おれは生きてこの人たちにできるかぎりのことをして罪ほろぼしをしなくてはならない。それにしても福島虎次郎さんが、そんなによい人であったとは不思議だ。僕だって彼に負けないくらいそういう傾向の人間ではないか。その人が殺され、僕が死刑になるなんて、バカなことがあるもんか」

と書いている。そして、孫が「被害者遺族にたいする償い」を考えたのは、このとき、ただ一度だけである。「福島虎次郎ら」と呼びすてにし、「関係ありとはいえ」と、あたかも福島さん夫婦が孫に対して、殺されても仕方がない理由があったように書く。「福島虎次郎さんが、そんなによい人であったとは不思議だ」なんてことを、日記の中ですらヌケヌケという。

孫は、殺されるまでに、自分でも何回書いたかわからないと語っているほど、遺言状をたくさん書きかえ、その時々のもっとも有力な後援者に、彼の「全財産」と「著作権」を贈っている。孫の遺言状ほどコッケイなものはないが、これはあとでもう少しくわしく書くとして、何十度か書きかえた遺言状の中に、一度も福島さんは登場しない。「たとえ線香の一本でも、僕にかわってたむけてほしい」と書けばまだしも、福島さん夫妻に関しては殺しっぱなし、名誉を蹂躙しっぱなしである。

福島雅臣さんも、Mさんの手紙をうのみにして、孫の監獄闘争が、罪をくいあらためた贖罪行為だなんて信じなければ、「孫が人々のためにつくしていることを両親もあの世で喜んでいるだろう」なんてことを書かなかったろう。孫の監獄闘争は、まさしく被害者の名誉をも蹂躙して恥じない、孫の精神構造から生まれたものなのである。こういう男に殺された福島さん夫妻こそ､死んでも死にきれまい。それでもとにかく､孫は死刑になってこの罪を生命であがなったではないか、といえるかもしれないが、果して、彼の死が「罪の償い」になったろうか。わたしにはそうは思えない。彼の行為の代償に命を要求していなければ、孫にも、もう少し人間らしい感情をとり戻す機会があったのではなかろうか。

孫の人間らしさなんてどうでもいいとしても、もっと他に実質的な「償い」の方法があったと思う。被害者が欲しているのは加害者の「生命」ではなく､もっと実質的な慰藉であり､「償い」そのものなのだ。たとえば、孫を死ぬまで労役に服せしめるという方法はどうだろう。彼には適した仕事を与えれば立派にやってのけられる能力がある。彼が稼ぎ出した労賃を一ヵ月二万円なら二万円、被害者に提供するというのはどうだろう。何なら稼働期間を十五年なり二十年に限って、国家が前払いしてもいい。

わたしたちは「囚人」に対して、「ただめしを食わせてやっている」と思いがちだが、拘置所の「未決囚」についてはなるほどそうにちがいないけれども、監獄行政にかかる費用の九八％までは刑務所の既決囚が稼ぎ出した金でまかなわれているのである。囚人は自分の働きで、監視の監獄職員の給料から拘置所長や刑務所長の月給はもちろん、未決囚の食いぶちまで稼ぎ出しているのである。犯罪は「社会の病気」だなんていいながら、国家はこの病気の治療のためにビタ一文出していないといってもいいくらいのものなのである。国家が、社会の秩序だの防衛だのと大目的をかかげてやっていることといえば、ただ、犯罪者を社会から隔離する業務を分掌しているにすぎない。文化国家だなんていいながら、あまりにもミミッチイやり口といえないだろうか。国防予算と称して、オモチャみたいな飛行機に莫大な金を投ずるくらいなら、囚人たちを気前よく養ってやれないものか。

そして囚人たちを養うかわりに、囚人たちの稼ぎは、囚人が社会で犯した被害者へ還元すればいい。それでこそ罪の償いといえようというものだ。囚人の稼ぎで月給をもらいながら、刑務官だ、矯正官だと自称して、観念的な「罪の償い」をぶってみても、しようがないじゃないか。だから、孫みたいな囚人にしてやられるのである。

それはともかく、監獄に入ってからの孫の後半生を眺めてみよう。

第一審で死刑の判決

「被告人は昭和二十六年一月十七日、神戸市生田区北長狭通六丁目高架下二一一号、福島虎次郎方に於て、金槌様の物にて同人と同人の妻すみ代の後頭部を数回殴打して夫々脳挫傷を与えて其場に殺害した上、現金二万円、預金通帳印鑑各一点、衣類三十数点を強奪したものである」という理由によって、孫斗八は「強盗殺人罪」で起訴された。身柄は、生田署から神戸拘置所へ移された。同じ年の二月十四日だった。その四日後の十八日に、看守に暴言を吐き、「生意気いうな、お前らは俺らの小使いじゃないか」と罵倒したかどで防声具をかけられている。防声具という懲戒の道具をまだ見たことがないのでどんなものかわからないが、それをかけられて孫は口惜し涙にくれた。食事をするときもはずしてもらえなかった。「クソッ」という反抗心が孫をふるい立たせたようだ。拘置所は警察と違う。警察は孫のその学歴や、模範的な経歴をめでて、散々おだてあげ、容易に自白をとりつけようとした。孫は虚栄心の強い男の例にもれず、「オダテ」にのりやすい方だ。ここでは、警官の方が役者が二枚も三枚も上だから、孫の弱点はやすやすと見ぬかれ、それを利用されたとみてよかろう。孫はすんなり自白したかわりに、警察での居心地はそんなに悪くなかったと思う。しかし拘置所では、ただの「囚人」に過ぎなかった。看守たちは「おい、こら、お前」と追い立て、こづき回した。鼻歌でも歌おうものなら「静かにせんか」とたちまち罵声が飛ぶ。

みじめなとらわれの日々を、孫は看守たちとの小ぜりあいであけくれている。一方、公判は彼に有利な材料が全くないまま、どうやら「死刑」が求刑されるらしい気配も見えた。神戸地裁の第一審では、孫は、自白をくつがえしたり、認めたり、あいまいにぼかしたり二転三転している。警察官の甘言にうまうまとのせられて自白したことを悔んだのは、いよいよ、検事が死刑の求刑をしたあとだった。孫は、殺人の事実を全面的に否認することにきめたが、時すでに遅かった。かりに、孫が始めから否認していたとしても、彼の犯行はおおうすべもなかったろうが、「死刑」を求刑されたときは、全く愕然として声も出なかった。

彼を取り調べた警察官は「スラスラ白状した方が身のためだぞ。君のような優秀な人材が死刑になるなんてことがあるものか」と太鼓判を押したのだ。孫もよもや死刑が求刑されるとは思っていなかった。呉市からわざわざ公判廷にかけつけた大久保政代さんは、彼が子供のときから人なみはずれて賢い少年であり、とてもこんな大それたことをしたとは信じられぬ、と泣いて証言してくれたし、「彼がほんとにそんなことをやったとしたら社会の罪としか考えられません」と弁護してもくれた。朝連時代から彼を知っていたある知人は、犯行前の孫について、「孫は朝鮮人社会にも入りきれず、かといって日本人社会でも受け入れられないので、ひどく悩んでいたようでした」と証言した。不幸な生い立ちにもめげず、勉学に励んだ彼の輝かしい経歴、終戦を境に二人の叔父を失い、三人目の叔父も帰国して天涯孤独になった朝鮮人青年の戦後の困難な生活、彼でなくても犯罪者に転落して不思議のない悪条件は十分揃っているのだ。情状の余地は十分あるはずだった。

ところが、死刑が求刑されたことさえ意外だったのに、その年の十二月十九日にアッサリ死刑の判決が下りてしまったのである。

裁判官は、判決文の中で、孫が福島夫妻からなみなみならぬ好意を受けていたことを重視して、恩をアダで返すような殺人行為をきびしく糾弾していた。のちに孫が、福島さん夫妻を悪しざまにいうようになったのは、判決文のその一条をくつがえしたかったためである。恩を受けたのではない、悪い人だったのだ、ということになれば、当然罪も軽くなったろうし、「死刑は不当だ」という彼の主張も受け入れられる、という計算があっての上だ。

孫はこの死刑の判決に歯ギシリした。「俺のような優秀な男が、しがない古着屋夫婦を殺したくらいでムザムザと死刑になるなんて」と地ダンダふむ思いだったろう。福島さんは洋服商を始めるときに古着商の鑑札もとっていたので、孫は「古着屋」または「古着商」という以外の言葉で福島さんを呼ばなかった。なるほど古着も少しは扱っていたのかもしれないが、商品はほとんど新品ばかりを置いていた、ささやかな店舗だった。「古着商」という呼び方には、もう一つ、何かいかがわしげな匂いもする。古着屋なら、ドロボーや麻薬密売人とかかわりがあっても不思議はなかろうし、殺害されても仕方のない後ろぐらいこともあったかもしれぬ、という印象を人に与えることができる。孫はわたしにも「僕がやったのは古着屋なんですよ」とそのことを強調したものである。古着屋なら、殺されても仕方がない、といわんばかりであった。

孫には、自分の優秀さを誇示する優越感とうらはらの、根強い、他人を軽蔑視する気持ちがあった。彼は看守を軽蔑した。拘置所長を軽蔑した。彼と同僚の囚人や、しがない古着屋を軽蔑するのはもとより当然のことである。軽蔑すべき古着屋を殺したくらいで死刑とは何ごとぞというわけだった。

孫は法廷で、ハッタと裁判長をにらみつけ「キサマはそれでも人間か！」とどなりつけた。監房に帰って長々と抗議文を書いた。

死刑の判決を下した裁判官に対するうらみ、彼をこんなにみじめな境遇にとじこめた国家権力に対する呪いが、彼の中で火のように燃えた。

そこから孫の「逆《さか》うらみの人生」が輝かしいスタートを切るのである。

大阪拘置所は監獄闘争の花ざかり

孫は、翌年の五月八日、大阪高裁へ控訴したため、身柄を大阪拘置所へ移監された。神戸拘置所からは、先の防声具の事件を始め「隣房の者を煽動したかどで三十五日間の厳正独居処分、ノートに看守を侮辱する歌を書いたかどでノートの使用禁止、それを押収にきた看守に抵抗したかどで十日間の皮手錠による懲戒、文書図画閲覧禁止一ヵ月、軽屏禁一ヵ月」等々の懲戒歴をくわしく書きこんだ「身分帳」と、「要注意人物」という注意書が孫と一緒に大阪拘置所に送られた。

それから十年余、大阪拘置所は厄介な荷物を背負いこんだことになる。しかし、彼を受けとったときには、大阪拘置所の管理者も、まさか、この「要注意人物」に拘置所あげてキリキリ舞いさせられようとは思いもしなかったろう。

孫がそれほどの「大人物」になり得た背景を知るために、少しばかり当時の社会情勢を見る必要がある。

さきにもちょっとふれたように、朝鮮戦争が始まったのが、昭和二十五年の六月二十五日である。その三週間前に共産党中央委員の追放指令、「アカハタ」幹部の追放、アカハタの発行停止と続いている。その前年の昭和二十四年には、下山事件、三鷹事件、松川事件と大事件が頻発して、社会情勢はただならぬ雲行きだった。このような情勢の中で、地下にもぐった共産党指導部が今から考えたら全く噴飯ものの「軍事方針」というヤツを打ち出したのである。当時は朝鮮人も日本共産党の一員として行動をともにしていた。この「軍事方針」の結果、大量の左翼系朝鮮人や日本人が各地の監獄に投獄されるという現象が起った。どこの監獄も共産党員とその同調者で満員という時代だった。

孫が大阪拘置所に移された昭和二十七年には、北海道で白鳥警部が殺された白鳥事件、血のメーデー事件、朝鮮へ軍需物資を運ぶのを阻止しようとした吹田事件などの大きな事件をはじめ、いわゆる火炎ビン闘争時代の火炎ビン事件が頻発している。

監獄へ放りこまれた左翼系のお客さんが、黙っておとなしくしているはずがない。神戸拘置所でも左翼系の監獄闘争は活発だったが、全国でも一、二を争う大監獄である大阪拘置所はそれ以上だった。孫が大阪へ来て二ヵ月くらいすると、吹田事件の被告がなだれこんできたから、全く監獄闘争の花ざかりだった。八百人の収容人員のうち、百人以上の政治犯がいたのだから、そのにぎやかなことは想像にあまりある。孫は「まるで大阪拘置所を共産党が占拠したかのような観がありました」と書いているが、獄中で革命歌が大合唱され、囚人大会が開かれた時代であった。何人かの代表が待遇改善を要求して、管理者と団体交渉し、その結果次第では、どよめくような歓声があがったり、その反対にドアをける、たたく、食器をうちならすという監獄あげての大オーケストラに発展したりした。おかずでも腐っていようものなら、始めに配給を受けた者が、パッと食器口から器ごと廊下に投げ捨てる。そうすると全部がそれに右へならえで、ただちにオーケストラが始まるのだ。看守たちはただ右往左往するばかりでなすすべを知らず、結局おかずをとりかえざるを得ないのだった。毎日毎日がにぎにぎしい監獄闘争のあけくれだから、監獄の「鉄の規律」もゆるまざるを得ない。孫はこういう華やかな実力行使を横眼で見ながら、彼自身はそんな大人げない闘

旧大阪拘置所

争には加わらず、そのかわりに一方の旗がしらとして、左翼系とは別に管理者と話しあう方法をとった。毎日のように、監獄の最高幹部に面接願をつける。孫は一日のうちの何時間かを、職員室で過ごすことの方が多かった。教育課長や、管理部長と話していると、女事務員がお茶を二度もとりかえてくれることがある。ときにはお茶菓子にもありつけるのだ。

日記に「事務室で入れてくれるお茶はうまい。囚人用の水みたいなのとちがう。ほんとのお茶だ。しかし、僕はこのお茶やお菓子が欲しくて事務室へ交渉にいくのではない。監獄を住みよくするためなのである」と書いている。理由は何でもよかったのだ。管理者と正々堂々と対等で交渉ごとができるのが得意でならなかった。あるときは新聞記者が覗いて「コレ、吹田ですか」と訊いたりした。理路整然と弁舌をふるっている孫を見て、吹田事件の被告とまちがえたのである。管理者側もまた、孫が面接願を出すと、その日のうちに会った。毎日面接願を出しても拒否されることがなかった。一日のうちに、管理部長と教育課長という具合に二人以上のエライさんと会うことだってあった。しかし、この拘置所側の囚人に対する低姿勢ぶりも、多数の政治犯の実力闘争という背景があっての上のことだった。この背景があったからこそ、孫の連日のようなエライさんとの単独交渉がなり立ったのだ。しかし、この経験は、彼の反抗心に一つの正当性を与えた。神戸拘置所時代の彼の行状は、ヤケッパチになった犯罪者のヤッアタリに過ぎなかった。看守に暴言を吐いたり、暴行したりする囚人はいくらでもいる。孫斗八は彼らの一人に過ぎなかった。防声具をかけられ、皮手錠をはめられ、さまざまな懲戒処分にふされながらおとなしくなっていくタチのよくない囚人、孫がそれだった。

大阪拘置所へ来て、もし吹田事件の史上空前といわれる大量の被告が投獄されてこなかったら、その後の孫の監獄闘争なんて存在しなかっただろう。孫は「犯罪者ではない」共産党員たちのあけっぴろげな闘争ぶりを見ながら「闘うことは正しいことである」という論理を身につけた。ブスブスした不平不満が「正義のための闘争」という旗じるしを見出したのである。彼が、彼自身が感じる不便、不如意、不合理を監獄に改めさせようとすることは、そのまま、全国六万の囚人のためであり、社会を前進させることになるのである。

未決の囚人ほど時間と体をもてあます者はちょっと他にはない。健康な肉体を持ちながら、一坪あまりの檻の中にとじこめられているのだから、時間とエネルギーをもてあますのが当り前だ。監獄闘争は、恰好のリクリエーションであり、時間の消化法でもある。その上、数々の実益をもたらすのだから、孫ならずともちっとやそっとじゃやめられまい。ただ、左翼系の政治犯でない囚人がそれをできないのは、囚人の方に「犯罪者」という圧倒的な弱味があるためだ。「お前ら、そとで悪いことをしてきて何をほざくか!」と一喝されたら、相当な猛者でもシュンとなってしまう。孫の場合にもやはりこれはあった。だからこそ、左翼系の実力行使と「一線を画し」て、もっぱら首脳陣との単独交渉という方法をとったのである。そして「犯罪者でない」彼らに対する羨望と、反感もあった。

この頃の日記に「俺らは政治犯だといいたい顔をして、救国の英雄を気取るバカ者ども」と罵倒したり「自称共産党員をやっつけてやった」と溜飲をさげたり、「同志頑張れ! の声は毎日一回聞かない方が珍らしいが、一般の被告へ頑張れの声はきいたことがない」と不満をもらしたりしている。

事実は孫が共産党の被告と同調したくても、被告たちの方で孫を「同志扱い」してくれなかったので、一線を画さざるを得なかったのだろう。

孫は「俺の方法で監獄を改良するんだ」と気負いこんだ。

ところが、左翼系の被告たちが保釈で次々と出所し、尖鋭分子が少なくなると、オーケストラも静まり、大阪拘置所は灯が消えたように平穏になった。そしてそれを待っていたかのように、「規則、規則」のしめつけが始まったのである。営々として交渉に交渉を重ねた上得た既得権も次々と奪われた。自由に交換もでき、冊数の制限もなかった本が、監房内では五冊と制限され、囚人同士の交換は許されなくなった。レポの交換なども見て見ぬフリをして割合ルーズな取締りしかしていなかったのが、きびしく眼を光らせるようになった。囚人同士のおしゃべりもきびしく禁止された。そして、孫にとって何よりもいらだたしく腹が立つのは、管理者が一人も孫との話しあいに応じなくなったことだ。今こそ不平不満のかたまりとなって文句をいいたいときなのに、どれだけ面接願を出してもナシのツブテだった。当時の拘置所長は『死と壁』の著者玉井策郎氏だったが、孫が何度面接を願い出ても会ってもらえなかった。

ところがたまたま、少年囚の首吊り自殺という事件があって、それをキッカケに、危険な鉄柵をムキ出しにしては、という配慮からかどうか、窓の内側に金網をとりつける工事が始まったのである。それでなくても小さな窓に金網を張られると部屋がさらに暗くなる。風通しも悪くなり夏の暑さが耐えがたくなる。第一保健衛生上にもよくないなどの理由をあげて、残っていた左翼系の被告や孫が中心になり、猛烈に反対した。孫は拘置所長に「金網に対する意見書」というのを書いて提出、それがナシのつぶてだとわかると、囚人たちに回覧しようとして押収された。それでさらに同じ内容の文章をその当時、大阪の左翼系夕刊紙であった「国際新聞」に投稿しようと試みた。この原稿は通信拒否されたので、人権擁護局、大阪自由人権協会へ送ろうとしたが、送って貰えなかった。あまつさえ、原稿用紙の使用禁止を通告されてしまった。怒った孫は所長に会わせろと要求し続けた。その矢先に、突然夜になってから所長から呼び出され、いろいろな不平不満をブチまけたついでに「四舎はやかましくて困る」ともらしたものだから、それを待っていたように、その夜直ちに五舎へ転房させられてしまった。

旧大阪拘置所では、四舎に死刑囚だけを収容し、特別の「集禁処遇」というのをやっていた。これは玉井氏の発案だそうだが、死刑囚たちの余生を少しでも楽しく、ということでそんな方法をとったらしい。孫は第一審で死刑の判決を受けている死刑囚候補だから、四舎の階下に収容されていた。二階に死刑囚たちがいて、ピンポンをして遊んだり読経をあげたりでなかなか騒がしい。このころの日記には「騒がしくて困る」としきりにボヤいているが、我慢できなくなると（孫は決してこの方面では我慢強い方じゃない）「オイ静かにしろ」と二階に向ってどなるのである。神経質で口やかましく、おまけに傲慢無礼な孫は、「彼らのために」闘っていたのにかかわらず、同僚たちには好かれなかった。

死刑囚たちからも「アイツを何とかしてくれ」という要望が管理者にあったのだそうだ。そういうわけで、孫は四舎を追放になり五舎へ島流しになってしまった。五舎には、大阪拘置所

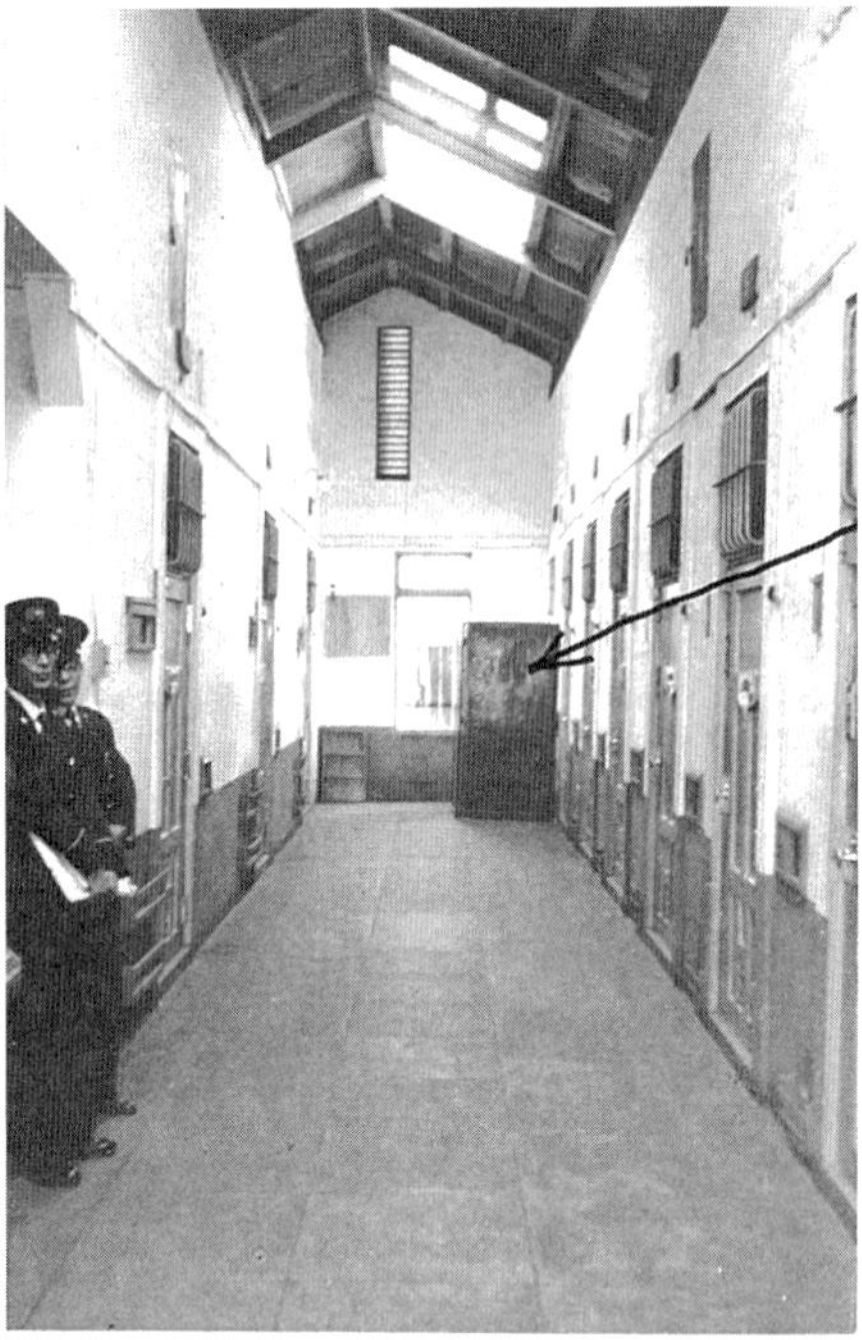
孫斗八が「隔離厳正独居」処分されていた大阪拘置所の５舎。ついたて（矢印）の向こうが孫の監房。一般収容者と絶対接触できないように厳重に隔てられていた。

内でいろいろな仕事（炊事や掃除、理髪、大工など）をしている懲役囚ばかり収容されていて、昼間は孫一人だった。その上、孫の影響を警戒して、むこう三軒両隣が空房になっていた。全く夜も昼も舎房に一人ぽっち、話し相手は、ときたま様子をみにくる担当看守一人という状況だった。静かなことはこの上もないが、このような絶対的な孤独は、人間を狂気に追いやるという。監獄用語でいうと「隔離厳正独居」というのだそうだが、外国あたりでも、こういう独居は厳に禁止しているところがあるとかで、これ以上の拷問はないのだそうだ。相当なしたたか者で、窓も四角い壁もない半円をかぶせた形の、トーチカみたいな鎮静房に入れられることを何とも思わないヤツでも、この「隔離厳正独居」には怖気をふるうという。孫と同様、大阪拘置所に収容されていたある死刑囚は、孫あての手紙の中で「四舎を追放されるのは死よりもなお恐しい」と書いている。孫がこの独居処分に付されたのは昭和二十八年の五月で、大阪拘置所へ移されてから一年目、その後三十七年七月に処刑されるまでのまる九年間、そこから出られなかった。孫はこの絶対的な孤独に九年の年月を気も狂わずに耐えたのである。まれにみる強靭な精神力もさることながら、わたしは孫がこのような孤独にも耐えうるほど、それ以前の生活の中で孤独に対する「鍛錬」ができていたのだと思う。逆にいえば、彼のそれまでの前半生が、それほどにも孤独であったといういい方がなりたつだろう。

孫はまもなく、「静かなところへ転房させてやる」と連れてこられたところがどんな場所か気がついた。またもうまうまと官憲の狡知なたくらみに乗せられたのだ。彼は気も狂わんばかりに立腹した。このころの彼の日記は「このアダはかならずうってやる」とか、「今にみておれ」という猛々しい復讐の誓いでみちみちている。

原稿用紙もエンピツも消しゴムも、それまで許されていた一切合財の生活の利便がことごとく禁じられた。文字どおりの飼い殺しの野獣の生活が始まった。監房のトビラは押しても叩いてもわめいても微動だにしなかった。

ときたま顔を見せる看守をつかまえて蛮声をはりあげてみるが、看守はさわらぬ神にたたりなしと、用が済むが早いかスタコラ逃げ出すばかりである。いまは彼をバックアップしてくれる左翼系の実力行使もなく、彼を外部から支えるどんな支援もなかった。日本に一人の肉親もなく、拘禁されて二年になれば、訪ねてくれる友人もなかった。間食はおろか、友だちに小遣い銭をねだろうにも、ハガキを買う金もない日が続く。シャツはボロボロになりズボンのヒザもぬけた。八方ふさがりのどんづまりの生活だった。ここからどこに活路を見出すことができようか？　復讐の鬼と化しても誰にどう復讐するのか？　たいていの者ならここで脱帽するだろう。看守の前に屈服しておとなしい囚人になることを誓うだろう。おとなしくさえしていれば、要するに看守に迎合し、「可愛いがられる」存在になれば、またもとの四舎に帰してももらえ、北山河氏が主催していた死刑囚たちの句会にも加われたろう。監獄という不自由きわまりない小社会でも、そのうちに楽しみを見出すことはできないことではないのだ。彼も四舎にいるころ特別に許可されて、その句会に参加したことがあった。数回出席しただけで、彼の方からやめてしまったのだが。五・七・五の短句は孫のような「主張」をもりこむのには全くふさわしくない表現形式だった。孫は十七文字に死刑囚の人生を煮つめるかわりに、原稿用紙十万枚にものぼる夥しい「抗議」と「主張」を残した。五舎へきてから、もう一度句会に出してくれと頼んだが、もちろん入れてもらえなかった。それどころか、入浴も運動もいつも彼ただ一人だった。隔離されて以後、死刑場前の空地が、彼専用の運動場になった。

ポシャゲた無実の訴え

こうして監獄との小ぜりあいをつづけながらも、いつも彼の頭を占める思いは、何とか殺人の罪をまぬがれる方法はないかということだった。控訴審では村本一男弁護士が国選弁護人として彼についた。この人は、判事をやめて弁護士を開業したばかりの人で、孫の担当判事であった吉田裁判長がとくにこの人の人柄を見込んで孫の弁護人に指名したのだそうだ。村本さんが裁判官をやめた理由は、当時の犯罪の大きな部分を占めていた食管法に触れた人々を裁くつらさにあったという。この人々は「法」に触れたとはいい条《ながら》「犯罪」とはなんのかかわりもないところで、ささやかなくらしを営んでいる善良な市民たちである。「法」は、その日その日の食糧を得るために仕方なしに犯されたものであり、「食管法」には違反しているというものの、ちゃんと商取引の手続きをふんでいるのである。盗んだのでも強奪したのでもない。こういう人々を毎日のように法廷に引き出し、判決を言い渡すのは、村本さんには耐えがたい苦痛だったのだという。そこで二十年間の判事生活の足を洗い、野の人となって、仕方なしに法にふれた人々を助ける側に廻ることを決意されたのである。吉田裁判長は村本さんの判事時代の同僚であり知友でもあった。とくに村本さんの人柄を見込んで孫の事件を依頼したのは、何とかこの弁護人に有利な材料を掘りおこして貰い「死刑」という残虐な刑罰から、不幸な朝鮮人青年を救い出してやりたい裁判官の親心からだった。そして村本さんは、この裁判官の期待をはるかにこえる、親身な援助と弁護人としての可能な限りの努力をされたのだった。村本さんが国選弁護人として孫の弁護に当り国家から得た報酬は僅かに六千円である。孫はこの人からその数倍にのぼるお金と精神的援助を得ている。孫からねだられてこの人はただの一度も拒否したことがない。しかも、孫を二十四時間以上待たせることは決してなかった。無心のハガキを受けとると、たいていはその日のうちに、おそくてもその翌日には御自身か、書生さんをさしむけて差し入れしている。孫にとっては、村本さんは獄中で得た慈父のごとき存在だったが、孫はこの人にもさざえのように心をとざし、犯行の真実についてはその一片もあきらかにしていない。どんな素人が読んでも記録を一読すればかくしようのない犯行を、自分の事件を担当してくれているクロウトの弁護士さんにも「自分は無実だ」と押し通している。村本さんは、孫が嘘をついているのを百も承知で、「弁護士は検事ではないのだから、本人の主張がどうであれ、その主張に添ってやるしかない」と、孫に対して真実をあかすよう強要はしていない。ただひかえめに、真実を述べて情状を乞う方がいいのじゃないかと二、三度忠告しているだけである。孫はこの忠告に対して、「僕が無実だということが真実です。それ以外の真実は何もありません」とつっぱね、「村本さんすら僕の言葉を信用してくれないのか」と憤懣やるかたない気持ちを日記にたたきつけている。そのくせ同僚には「孫さんはどういう事件で?」などと訊ねられると傲然と胸をはって、こともなげに「コロシさ」とうそぶいて見せるのである。ほんとに無実なら、たとえ同僚にだってそんないい方をするわけはないのだが、孫はそこまで神経が細かくない。日記にも俺はシロだ、無実の罪で苦しんでいるのだと、まことしやかに書いているかと思うと、チラリと犯罪者の一面をのぞかせている。

孫が第二審からデッチあげた無実の主張はだいたい次のようなストーリーである。自分は、福島さんを訪ねる少し前ごろ、陳某という麻薬密売グループのボスと知りあい、その下で働くことになっていた。犯行のあった一月十七日の夕方、陳と夕食をともにし、その席で、陳から福島さんに貸しつけた借金のとりたてを頼まれた。手数料として一万円やるといって一万円前払いして貰ったので、自分が福島さんのところを訪ねたときは一万円という大金をポケットに入れていた（この主張はドロボーの方をカムフラージュするためである。そんな大金を持っていたのだから、ドロボーするために殺人なんかしない。したがってドロボーもしない、ということになる）。ところが、福島さんを訪ねてみると、福島さんは孫に全くとりあおうとせず、ムリヤリ、ショウチュウを飲ませてゴマ化してしまった。殺人強盗をやったのは陳某だろう。

ところが、この話では、盗品を処分したという動かしがたい証拠をどうすることもできないので、このストーリーにくっつけて、十一時ごろ再び三の宮駅で陳某と会い、盗品を預ったのだと主張した。しかし、物語作者としたら、孫は全くその才能がない。自分がローヤに入ってから過去の行為を書き直すのは、誰にとってもやさしくないだろうが、このストーリーは全く穴だらけで、裁判官どころか、自分すら納得させかねるものだった。陳某と夕食をともにしたという店が、どのへんのどういう店だったという説明もできなかったし、夕食を摂ったといったために、福島さんと一緒に飲み屋へ行った時間がズレてしまった。一番肝心なことは、陳某の実在性を全く証明できなかったことだ。このストーリーを裏づける唯一のこの人物の肉付けが全くできなかった。どこでどう知りあい、年齢がいくつくらいで、どんな風態の男だということすら説明できなかった。孫はストーリーの穴うめをするかわりに、目撃者の証言をことごとく否定する戦術にでた。飲み屋の女の証言もでたらめなら、彼を運んだ運転手の証言もでたらめである。犯行のあった朝四十円貸したという質屋のおやじも嘘をついているのだ、という次第で、これらの証人は、警察のゴーモンと脅迫によっていつわりの証言をさせられたのにちがいない。そんなにまでして警察が孫を強盗殺人犯に仕立てたかったのは、朝連時代の彼を日本の官憲が憎んでいたためであると主張した。

彼はこの物語を裁判所に提出しただけではなく、何十通も手紙に書いて、消息のわかった昔の学友、恩師、知人に送った。その多くはナシのツブテだったが、彼自身もほとんど反響を期待していなかった。あわよくば、三百円、五百円の救援資金を獲得したいという希望が、せっせと手紙を書かせたのである。

ところが、このような手紙を獄中から届けられたシャバの世界では、「ゴーモンによる自白」「デッチあげの証言」と書き並べれば、ツーといえばカーと通じるムードがあったのである。松川事件、三鷹事件を始めとする一連の重大事件を始め、全国各地で被告の無実を争う裁判沙汰が続出、それが大きな社会問題にまで発展しつつあった。警察は何をするかわからない、裁判はかならずしも公正ではない、という司法制度全体に対する不信のムードが、これらの一連の事件によって大量の被告を出した左翼陣営のあいだからもりあがっていた。

たまたま、孫の手紙を受けとった広工時代の学友の一人が、左翼系の活動家になっていた。松上宣史さんというこの人は、真情あふれる手紙を孫に書くかたわら、孫の無実を訴える手紙をガリ版印刷し、さっそく救援活動を開始した。学生時代にはほとんど顔ぐらいしか知らない間柄だったから、松上さんからこんな反響があるなんて、全く思いがけないことだった。松上さんは、広島で松川事件や八海事件などの弁護陣にも加わり、活躍していられた自由法曹団の弁護士原田香留夫氏を孫に紹介した。孫はさっそく原田香留夫氏に手紙を出した。原田氏から折り返し、「あなたの訴えが真実なら援助しましょう」という返事があった。また、東京の自由法曹団に事件を依頼するようにと紹介状を書いてくれた。孫は欣喜雀躍、前途にはじめて光明を見出し涙を流さんばかりに喜んだ。「自由法曹団ならこの窮地から俺を救い出してくれるかもしれぬ。俺は無実だ。無実だと押し通すのだ」孫は決意をあらたにし、嘘の武装をより堅固にした。蚕気楼のように、共産党の活動家の一人としてシャバで活躍する自分の姿が目先にチラついた。シャバに出たら、今度こそ大物になってやるぞ！　村本一男弁護士に頼んで刑法の書物を二、三冊差し入れてもらい、彼自身も法の盲点はないかと研究しはじめた。何とか無罪になれさえすれば方法手段はどうでもよかった。彼は獄中で左翼系の文献もずいぶんあさった。普通の被告人で「労救文庫」（国民救援会が監獄に寄付して左翼系の被告だけが借り出すことが許されていた）の貸し出しを許されていたのは彼ただ一人だった。スターリン全集も読破していた。まだ誰も手をふれた形跡のないスターリン全集を一冊、二冊と読み進みながら、彼はスターリンに自分をなぞらえた。他の点はともかく、スタハーノフ精神じゃスターリンにだってひけをとらぬ。監獄に放りこまれたらワアワア騒ぐことしか知らぬ共産党員のだらしなさ。理論的には俺の方がずっと上だ。俺のような男が千人いたら日本はたちまち革命だ。俺がシャバに出たら十万人、いや百万人分の働きをするぞ。

待ちに待った自由法曹団から、「あなたの事件をとりあげる。近く、団の弁護士が大阪へ赴き、あなたの事件を調査する」旨のハガキが届いた。大阪へやってきたのはまだ三十ちょっと過ぎたばかりの関原勇弁護士で、孫と面会して話をきいたあと、裁判所で書類を調べて帰京した。孫は一件書類を広島の原田弁護士のところへも送った。

ところが、東京へ帰った関原弁護士からも書類を送った原田弁護士からも、その後、何の音沙汰もない。松上さんからの通信も絶えた。孫はいらいらしながら、毎日毎日首を長くして待ちに待った。とうとう催促の手紙を書いた。

自由法曹団からは、「あなたの事件はお引受けできかねる。国民救援会か、朝鮮総連にでも頼んでごらんなさい」というそっけない返事があった。孫は、関原弁護士に、それじゃあんまり話がちがうじゃないかと抗議めいた手紙を出した。関原氏から、

「……私自身としても現在の状況からいって貴方の事件を引受ける心の用意を持っていないわけです。以上のような次第で団としても、又私自身としても残念ながら貴方の期待には応えることができないのです。……私から貴方にいいたいことは、あなた自身まず自分自身をよくみつめることが一番必要だと思います。自分自身が整理されないままに人に訴えても人の心を動かすことは難しいのです。私ども弁護士は仕事に対してやはり情熱をかきたててやりたいのです。そしてその情熱をかきたてる最も重要な要素は人の心なのです。弁護人だけじゃありません。すべての人々も同様だと思います。私はあなた自身がなんだか動揺しているのではないかとふと思います」

という内容の手紙がきた。原田弁護士からも「いまの段階になってまだそんな観念的なことをいっているようではどうにもならぬ、あなたの心の態度は間違っているのじゃないか」と遠まわしに「無実の訴え」などしている場合じゃない、という忠告の手紙が来た。前後して、松

上さんが長い長い手紙をくれた。やはり、孫のウソに対する批判だった。「無実の訴え」は簡単にポシャゲてしまった。

孫は松上さんに「自分の心の態度は間違っていた。従って僕の共産主義は都合によりそのようなポーズをとり、あるときはとんでもない利己的妥協をはかる、まるでカメレオン的人生態度だったといえる。消息のない友から手紙をもらいたい一心で、あるいは小遣い銭を恵んでもらいたいため、心ならずも書き続けた偽りの手紙は僕の苦悩だったのだ」と書き送った。しかし、自己批判をしたのは、この一節だけで、犯行の真実は依然としてあかさなかったし、あとは共産主義がどうのこうのという観念的な世迷いゴトでみちみちたアホらしい内容の手紙だったから、松上さんから返事はなかった。松上さんとの友情はそれで途絶した。

松上さんの手紙に触発されて積極的に働きかけた国民救援会や大阪の自由法曹団や、朝鮮総連もいっかな彼の事件で動いてくれそうになかった。

ふたたび孫の前に絶望の鉄壁がたちふさがった。彼が二人の生命を殺《あや》めたという真実こそ、動かすことのできない壁だった。どんな美辞麗句でもってこの真実を押しかくそうとしても、彼が雄弁をふるえばふるうほど、醜い事実が、その真実の姿をさらけ出してくるのである。孫はここで悟るべきだった。彼のストーリーでごまかされるようなマトモな人間は一人もいないということを。しかし、彼は悟るどころか、自分がつくりあげたストーリーにますます固執した。原田弁護士と松上さんあての手紙にだけ、「僕の訴え方は間違っていた」と暗にウソをウソと肯定しているだけで、その後、日記の中でも一行だって、自分の犯行を認める言葉は書きつけていない。「死刑囚はよく夢をみるそうだが、僕は一度も夢を見たことがない。殺人をしなかった証拠だ」といった調子である。ときたま夢を見るのは女の肢体であり、彼がなることのできるであろう将来の姿だけである。朝鮮へ帰って三国一の花婿になり、「出世」して再び日本へ外交官として赴任してくるとか、闘士として雄々しく活躍する姿だとか、弁護士になって貧乏人や無実の人々のために大いに働くとかいった白日夢である。しかし、現実の彼は、いっとき希望に充ちていただけにいっそうみじめな死刑囚候補の一人に過ぎなかった。

ところが、下手な鉄砲も数打てば……式に孫が書きまくった救援を求める手紙が、もう一つ、彼に朗報をもたらした。広工時代に世話になった田辺清市教授が、大阪学芸大に転任され、孫に小遣い銭を恵んだだけじゃなく、吉田弁護士を紹介してくれたのである。田辺教授は何度か孫に面会にも来てくれたし、生涯かわらぬ献金箱の一つになった。孫が名声?を博するまでの二、三年間は、田辺教授と村本弁護士が固定的な献金ルートで、孫は交互にこの二人から小遣い銭をねだっていた。

田辺教授が紹介してくれた吉田弁護士は、無料で私選弁護人になってくれた。これで村本氏と二人の弁護人を得たわけだが、吉田弁護士が私選でついたのをきっかけに、村本氏も私選弁護人としてつくことになった。孫は無一文で二人の私選弁護人を得たのである。ところが、吉田弁護士も、私選弁護人として選任届はしたものの、孫の記録を一読するに及んで、やはり、原田弁護士や関原弁護士が見出したと同じ、まがうかたなき孫の兇行の事実を見出したのである。裁判で争うことはただ情状の道だけだった。しかし、孫自身は強情に無実をいいはっているので、手のほどこしようがなかったというところだろう。この人も孫には直接「真実を述べよ」と強要しなかったかわりに逃げ腰になった。孫はこの人のそういうアイマイな態度をなじり、結局、再び村本氏が一人で私選弁護人としてつくことになった。こういういきさつは、自分の「ウソ」を棚上げにして、孫には苦しかった。頼れるのは自分だけだという思いのみが深くなった。孫は法律の勉強にせいを出した。

拘置所長を告訴

「隔離厳正独居」の生活は勉強するのにはもってこいの環境だった。というより、何かに熱中するか、勉強にでも打ちこまない限り、正常な精神を維持していけないひとりぼっちの二十四時間なのである。五舎に昼間収容されているのは孫一人だから、専属の看守はつかず、三舎の担当看守がかけもちで、時たま見回りにくるだけだった。見回りにきたとき孫につかまると、文句をいわれたり、説教をきかされたり、ダダをこねられたりするので、看守はカギの音も足音もたてず、ソッと来てソッと去る。話し相手はこの見回りの担当看守だけだから、孫はいつも看守が来るのを手ぐすねひいて待っている。毎日のように管理者にあて、「うっぷんのやり場なし、反抗精神を涵養させるばかりだ」とか、「僕の態度が硬化しつつあることに注意しないと思わぬ反撃にあうから念のタメ」というようなオドシ文句をそえた面接願を書く。一刻も早くそれを看守に届けさせたいのに看守は来ない。来ても猫のように足音をしのばせてくるので、孫が気づかないこともままあった。

　そんなことが続くと、孫のカンシャク玉がハレツする。業を煮やした孫は監房のドアに「担当さん、用あり（声）、孫」というハリ紙をブラ下げたが、さっぱり効果がなかった。一方、いままで特別許可されていた労救文庫は「図書の整理」という口実で、読むことを許されず、これも特別許可で購読を許されていた新聞も読めなくなった。せっかく勉強できる環境に移されながら、本も自由に読めないことが、孫をいやが上にもいらだたせた。

「今の僕の慰籍は、彼らの無能と卑劣なやり方を軽蔑することだけだ。見ろ、どんな返報をするか！」とキバを鳴らすような日がつづく。孫と同じ舎房にいる受刑者たちの生活は孫以上にみじめだった。朝晩、舎房を出るときと帰ってきたときには、素ッ裸でカンカン踊りをやらされる。夜は、一室に数人もつめこまれているのに全く静かだった。ちょっとでも話し声がもれると看守から「静かにせんか！」と怒鳴られるのだ。そして、孫と言葉をかわすと仮釈をとり消すと命令されていたので、孫が話しかけても答える者はなかった。孫は、看守たちが受刑者に乱暴な言葉をつかうたびに、「もっと人間らしくものをいえ！」と怒鳴りつけた。高姿勢になった職員たちは、孫の抗議を無視して「君に命令される必要はない」といい返した。孫が、行刑精神のありようを一席ぶって説教すると「君の脳が狂っている」と嘲笑う。孫は共産党と共産党の実力行使は監獄社会にも絶対必要だと痛感し、オーケストラであけくれた日々をなつかしんだ。

「自由が欲しい！　乞食をしてでもいい、思うままに生きたい！」と、思うままにならないだけに自由への渇望は激しかった。孫は一人で自分を慰める。それは、あくことなく日記に自画自讃で厚化粧した自画像を書きしるすことだった。孫は非運に泣く天才児であり、自分自身を無実の罪で牢獄に呻吟している英雄に見立てた。しいたげられた被告や受刑者のため、どんな権力の圧力にも屈せず闘う正義漢。その人柄は誠実で紳士的、顔やものごしはやさしく、しゃべるとたちどころに他を圧倒する能弁家。味方には尊敬され慕われ愛されるが、敵にはどこまでも憎まれる……。あるときはたぐいまれなる共産主義者としての自分を描いた。本気で共産党に入党しようと考えた。「人並すぐれた自分」「看守たちより、知識、人格ともに数等すぐれた自分」が、看守風情に「お前呼ばわりされてたまるか」「収容者を煽動して暴動を起すより、俺一人が闘う方がよほど効果的である。これくらいの機構に圧迫されて死ぬようなモタ公じゃないぞ」自負と確信はますます強まるばかりだった。しかし隔離厳正独居の八方ふさがりではいかんともしようがない。

彼は便器の掃除にやってきた受刑者にそっとキャラメルの小箱をにぎらせた。内箱に「保安の情報頼む、君の生命は保証する」と書いた。懲役囚はさっそくそれを職員に届け出たので、この事件で、孫は文書図画閲読禁止一ヵ月の懲罰にふされた。辞書類だけは見ていいことになっていて、六法全書も辞書のうちとみなされていたから、孫は一ヵ月間毎日、六法全書ばかり読むことになった。六法全書は村本弁護士に差し入れして貰ったものである。初めて日本国憲法を精読し監獄法も知った。六法全書は孫に理論的武器と実用兵器の両方を与えたようなものである。「お前ら悪いことをして……」という看守には、「刑が確定するまでは無罪だぞ。法の精神を知らんのか」とサカネジをくわせた。

六法全書が、彼に監獄職員を告許できることを教えた。まず、職権濫用罪で玉井策郎所長を告訴したのを手始めに、監獄職員を片っ端から告訴し始めた。たとえば、孫をさとすつもりで、「お前はこのごろひとりでおこって無理なことばかりいうが考えにゃあかんぞ。可哀そうと思って親切にしてやっているのに……。お前は人情も、人の親切もわからん男じゃの。さからって何のためになるんじゃ。お前はここをどこだと思っとるんじゃ、お前は被告だろうが。普通の人間たァ違うんじゃぞ、立場を考えろ、バカ者！」とお説教を試みた看守部長が即日名誉毀損罪で告訴される、という具合である。孫の行状は、看守を「キサマら、それでも公務員か！」と罵倒するくらいは朝めし前で、窓の方を向いて寝なければならないという規則があれば、ドアの方に頭を向け、窓にのぼってはいけないことになっていると、わざわざ職員が通りかかりそうなときをみはからって窓にのぼる、といった調子である。監房内では最大限自由な行動を許すべきだという信念のもとにやるのだから、看守とひと悶着を起こさない方が不思議なくらいである。孫は拘禁されて以来、毎日丹念に日記をつけているが、ケンカ、ケンカのあけくれで、悶着の記録のない日はない。

洗濯するためにバケツを貸してほしいと頼んでいるのに担当看守がなかなか貸してくれぬ。「お前、バケツを貸してくれんのか」

「お前とは誰にいうているのか」

「お前にいうているのがわからんのか。そこにはお前一人しかおらんじゃないか」

「オンドレのような奴の用はできん。わしはレッキとした官吏じゃぞ。それは官吏に向って囚人のいう言葉か」

「なにを！」

という次第で、孫は「お前は官吏ではなく公務員である。お前は公務員の任務を知っているのか。僕は囚人ではなく被告だぞ。被告は刑が確定するまで無罪なのだ。その被告をつかまえて囚人呼ばわりするとは何ごとか。お前らは被告に奉仕するために月給を貰ってるんだから、月給相応のサービスをするのは当然ではないか」とトウトウとまくしたてる。

結局、看守の方が失言をわびてケリということになるケースの方が多いのである。その上、「民主主義の精神にのっとり、君たちはもっと被告や受刑者を人間らしく扱うべきである。君がお前というから僕だってお前というのだ。お前にお前といって何が悪い。お前呼ばわりされたくなかったら、もっと僕にも敬意を表したまえ。君とか孫さんとか、ちゃんと対等にものをいえ」と長口舌のお説教がおまけにつくのだ。言葉でいったら、孫にかなう職員はいないので、もうこのころには、孫が窓にのぼっていても「おい、たんのうしたら降りろよ」と声をかけるのが関の山だった。ときたま注意する看守がいると「お前に見て貰うためにのぼってるんじゃないぞ。暑いから涼んでいるんだ。俺にいらぬ不快を起こさせぬようさっさといけ、このバカ野郎！」とどなりつける。こういうところへ、「告訴」という武器をふるい始めたのだからたまらない。

告訴された看守たちは痛々しいくらいしょげ返り、「お前」から「あんた」に呼びかたもかえて、遠慮してものをいうようになった。また、自分にかかわりのないことでも若い看守が被告を殴っているのを見ると、ただちにその看守の名前を調べて暴行罪で告訴するのである。お役人というのは「コト」が起るのを怖れる。

告訴されれば上司に報告しなければならないし、事情も説明しなければならぬ。職務をさいて、検事の取調べも受けねばならない。告訴された看守たちは、恐れ入ってちぢこまるか、あるいは退職した人もいる。孫にかかると「全く役人というヤツは困り者だ。頭の良い奴はよい方法で、悪いのは無能さで、人民どもを苦しめ、しかも平然としている」ことになるので、監獄職員はたまったものではない。機嫌のいいときは説教をたれ、機嫌の悪いときは「このバカ野郎ノータリン、無能」と頭ごなしに罵倒される。単に平看守だけじゃなく、孫は誰かれかまわず罵倒する。所長や管理部長にも口ギタナク罵倒した意見書や覚書を書き送り、担当看守に「とてもこんなもんエライさんに持っていけん」と泣きべそをかかせる。受刑者たちを孫の前で「スカタン」呼ばりでもしようものなら、その看守はただちに告発されるか孫の毒舌をまっこうから浴びねばならない。というわけで、孫に対して高飛車に出る職員は一人もいなくなった。看守長、警備隊長クラスでも「孫さん、孫さん」とたてまつる。担当看守などは、「そんなに眼を三角にしてにらまんでくれ、あんたににらまれると、蛇ににらまれた蛙みたいにゾーッとする」と悲鳴をあげ、こまめにいうことをきくようになった。

孫は「今の僕はまだまだ上昇の可能性が存するのである」と自信たっぷりだ。

しかし、何度告訴してもすべて不起訴処分になった。孫は「コッパ役人めら！　俺はかならず勝つ、勝ってみせる」と、告訴することをやめなかった。孫の告訴事件を担当した検事は、「告訴したというだけでもう効果は十分あったんですから、自分の被告事件に専念されたらどうですか」と遠まわしに忠告するが、ききいれない。孫はこの検事を「頭の足りない無能役人」だと批評している。法廷では日本国の鬼検事でも孫の前では全くカタなしだ。孫からいい分をきくため調書をとるのだが、字は下手クソだし間違いだらけ。安ものの万年筆で下手な字がなおギクシャクする。孫は鋭く字の間違いを指摘し、せめてもっと上等の万年筆を使えと忠告する。検事はただポーッと赤くなってニヤついているだけだ。次に検事調べに来たときにはいい万年筆を持ってきて、「月賦で買いました」と報告しているが、「万年筆を月賦とはミミッチイ。万年筆も万年筆だが、もう少し、その字をなんとかならんのですか」とやりこめられている。万事がこの調子なのである。孫は全く「権威」というやつに強かった。天上天下唯我独尊。自分以外の「権威」は絶対に認めようとしなかったから、天下に恐れるものは何もなかったわけだ。何度告訴しても不起訴になるので、検事は「現職の拘置所長を刑法で罰するのはムリですよ。行政訴訟に持ち込んだらどうですか」と知恵を貸した。しかし、六法全書には、行政訴訟の訴状はどのように書き、どういう手続きで裁判所へ持ちこめばいいのかというような実際的な法廷のテクニックまでは書いていない。村本弁護士の助言を得たりして、要するに行政訴訟というのは、行政庁がとった処分について不服があるとき「かくかくの処分を受けた。この処分は無効であることを確認して下さい」と、裁判所に処分の無効確認取消の裁決を仰ぐことだと理解した。大阪地裁に「文書図画閲読等禁止処分に対する不服事件」を提訴したのは昭和二十九年十月である。この事件は訴訟救助の決定を受け、昭和二十九年（行）七九号事件として裁判所に係属した。訴えの内容は、通信のさしとめ、抹消、検閲、原稿用紙の使用禁止、ノート・用紙の使用制限、監房内で持てる書籍の制限（五冊ときめた）、新聞の購読禁止、書籍雑誌の閲読禁止と抹消、一ヵ月間の文書図画閲読禁止の懲罰等、読み書き通信を主とする禁止と制限の処分を無効であると確認し、これを取り消してほしいというものであった。

この訴えの中には、監獄が宗教活動をするのはけしからん。ラジオ放送は愚昧番組ばかり流し、ニュースやニュース解説などの教養番組が少ない。法定の糧食を食わしていない。タオル、石鹸などの日用品を無料給与しなければならない。隔離厳正独居にした処分を取り消してもらいたい。死刑執行場の前で運動させるとはもっての他だ。就寝時間なんかどうでもいいじゃないか、どだい一日十二時間寝てろというのはムリな話だ。寝るときくらい、どっちを向いて寝たっていいじゃないか、など監獄の二十四時間のことごとくが包含され、一つ一つの処分について、無効、確認を要求していた。この事件が、提訴してから足かけ五年目に「監獄法は憲法違反か」と、世に問うた大事件にまで発展するのである。孫は「このアダはかなちずうってやる」と復讐を誓ったその復讐の方法を発見したわけである。「俺が認められないような規則なら規則の方が悪いのだ。悪い規則は退治して、いい規則とつくりかえてやるのだ」という自信がついに法律そのものにいどむ結果になったのである。とにかくこうといったら絶対にあとへひかぬ男であった。柔道何段というきたえにきたえぬいたよりぬきの看守たちを相手に、いいたい放題をいい、明らかに看守たちの方に理がある場合でも、逆に理屈でギュウギュウとっちめて平身低頭させる男なのである。ねばりと根気、あきらめを知らぬ執念深さ、これが監獄の不平不満を法廷にまで持ちこんだ推進力だった。

訴訟を起こした結果、監獄の待遇はグッとよくなったが、孫は相変らず貧乏だった。韓国から孫を頼って密航してきた異父弟にまで、小遣い銭をねだらねばならなかった。救援の手紙をアチコチに乱発しても切手代と便箋代を損することの方が多く、「救援を待っていたらミイラになってしまう。何とか金を稼ぐ方法はないだろうか」と考えるようになった。それに訴訟を起こしたため、用紙代がグンとかさむようになったし、そうそう村本弁護士にも甘えられない。村本さんは孫の獄中での行状を心配して、「いまは第二審がどうなるかという重大な時期なんだから、監獄闘争などどうでもいいじゃないですか」と忠告していた。

孫の被告事件は、弁護人側からの「陳の所在をつきとめるまで待ってほしい」という要望を入れて、ずっとひきのばされたまま一向に進展しなかった。陳の所在をつきとめるといったところで、陳その人が架空の人物なのだからつきとめようもない。こんな薄弱なシックイ細工で第一審の判決をくつがえすということはドダイ無理な話なのである。孫は積極的に彼の「白」を証明しようとしてくれない村本弁護人がハガユク不満でならなかった。村本弁護人の「控訴趣意書」は孫をおこらせた。村本さんの趣旨は、本人が無罪だといっていますので無罪の判決を賜わるよう、それでいけなければ、せめて死刑だけはかんべんしてやってほしい、というものだった。孫は率直すぎる言葉でこの趣意書に不満を述べ、村本さんの消極的な態度を非難した。そして、結局、自分の弁護人には自分がなるしかないのだと考えた。彼は彼自身の「控訴趣意書」と「上申書」を起草した。彼の控訴趣意書は全く素晴しい作文だった。古今東西のあらゆる素晴しい文章からそのエッセンスを抜き出し、これらの名句で、自分の半生を物語っていた。全くこのような素晴しい青年が殺人事件とかかわりがあるなんて信じがたいくらい理想的な青年像を彼自身のペンと言葉で彫りあげていた。これを書きながら、孫は「真実自分が無実であったなら……」と慟哭する思いだったのではなかろうかと思うくらいだ。ただ決定的な弱点は、裁判所の記録に現われている事実をくつがえす根拠が陳の物語以上に一歩も出ていないことだった。孫が架空の人物「陳」をあみ出し、彼に中国人の麻薬密売人という職業を与えたのは、そういう人物の捜査は非常に困難であるという理由からだと思うのだが、陳は孫の創作であるとキメつけるのも困難なかわりに、実在を証明することもできなかった。村本さんさえ「陳は孫の創作でしょう」というくらい、この人物がまた、一読創作とわかるように下手くそにしか描かれていないのである。孫が強く無実を主張するので、慎重な捜査を重ねても、福島さんが麻薬密売とかかわりがあったという事実は出てこなかった。麻薬業者から借金を取り立てられるような後ぐらさは被害者には全くなかったし、借金といえば親戚から洋服屋を始めたときに借りたお金がまだいくらか残っているきりで、他にはどこにも借金といえるものはなかった。孫のストーリーを裏づけるものは一つもなかったばかりか、彼がウソをついているという証拠の方は山ほどあったのである。

しかし、孫は、ウソを美辞麗句でぬりかためたこの控訴趣意書のできばえに大いに満足だった。こんな素晴しい文章が書ける自分の才能を誇りたいくらいだった。孫の弁護人を辞任した吉田弁護士が戒能通孝氏の『裁判』を差し入れてくれたのをきっかけに、孫は戒能氏にも自分は無実だと訴え、第一審の判決文にそえて自分の書いた控訴趣意書と上申書を送った。そして、どこかの雑誌に、この趣意書を掲載して貰えるようアッセンの労を取ってほしいと頼んだ。原稿料と無実の訴えの一石二鳥をねらったのだが、そうは問屋はおろさなかった。

戒能氏は次のような長文の手紙を孫に送っている。

「お手紙を以前から拝承しております。実は判決文と比較してお手紙をできるだけ熱心に対照したつもりでありますが、判決が基本的に誤りであるという確実な論点は率直にいって私には納得できないのでございます。もちろん私は事件について何も存じておりません。東京の事件ではなかったので新聞にでたか否かさえ気がつかず、全く白紙でご送付になった判決文とお手紙とを対照して私の印象を作るべく努力したものでございます。判決は間違っているかも知れません。しかし率直にいって間違っているという確信を得ることができませんでした。またそれだけに弁護人ともご相談の上、弁護人の同意し、責任をもって支持するご意見を伺いたいとも思っており、かつその旨をおすすめしたこともあったのでございます。お手紙は今までのところ残念ながら弁護人の連署のないものだけでございました。そしてそれを読んだ限りでは、判決が誤りであるという結論に到達することができなかったのであります。これは甚だ無情の言辞かと思います。しかし、わたしも法律家として一つの判決を攻撃し、もしくは判決攻撃を援助する場合には、自分がもし裁判官であったなら、この事件は有罪にしなかったであろうという確信をもたないと、責任をもってなし得るものでないことはご了承いただく外ございません。けれども折角何回も手紙を下さった方に対し、そのようなことをあまりにもあけすけに申し上げる勇気がなかったことをお詫びいたします。私としては残念ながら、ご援助いたすことができないのであります。これは申し上げない方がよいと思い、今まで返事は差し上げずにおりました。お手紙は多分全部私の手許に到達していると思います。拘置所が差押え、発信を妨害した事実は恐らくないと信じます。ご返事をださなかったのは、全く私の責任でございました。けれども、一歩ふり返ってことを冷静にみるならば、あなたの精神状況がどうであったにせよ、あなたはやはり事件に関係をもっておられるのではないでしょうか。こういうことを恩怨なきあなたにいうことは非常に辛いことですが、現場に指紋もあり、そして指紋の説明が私に十分納得いく程度までなされていない状態では、敢えて申し上げるほかない気持になってしまったのでございます。あなたがどうか冷静にもう一度事件を考え直し、もし万一事件に関係ある場合には、被害者がどれほど驚き、苦しみ恐れたか、お考え下さることを望むのでございます。あなた自身が現在おかれている状況は、恐らくいても立ってもおれないほど苦しいものと思います。しかし、万一あなたが事件に関係をもつとしたならば、被害者もまた同じであり、あるいは眼の前で起っているだけに、実に苦痛の多いものだったかも知れません。もちろん私はあなたに対して「信仰をもて」というようなことは申しません。しかし、唯一つ、重大な殺人事件があったこと、しかもその現場にあなたの指紋があったことは事実なのであります。不幸にしてその指紋が別の機会についたという証人は、あなたの手紙からはみることができませんでした。あなたが当事者であるにせよ、ないにせよ、被害者の状態を一度だけ考えて下さることを切にお願い致します。お申越しの抗告状は別便書留でお返しいたします。申しわけないことを申し上げました。何分にもお許し下さいませ。」

この情誼をつくした戒能氏の手紙は、孫を反省させるどころか、かえっておこらせた。「俺を信じようとせず、頭から裁判官のカタをもっている。それでも大学教授か！」と日記に書いている。この手紙の初めの方に、弁護人の連署云々とあるのは、村本弁護人も孫が無実だと考えているのかどうか、考えていられるならば連名で一度手紙を寄こすよう、という戒能氏の忠告が以前にあったのに、孫は村本さんの同意を得ることができなかったのである。村本さんは、孫が無実だというのを黙ってきいてはいられたが、村本さん自身は孫が「白」だと思っていられたわけじゃなかったから「わたしも白だと思います。何とぞ孫を援助してやって下さい」とは書けなかったのである。

孫は戒能氏から拒否されたけれども、それでもまだ返事をくれるだけでもま

孫斗八（1958年3月、大阪拘置所にて）

しだ、と自分を慰めた。孫は法律家ばかりじゃなく、広津和郎氏や中島健蔵氏などの文化人、社会党、共産党の幹部など、眼について住所がつきとめられる限りの著名人に救援依頼の手紙を出した。広津和郎氏ですら返事をくれなかったのに戒能氏が手紙をくれたので、この拒否の手紙のあとも、速射砲のように手紙や訴訟資料を送りつづけた。

ところが、送るが早いかすぐ、先に送った資料を返送せよ、と申し送るのである。さすがに戒能教授もこれにはウンザリされて、「返送を要する書類や手紙を送りつけられるのは甚だ迷惑であるから、以後送らないでほしい」と申し入れた。この申し入れには孫が法律を云々する書類を送りつけるものだから、「第一、法的にも勝手に送ってよこした私信や書類を返送する義務はないはず」という追ってがきがついていた。文面には二人も人を殺しておきながら、無実だといって外部の人間をたぶらかそうとし、あまつさえ監獄の人権だ、自由だと主張して、告訴という手段にまで出ているこの囚人に対する不快感がにじみ出していた。「戒能アテ書簡の中を拘置所が差しとめ、その一部を破毀した」ことを、孫は訴訟に持ちこんでいて訴訟書類の中でたびたび戒能氏の名前が持ち出されているので、当の戒能教授にとっておもしろくなかったにちがいない。氏は、拘置所長に「以後わたしのところへ通信は出さないでほしい。わたしあての通信が裁判沙汰になっているようだが、その必要があればいつでも喜んで拘置所側の証人になります」と書き送っている。それにもこりず、孫はなお、しつこく手紙や書類を同氏に送ったので、戒能氏は再度「わたしは殺人事件にあなたが関係なかったという確信をもてない。あなたとの文通はこれでおしまいだと思ってほしい」と断わっている。

孫は、こういう拒絶に出会うと、シュンとするよりも、まず立腹し、拒絶した相手を罵倒し軽蔑する。「これが日本のもっとも良心的な法律家のやり口か！」と孫は思うさま、戒能氏に毒舌をたたいているが、孫のことだから、日記にウップンをはらすだけではなく、「あなたも不快かしれないが、僕の方だって大変不愉快です」くらいのことは書き送ったかもしれない。松上宣史さんは、ただ遠まわしに彼の態度を批判しただけで黙って孫から去った。戒能教授はその理由を明らかにして孫を拒否した最初の人だった。孫は死ぬまで実にたくさんの後援者を得たが、ごく少数の人々を残して、あとはすべて、孫から去っている。どうしてせっかく得た後援者たちが次々と去っていくのか、孫はその理由を一度も正視しようとしなかった。というよりも正視したら一日たりとも生きていけないことを自覚していたのかもしれない。

拘置所を大阪地裁民事部へ告訴した事件は、時とともに厖大になりつつあった。孫が原稿料を得る目的で雑誌社や新聞社へ送った原稿はすべて差しとめられた。それらの原稿はすべて監獄の実情をバクロしたものであったから、気の小さい役人連はどうせ送っても掲載してくれるかどうかわからないのに、大事をとって通信の拒否という手段に出たのである。清水幾太郎氏や羽仁五郎氏などに送ろうとした訴訟資料もさしとめられた。監獄は大事をとったつもりで毎日、孫に提訴理由をふやしてやっているようなものだった。孫の訴えは、新聞購読の自由を認めろ、原稿用紙を許可せよ、通信の自由と、言論の自由を認めろなどを始め、色エンピツ、消しゴム、ものさし、耳かき、万年筆などの使用許可を求めて三十項目をこえた。監獄職員とのケンカ口論を記録した日記や、発受した通信など、監獄の日常のすべてが証拠として裁判所に提出された。

第二審でも死刑

いよいよこの行政訴訟の第一回公判が開かれるという矢先に、被告事件の判決言渡しがあった。結果は第一審通り「死刑」という判決だった。

昭和三十年二月十九日、事件後四年を経過し、控訴審にかかってからでも三年余の年月がたっていた。こんなに裁判が長びいたのは、孫があくまで無実をいいはっていたためだが、判決は全面的に孫の主張を退け、第一審の判決を支持していた。

さすがの孫もガックリ気落ちがしてしまって、判決後の一週間ばかりは、何をする気にもなれなかった。とても監獄闘争どころじゃない。行政訴訟の公判は無期延期にして貰った。日本では裁判は三審制度をとっており、地裁、高裁、最高裁の三つの裁判所で事件が審理されることになっているが、地裁の第一審を控訴審でくつがえすのがむずかしい以上に、第二審の判決を最高裁でくつがえすことはむずかしい。一、二審とも「死刑」の判決を受けたということは、ほぼ死刑が確定したと見ていいくらいのものなのである。孫の前にあった絞首台がぐっと近く現実のものとなった。

「まだ最高裁がある……」なんて安閑とはしていられない。強い万力で絞めあげられるようなまっ暗な前途が孫にドッと襲いかかった。無実を主張しつづけたのは、戦術的に間違いじゃなかったろうか？　監獄闘争が裁判官の心証を悪くしたのかもしれぬ。骨身をけずるように孫の事件に没入した恰好の村本弁護士は、この判決で孫以上にガックリしてしまった。「悪くしても無期か十五年だと思っていたのに……」と氏は孫の前であとは言葉もなくうなだれた。「監獄闘争のせいでしょうか」とたずねる孫に、ただ眼をしばたたいてうなずくだけだった。孫はこれを肯定の意味にとった。「俺は監獄闘争のギセイになったのだ」と彼は自分を慰め、勇気づけた。「監獄を告訴したためにこんな判決が出たのですから、僕はこの判決に抗議する意味でも死を賭して闘いつづけます」

村本さんは、この孫の決意に何の批判も加えなかった。批評を加えるかわりに宗教書を数冊差し入れた。しかし、孫にはとうてい、この苦労人の心情ははかりがたいものであった。「村本さんまで宗教書を入れるとは……」とすぐさま、その宗教書を返して、代りに法律書を入れてくれるようにねだった。村本さんはその希望を容れた。村本さんは、この判決後、三ヵ月ぐらいは気落ちがして食事ものどを通らずゲッソリとやせてしまったという。まるで自分が死刑の言渡しを受けたように、仕事も手につかず、半病人になってしまった。家族の方が心配してもう刑事事件はやめてくれといわれ、自分でもあまりにも被告の身につきすぎて「商売」を忘れてしまうのは、自分がこの仕事には向かないからだと考え、孫の事件以来、民事事件専門の弁護士さんに転向した。村本さんは、孫の処刑後訪ねたわたしに、「こんな優秀な朝鮮の青年がこんな運命に落ちたのも、日本人のわれわれの責任のような気がして……」と、孫が殺されるまで援助をしつづけた動機をひかえめに語ってくれた。なるほど孫がそう考えたがったように、彼の事件に監獄闘争が全く影響しなかったとはいえまい。しかし、彼の死は、監獄闘争のギセイとはいえぬ。日本で死刑の判決を受けるのは、ごく少数のそれこそ「天人ともに許されない」極悪非道、残酷無比の犯罪者に限られているといってもいいだろう。孫の犯行はその例外的残虐行為の部類にはいるのである。複数殺人、その殺し方の残虐さ、殺して奪ったその手口、犯行後逮捕されるまでの生活のふてぶてしさ。死刑存置論者でなくても、彼の行為をまともに直視すれば、死刑は当然という結論に導かれるだろう。いって見れば孫が受けた死刑の判決は、出るべくして出た彼の行為に対するむくいなのである。ところが犯罪者というのは、どんな悪いことをしても、長期刑や死刑などの重い罰を言い渡されると、コンチクショウ！と思うものらしい。罰が重すぎると考えるのである。孫の場合はその典型的な反抗の表われといえるかもしれない。孫は、友人知人に「僕が死刑の判決を受けたのは監獄闘争の影響だと村本弁護人もいっています。僕は監獄闘争に命を賭けたのです。僕は自分の信念のためには命も惜しいとは思いません」というような内容の手紙をたくさん書いた。「獄中で共産主義者に生まれ変った僕はいま、その主義の犠牲になろうとしているのです。権力にとっては僕の存在は邪魔ものなのです」という調子である。

ようやくそれで元気づいたが、上告審では、何としてでも勝ちたい。せめて命だけは救いたい。しかし、自由法曹団の弁護士連は相手にしてくれないし、戒能教授の線も期待はずれで、結局、三度、国選弁護人に頼らざるを得なかった。最高裁では小林弁護士が国選でついた。小林氏もまた、わざわざ東京から大阪へ来て孫と面会してくれた。しかし、孫は第一印象でこの弁護士さんが大変頼りなく思われた。頼りなくても頼るしかない。孫はこの弁護士さんにも控訴趣意書の写しを送ってどこかの雑誌へ掲載をアッセンしてほしいと依頼したものである。小林氏は「広津和郎氏の文章ならともかく……、わたしには第一、ジャーナリズム関係に全く心あたりがない」と丁重に断わった。ところが、孫の方では、広津和郎の文章なら売れて、俺の文章が売れないなんてことがあるものか、と大むくれにむくれてしまった。そして小林弁護人は冷淡で無能だと判断したから小林さんこそいい迷惑である。直接むきつけて冷淡だとナジったから小林氏だって面白くない。それからいくら手紙を出しても返事がこなくなってしまった。孫は、原田弁護士や大阪の黒岩弁護士、その他もろもろの知ってる限りの法律家に「最高裁の弁護人は熱意がなくて困る。何でスネているのか知らないが、怒って返事もくれない。意志疎通を欠いているので全くどうしようもない」と小林氏を非難する手紙を出している。率直といえば率直だけれども、こういう一方的な独断、人身攻撃は孫の得意中の得意で、彼の意のままにならないのは、すべて相手が悪いのだ、という考えだった。村本弁護士ですらその例外ではない。「僕の弁護人である村本弁護人は誠心誠意の人だが、もう一つ消極的で頼りない。だからあなたの助けをかりたい」という調子の依頼状をたくさん書いている。

死刑確定

（孫の日記から）

昭和三十年十二月十九日

午後は手の調子もよくなって、せっせと証拠写をコピイしているところへドアがあいて、H主任、K副看守長が立った。そして〈裁判宣告結果通知〉を渡してくれながら、上告棄却の通知だといった。予期していた僕ではあったが、〈本件上告を棄却する〉という字を見て一瞬、目がくらむようだった。十分、心の準備をしていたとはいえ、全身の血が逆流し、心がふるえた。怒りと反抗がすべて頭へかけのぼり、悲愴な興奮に陥らしめた。通知書受領の指印をついたのに、ドアがしまらないのでどうしたのかとふりかえってみると、今度は有田管理部長が立っていた。

——いろいろ努力したようだが、お気の毒だ、といったようなことをいい、窓を少し改造しなければならないので、その間、運動でもして来てはどうかといって、運動係が来ていることを知らせてくれた。なるほど、うまく手筈をととのえているのか。書きかけの複写はそのままにして僕は運動に出た。さすがA看守は神妙な顔をしていた。僕の怒りは度がすぎて言葉にすることもできなかったが、Ａ看守は、僕に対する同情、裁判の冷酷さをその堅い表情に表わしていた。ツンツルテンのズボンが膝のところだけがふくれ、頭は吉屋信子スタイルで見たところ全くバカのようでもいつもは気にならぬのに、今日は人から顔を見られるのが何だか辛いようだ。運動から帰ってみると窓ガラスが三枚ともはずされ、ガラスの代りに金網がはってある。おそらく自殺防止の手段なのであろうと思う。自殺してたまるか、僕は最後まで闘うのだ。

今晩から夜勤看守も三舎と五舎をかけもちせず、五舎専任になったようだ。七時少しすぎて寝たのであるが、数分おきに下の視察口をあけてみる始末だ。こうされては僕の方もかなわない。「心配するな、そう神経質になるなよ、大丈夫だ」といってやっても承知しない。これからできるだけ書かねばならぬ。今年は殺すことはあるまいが、僕の生命は、敵の手中にあるのだ。

十二月二十日

こんな事態に立ち至っても別段泣き悲しんでくれる肉親も、近くにいないのはせめてもの幸いだ。いざ手紙を書こうと思って、あれこれ考えてみたが、全くいない。僕の整理をしてくれる人間もいないのだ。しかし、僕の書いたものは何としてでも確かな方法でのこさなければならない。これこそが僕という人間が生きた歴史だ。その意味で国民救援会に整理をお願いするしかないと考えたのである。ノートと訴訟記録こそは僕の命の代償だ。

十二月二十一日

戸籍の上では今日僕は満三十歳になった。僕のような人間を死刑にする国家権力というものは、明らかに不当であって、歴史の歯車を逆転乃至押しとどめる役割をつとめていることだ。人間が社会という組織をもつと、その組織を維持し、秩序だてるためにいろいろ規範が必要であることはいうまでもない。刑法の存在も必要である。

しかし、人間が人間を裁判して死刑にするということは、野蛮きわまりないことだ。刑事責任が死刑に価するという理由は全くの口実にすぎない。僕の場合、刑事責任が死刑に価するとは考えられないが、支配階級にしてみれば、僕のような物騒な人間は今のうちに殺してしまうにこしたことはない。刑務所に送れば、日本の刑事政策、行刑の実情をバクロし闘うであろうし、社会に帰せば革命の先頭に立って、それこそどんな働きをするか全くはかり知れないからだ。

僕のうぬぼれではなく、僕を見る目は殆どが同情の色を見せている。殺すには惜しい人間だ。死刑にするのは可哀そうだ。気の毒だといったように見える。これに対して俺がどんなにして死に向って歩むか全くXだ。決して時の解決に身を任せることはしないぞ。

十二月二十六日

十九日午後上告棄却の通知をうけて以来、その日は監房の窓ガラスを金網に取替える工事のため一時間以上も運動に出たが、その後は二十二日に出たのみで、あとの日は運動にも出ないで書き続けた。突然死ぬものに比べこんなにも忙しい整理ができるのは有難い。

それにしても僕の刑事責任がアイマイのうちに死刑にされ、かかる有為な人間を司法が殺すのは、まことに惨虐、非合理千万だ。

孫は死刑の確定をうわべは冷静に、強気に受けとめているが、内心は動転していた。もしやという一るの望みがたたれたのだ。それまでは節約に節約をかさねて、ときたま差入れがあってもパンやアメ玉は買わなかった。差し入れの僅かな金は、通信費と用紙代で消えたし、三、四ヵ月に一度くらい『世界』を買うのが関の山だった。食事の量が極端に限られているので、囚人たちの間食に対する欲求は、シャバのわたしたちの想像をこえるくらい強いものらしい。この欲求をねじふせてアメのかわりに『世界』を購読する、という姿勢が孫を鼓舞した。看守たちがせいぜい週刊誌ぐらいしか読まないのに、俺は『世界』を読んでいる、と考えることは彼の優越感を満足させた。それに、新しい知識を仕入れ、社会情勢を知ることは、彼の訴訟活動に必要だった。新聞が読めないため、ときたま買う『世界』はいっそう新鮮で、欠かせぬ頭の栄養源になっていた。『世界』を買うためにも節約しなければならなかった。かつての消費生活がまるで夢みたいな涙ぐましい節約ぶりで、彼は自分の克己的な人柄を知って貰うため、この会計報告を宣伝資料としてさかんに使っているが、死刑確定後のある期間、この節約は全くくずれ去った。彼は毎日アメやパンを買った。アメを一袋買ってもたちまちバリバリと噛みくだいて胃袋にいれてしまう。まるで咀嚼することによって死の宣告の衝撃に耐えるというふうだった。死がそこにあるという心のふるえは、どうにもおさえがたいものだった。俺は人殺しのせいで死刑になるのではない。俺は共産主義という俺の抱いている思想と、権力にさからったその抵抗によって命を奪われるのだと、彼はあくことなく自分にいいきかせている。そして、俺のような有為で有用な人間が殺されなければならぬとは、と慚愧し憤慨し、怒りを燃えたたせるのである。僕はでたらめな裁判で死刑になった。裁判官のせいだ、無能な国選弁護人のせいだ、そんな弁護人にしか頼れぬ貧乏のせいだ、という社会と国家権力に対するウラミツラミが熾烈な炎となって彼の身心を焼いた。さかうらみの執念だった。この執念が彼を支えた。

まだ被告人であるあいだは、第一審で死刑の判決を受けているといっても「死」そのものとはほかりがたい距離もあったし、心のゆとりもあった。彼は読経と悔いあらための日々を、ただ死を待つためにのみ送っている死刑囚の生活を見て、なぜ彼らは命を賭して逃走しないのか、とはがゆがった。逃走できなければ自殺すべきである、僕なら自殺するだろうと日記に書いた。そのころは死刑の執行は判決後最少の時間を限って行なうべきだと考えていた。ところがさて、自分が死刑囚の身になってみると、一刻一秒でも死をあとへずらしたかった。自殺するなんてとんでもないことだった。生きたい！　囚われの身で終生終わるとも、ひとときでも長く生を全うしたい。ただその欲望だけが燃え上った。まだ恩赦という制度がある。しかし恩赦願いの却下とともに死はやってくるのだ。死刑確定後半年と限られた命は、あまりにも短かすぎた。恩赦願を出しても、そのあと引きのばせるのはせいぜい半年か一年である。

「死刑執行のハンを押すのはどうも……」という気の弱い法務大臣が就任してくれたとしても法務大臣の就任期間はごく限られたものだし、こんな大臣にゆき当ったりして運よく長生きできたとして、死刑囚の命は確定後三、四年も生きられたら上々である。恩赦願はあまりに早く出すとかえって生存期間が短くなるし、法定期間ギリギリいっぱいまで出願をおくらせると、恩赦を出願しないうちにバッサリやられるおそれもある。慎重な上にも慎重に自分の生命を計測してかからねばならない。そして半年以内に殺せと法律できめていても、半年以内ならいつでもいいんだから、法務大臣のキマグレで三ヵ月もたたぬうちに死のハンコを押されないともかぎらない。全く戦々キョウキョウとした死との闘いである。普通の死刑囚の寿命はだいたい、確定後一年から二年というのが相場らしい。

執行人としても、死刑囚に暴れられるのは寝ざめもよくないし、なるべくなら穏やかに安心立命してもらいたい。そこで熱心な死刑囚教育が行なわれる。最初の半年くらいは、どの死刑囚だって孫と同じように殺されるのはマッピラだという心境である。看守をてこずらせたり、宗教を説きにきた教誨師にヤツあたりしたりする。そうしているあいだに同僚の死にかならず一度や二度は遭遇することになる。死を目前にして、ああやがて俺も……と自分のまぬがれがたい死を感覚的に理解すると、宗教的な救いを受け入れようとする心の準備ができてくる。実際、死刑囚の生活では「救い」がないと一日も生きていけないのだ。

のん気そうにピンポンをころがしたり談笑したりしながらも、この次は俺の番じゃないかとおびえる。もう何かにうちこまないといられない。死刑囚は三日間を一日で生きようとする。絵を描く、数学の難問に挑戦する。いまだかつてペンを握ったことのない男たちが詩をかき、歌をよみ、自分の運命を綴ろうとする。その合間合間には狂ったように鐘をならし、経を読み、なんとか天国か極楽へ行って、あの世で短かかった生命のおぎないをつけようと励む。全部が全部天国や極楽を空想するわけじゃないだろうが、神や仏に祈るうちに死の恐怖がちょっとずつでも遠のくのである。教誨師さんや監獄職員は、これを安心立命の境地に入るという。この境地へ死刑囚を導くのに十ヵ月から一年かかる。そのころがちょうど殺しごろ、ということになる。拘置所では死刑囚の執行の日時は、全く上からの一方的な命令で、拘置所が事前に関知するところではない、としきりに力説しているが、わたしはやはりこの連絡はあるのだと思う。でないと全部が全部の死刑囚が安心立命して喜んで死んでいくというのはおかしい気がするし、死刑囚が「何月何日がわたしの最初の殺人記念日ですからその日にわたしを殺して下さい」と申し出れば、その申し出がいれられるのである。連絡がないとは考えられない。「これこれこういう者がそろそろ殺しごろでございますがいかがでしょうか」くらいの伺いをたてるのではないだろうか。もちろんわたしのように、こんなむきつけのいい方はしないだろうが、ふんわかしたキレイなオブラートにくるんで、「殺しごろ」をはかっているのは否定できないと思う。とにかく、死刑囚たちは早く安心立命の境地に達すれば達するほど、早く死の配給を受けるという皮肉な結果になることは間違いなさそうだ。

しかし、この世界でも憎まれっ子世にはばかるなんて現象がおこりうると知る由もなかった孫は、当局に憎まれているから執行が早いかもしれぬと考えた。

年があけて、死刑囚として初めて迎えた正月は、身辺の整理で忙しかった。これが最後の正月になるかもしれないという思いがしきりに胸中を去来した。原田弁護士がお年玉を二百円送ってくれた。この人の親切と暖かさが身にしみた。せっせとノートに自分の略歴や、監獄闘争の内容などを書きつけ、「これらの手紙も僕の生前の姿を知るよすがとなろう」というまえがきをつけて、外から貰った手紙の写しを一冊のノートにまとめたりしながら、しきりに、この窮地から自分を救い出す方法はないかと考えるのだった。再審請求についても研究してみた。せめて、自分が提起している行政訴訟の第一審判決があるまで助命を乞うことはできないだろうか。彼は法務大臣に情願書を出した。しかし、これも単に気やすめにしか過ぎない。同じ死ぬにしても何とかして、孫斗八という名を世間に記憶させてから死にたかった。孫は強盗殺人の罪によってひっそりと死刑執行されるのはいやだった。名もない犯罪者として永遠にこの社会から抹殺されるのは耐えがたかった。

孫は国民救援会の加古藤一郎氏と大阪の黒岩利夫弁護士に、自分の死後の整理をしてくれるよう依頼する手紙を出した。村本弁護士に依頼しなかったのは、この人のひかえめな人柄から類推して、とても彼の闘争記録を世に出してくれるとは思えなかったためである。その頼みにしている加古藤氏も黒岩弁護士も引き受けたというハガキをくれたきり、いっこうに面会にも来てくれなかった。黒岩氏は大阪の自由法曹団に属していられて、原田氏や関原氏のあとをバトンタッチしたかたちで、孫と交渉を持つようになった人であった。というよりも東京の自由法曹団に拒絶された孫が、「自由法曹団には僕の方からことわりました。いま僕は孤立無援です。力をかして下さい」と濫発した救援の手紙に反応があった弁護士さんの一人だったのである。面会に来てくれたこともあるこの人に白羽の矢をたてるしか、死後の整理を依頼する心あたりが孫にはなかった。死後の整理を頼れる人がいないことが孫の最大の悩みであった。死後の整理というのは、拘置所から死刑後、彼の書き残した記録をひきとって、何とか出版でもして貰えればという希望だったが、この希望に応えてくれそうな人は一人もいなかった。それでもとにかく第一号の遺言状を認めた。

遺　言

一、再審請求をすること。
二、孫斗八の財産があれば次のものに与える。
（1）李貴福の子供（孫斗八の叔父孫金乭の未亡人である。本籍地は慶南蔚山郡彦陽面東部里、現住所も本籍地に同じ）
（2）孫允石の子供（孫斗八の叔父である。現住所は慶北高霊郡徳谷面老洞二区）
（3）曹加毎の子供（孫斗八の母である）
三、孫斗八の著作権は弁護士原田香留夫に委任す。
四、次のものの整理、保管、発表は弁護士原田香留夫、弁護士黒岩利夫、楊柱錫に委任する。
（1）孫斗八に対する強盗致死被告事件訴訟資料。
（2）大阪地裁第三民事部昭和二十九年（行）第七九号事件訴訟資料。
（3）孫斗八が大阪拘置所で記録したノート類。
（4）孫斗八が所持する書信類。
（5）その他孫斗八が書いた文書図画一切。

五、次のものは日本国民救援会大阪本部に処置してもらう。
（1）孫斗八が所持する書類及び衣類。
（2）遺骨（但し解剖を禁ず。大阪拘置所で火葬すること）
六、如何なる人も孫斗八に対して如何なる宗教的行事も行なわないこと。

なかなか立派な遺言状である。さすがは法律をもてあそぶだけに、法にのっとって行き届いている。ただ、わけるべき財産や後世に残すべき名声の実質が伴わないだけである。「財産があれば」と書くところなど正直で可愛いいくらいのものだが、著作権を原田香留夫氏に一任したのは、原田氏から正月に金二百円也のお年玉を贈られたためであった。金二百円也のお年玉の暖かさが、ただちに遺言執行人の指定に直結するくらい、孫は孤独でみじめな境涯だった。こうして、「ない財産」を遺言状で遺贈することが、孫のなぐさめとはげましになった。この遺言状を皮切りに孫は実にたくさん遺言状を書いているが、どれも似たりよったりの内容である。ただ、財産と著作権を贈与する相手が変っているだけだ。

死後を原田氏に一任することにきめたものの、広島に居住していられるこの弁護士さんが、孫が死んだからといってわざわざ大阪まで来てくれるかどうか甚だ心許なかった。第一、原田氏とは一面識もないのである。そこで気休めに第一号遺言状を認め、原田氏のところへ送ったものの、やはり大阪にいる黒岩弁護士か国民救援会の加古藤一郎氏から確かに引き受けたという確約が得たかった。矢のように催促して待ちに待った黒岩弁護士がようやく二月に入ってから面会にきてくれた。とにかく面会にきてくれただけでも孫にはありがたいことだった。

彼は恩赦について、再審請求について自分が考えていることを語った。再審請求についてはは別に新しい証拠もないので、やるとすると控訴審、上告審で述べたことを要約するだけだから自分でやるつもりである。恩赦の出願もその考え方でいきたいといった孫に、黒岩氏は「今後何か変えることはないか、主張とか態度といったものについて……」と遠まわしに訊ねている。要するにこのごに及んでもまだあくまで無実でつっぱるつもりか、と孫の真意をただされたのだが、孫は「ちょっと僕にはのみこめない質問をされた」というふうに日記に書いている。孫はこの質問に「僕はたぐいまれなる共産主義者に生まれ変ったのである。僕がここに辿りついたのは決してひとから教えられたのでもなければ、導かれたのでもない。手さぐりで真摯に求め発見した世界観であり、人生態度である。もう何も恐れずいかなる脅迫にも屈せず、あくまで真実を訴え、自己の信念に向って闘う」というような演説をとうとうとぶちまくった。

黒岩氏はマフラーに首をうずめて横を向いたまま、少しうつむき加減に孫の長広舌をきいていて孫をまともに見ようとはしなかった。孫は「やっぱり僕をまともに見るのが辛いのだろうか?」と書いているが、そういう聞き方以外にちょっと気違いじみた、死刑囚になったばかりの男の演説をきくどんな聞き方があったろうか。そのあとに「黒岩弁護士は別れるとき〈体に気をつけなさい〉といって、確実に一礼されたのには僕もいささか驚いた」と書いている。孫は自分がシャバの人間にとっては既に生きている死者であるということにはとんと気がつかなかった。

どんな荒唐無稽なことをしゃべりたてても臨終のベッドで笑い出す人はいない。沈黙は死に行く者に対するシャバの人間の礼儀正しさであることなど、孫には全く思いも及ばないことだった。ただ黙ってあいづちをうって聞いてくれることを、孫は自分は対する敬意であり、彼の主張への同意であると受け取った。この錯覚はとうとう終生かわらなかった。だからこそ、彼はいつも自信にみちみちていることができたのである。

黒岩弁護士が面会にこられて間もなく、加古藤一郎氏も面会にきてくれた。これで大いに安心もし、勇躍した孫は、さっそく遺言状を書きかえ、著作権は黒岩弁護士と加古藤一郎氏にゆだねている。この遺言状には但し書がついていて「僕の死後、広島と神戸の地に小さな碑でもたてて貰えればありがたい」と書いている。さすがのわたしもこのところにぶちあたったときは、驚き、かつ赤面するような思いだった。「碑を建てろ」とはいいもいったりである。わたしは思わず、「どんな碑を建てるのよ?」と死んだ孫に悪態をついたものである。広島には「孫斗八ここで逮捕さる」、神戸には「孫斗八、ここで善良なる市民を二人殺害す」という石碑でも建てるのか。もちろん彼は「無実」を主張しているんだから、大真面目にこれを書いているのである。孫みたいな男はまず例外だろうけど、死に臨んで人間は嘘をつかぬ、というのは甘い甘い固定観念であることをわたしは悟った。

孫から遺言状で著作権を贈られた人々はざっと数えただけでも十指にあまるが、書いている方は大真面目なだけに受け取った人の困惑が思いやられる。第一このころには著作権、著作権と騒ぎたてても、ウソッパチと拘置所職員とのケンカの記録で埋めた三十冊あまりのノートがあるきりなのである。拘置所職員とのケンカの記録は、はすかいに読むと、看守連のへっぴり腰ぶりがおかしいいし、孫の理屈にもならぬ理屈にしてやられて右往左往する姿は、昭和三十年代の日本国官吏の姿を描いた記録として若干の資料的価値があるかもしれない。しかし、どうひいき目に見てもそれ以上のものではないのである。孫の方は「後世の孫斗八研究家が、これらを貴重な資料とするだろう」と思い入れたっぷりなので、死を前にした人間が書いたのだという深刻さより、コッケイさが先に立って思わずふき出してしまう。もっとも孫自身、こんな遺言状を書くのは自分のなぐさめであると悟っているし、他に彼をなぐさめる何一つとてない哀れな境遇にいたのだから、笑い飛ばすのはちと可哀そうな気もするけれど、こんな遺言状を送られた側がどういう気持ちになるかなんてことは、とんと彼の念頭にはなかったのである。

孫は自分を河上肇博士より優位におき、自分の精進と奮闘ぶりはマルクスやレーニンにも劣らないと自認するくらい自信たっぷりだったから、この彼の姿を正しく理解する人がいたら、きっと石碑の一つぐらいは建つはずだという確信をもっていた。遺言状を笑うヤツがいるなんて思いのほかだった。それにしても、ローゼンバーグ夫妻の遺言などと比べると全くどうにも鼻もちならぬしろものではある。わたしは彼の書信の中から数通の返送された遺言状を見つけた。遺言状を返送される死刑囚の気持ちはどんなだろうかと思う。結局これらの遺言状がそういうかたちで発行人のところへ返されたのは当然の帰結だったとしても、サクバクとした耐えがたい淋しさであったにちがいない。遺言状の返送というかたちで、彼がそれほどまでに頼りにしていた後援者が彼から去って行ったのだから。しかし、孫はこりなかった。次々と新手の後援者を獲得しては、遺言状を送りつづけた。

原告として法廷に立つ

身辺の整理が一段落つくと、孫はそれまで以上に訴訟活動にうちこんだ。主な仕事は裁判所に証拠品と証拠の写しを提出することで、先にも述べたように、監獄の日常生活のすべてが一切合財証拠品だった。孫が持っていたノートのすべて、書簡のほとんどに「甲第×号証」というハリ紙がついている。そのうちでも日記ノートは重要な部分を占めていた。つまり、自分がこれまでに書きしるした古いノートをタンネンに罫紙に複写することが、彼の重要な命がけの仕事だったわけである。彼は罫紙の一行に細字で二行ずつ書いた。それで普通一枚の字数の四、五倍の文字を書くことができた。彼はこれを一日に十二、三枚も書いている。早朝から深夜までこの仕事が続いた。とてもじゃないが、死刑の宣告でも受けない限りできる仕事じゃない。彼はこの奮闘ぶりを「これが金儲けのためや、人の仕事だったらとてもこんなにはできないだろう」とわれとわれ自から感嘆しているが、日記や手紙をそんなにまでしてタンネンに写し、裁判所へ持ちこんだのは、自分の死後、拘置所が彼の所持品の引渡しを拒んだ場合を念頭においていたためでもあった。裁判所の訴訟記録にしてしまえば公のものになるのだから、やがて誰かの眼にふれることもあるであろうし、孫斗八研究家の仕事を助けられるだろうと考えたのである。

もう一つ、重要な関心は、どうしても何とかして自伝をものし、それを後世に残したいということであった。彼は日記の中でたびたび自分の自画像を描く試みをしている。彼の自画像たるや全く一読吹き出さずにはいられない「偉人伝」である。そこらにころがっている「立身出世」の物語から、通俗的最大級の形容詞をフンダンに拾ってきて、それで自分を飾り立てるのだからおそれいる。彼は他人に対しては非常に直截で辛辣な観察眼を持っていたのに、自分に対してはどうしても客観的になれなかったようだ。もっとも、自分を見つめるそういう視点を持つことができら、たちどころに、彼のいわゆる「人生態度」なんか吹き飛んでしまっただろうけど。彼はいろいろ努力するのだが、どうしてもうまく自伝を書くことができないので、マルクスにエンゲルスがついていたように、俺のエンゲルスよ出でよと待望する。自分がこれだけ優れた才能を持っているのだから、かならず、エンゲルスが現われるに違いないという確信を持つ。「自伝」を残すということは、孫の果せなかったもう一つの宿願になった。

しかし、そうして仕事にラスト・スパートしながらも、いまにも死刑執行に連れ出しにきはしないかという不安は去らなかった。「顔に個性があるように足音にも個性がある」ことを拘置生活に入ってから発見した孫の聴覚はますます敏感になっていた。彼のところへやってくる職員や受刑者たちの足音をすべて聞きわけた。そしてその足音の微妙な違いから、その足音の持主の性格や、その日の気分までわかるくらいだった。

職員が尋常でない足音を響かせてやってきたら、もうそれだけで、孫の体はすくみ、心がふるえた。恩赦願は確定後四ヵ月たってから提出した。単に形式的な出願様式にのっとるのではあきたらず、いろいろな写しや訴訟資料まで添えた大がかりなものになった。これであと半年はもつだろうと彼は考える。いや一年か？　恩赦の可否をきめる委員連がなるべくゆっくりと慎重に審議してくれることを祈った。そして、彼の努力を買って刑一等を減じてくれるよう望みをかけた。しかし安心どころか、ますます死へ一歩近づいているという不安はとりのぞくことができなかった。

一方、監獄職員に対する孫はますます傲岸の度を加え、高姿勢になっていた。それに比例するように拘置所側は低姿勢な上にも低姿勢になり、孫自身「監獄が最初からこのようだったら僕の告訴もあり得なかったろう」と書いているくらい、住み心地もよくなっていた。看守たちは「孫は大名ぐらしだ」と羨しがり、一日でもそんな身分になってみたい、とこぼしながら、コマメに孫の用を足した。

確定後は専任の看守がつくようになって、用があるとドアを叩くだけで「ハイ……」と飛んでくるので非常に便利だった。月給一万円也の公務員を二十四時間身辺にハベらせ、「まるでいつも下男を一人連れているようなものだ」と孫は大イバリだったが、それでも看守たちとの小ぜりあいのタネはつきなかった。

孫にとって看守は下男なみでも、看守の方は囚人の見張りが仕事なのである。看守は孫の方に用事がなくても視察口から覗く。これが孫の神経にさわるのである。普通の視察口は立って覗けるような高いところについていて、そこから覗いても囚人の頭が見えるように、囚人たちは頭を窓の方に向けて寝なければならない規則になっているのだが、孫はこの規則にガンとして従わなかった。規則どおり寝ろ、寝ないで、管理部長から教育課長までたびたび孫の監房に足を運び、説得につとめたりおどかしたり、さまざまに努力したのだが孫はきき入れなかった。どうなだめたりすかしたりしても、ドアの方に頭を向けて寝るといってきかない。普通の視察口からではそこが死角になって、上半身は全く見えない。そこで仕方なく拘置所の方が、これに対する対策として、ドアの下の方に大きな窓をあけ、特別視察口をしつらえたのである。だからこの特別視察口から覗くと、観察者の眼と孫の顔の距離はせいぜい四、五十センチの間隔しかない。職務熱心な看守はかがんで、ジーッと孫を凝視する。それが孫をいらいらさせて仕方がない。始めのころは五、六分おきに覗くからたまらない。ジーッとみつめるな、音を立てるな、もっと間隔をおいて覗け、と孫はやかましくせめたてる。ときたま、「君に命令されて覗くのではない」と口ごたえする看守がいると、それがたちまち紛糾するといった次第なのである。その上、孫は看守に対する好悪が激しく、どんなに忠実にしてくれても気にいらないヤツがいる。そういう看守は小じゅうとの嫁いびりみたいに孫からいびられている。孫は「孫さん、孫さん」とうわべだけでもたてまつってくれる看守が好きなのである。たとえば運動係の看守でも「孫さん、お迎えにまいりました」と丁重なのには孫もニコニコしてオーヨーに「や、ご苦労」と返礼する。ところが、「おい、運動だ」というようなヤツは容赦しない。「キサマァ！」という罵声から始まって看守心得を一席ぶちまくるのである。専任看守もコマメに用を足すだけでは気にいらない。「孫さん、おはようございます」と声をかけるとか、要するに下男なみにかしずかなければ、殿さまのお気にいらぬわけだ。気にいらない看守だと、取りかえるまでしつこく要求する。孫は三度も四度も看守を取りかえさせているが、さすがの拘置所も、そうそう孫のいうことばかりきけないと取りかえなかったことがあった。そうすると、孫は、「この看守は僕の担当看守とは認めない。彼は僕の看守としては不適任である」と管理者に通告を出し、その上の看守部長をいちいち呼び立て、エンピツけずりから、郵便配達までさせる。それでも効果がないと、「お前が気にいらないからお前を殴ってやる！」とドアをあけさせて殴りつけたりしている。孫から往復ビンタをくらいながら柔道四段のこの気の毒な若い看守は、顔を青白ませ、ただ防禦しているだけである。隠忍自重型のこの看守は、職務とはいいながら、なおそのあとしばらく孫の用を忠実につとめてやっている。孫の明らかな嫌悪と侮蔑に耐えつつである。

もう一つの紛争のタネは、監房検査である。一日一回検査係が監房を調べにくる。これがハナから孫の気にいらない。監房検査の件では何百回ケンカしているかわからないだろう。実力で検査を拒否するといきまいて、平看守では太刀うちできず、看守長、警備隊長、保安課長まで出動するようなことがしょっちゅうだった。もちろん、こうした紛争のすべては法廷に持ちこまれている。

あるとき、検房にきた職員たちに実力で監房の外に連れ出され（そのときでも、廊下にちゃんとウスベリを敷いて孫を鎮坐させるという気のつかいようだ）検房されるあいだ、職員たちと雑談を交わしていた。ウッカリそのうちの一人が「そりゃ孫は力は強いよ、何しろ二人もやっつけたんだからな」と口をすべらしたからたまらない。その職員は、即日、名誉殿損罪で告訴されている。死刑が確定してのちもなお、孫はこと犯行についてはそれくらい強気だった。孫にむかって「お前」なんていうヤツがいたらそれこそ容赦しない。その看守がついている時間を選んで、管理部長を呼びつけ、「看守たちの言葉づかいを改めさせろ」と強談判する。管理部長はモミ手で「僕ですら、孫さんとか孫君と呼んでいるんだから、君もこれから言葉づかいには気をつけたまえ」と孫の目の前で、その看守をたしなめる。看守の面目はまるつぶれである。何しろ、管理部長は、所長、総務部長につぐエライさんで、拘置所の雲上人なのである。職階制のきびしいこの社会では万事が軍隊式だ。管理部長がくると平看守などは、すべてを放り出して、天皇に拝謁するがごとき敬意を捧げるのが普通なのである。孫の相手はいつもこうした最高幹部たちであり、平看守がその人たちの前へ出ると、いいたいことどころか、舌がこわばってしまうというエライ人をつかまえて「キサマ!」と浴びせるのも闘争戦略の一つという孫にかかると、看守や看守部長などものの数ではない。孫の威光はあたりを払って、夜、監房に帰った受刑者たちがどんなに騒々しくても、「こら!」と怒鳴りつける看守もいなくなった。「狭い部屋に、何人も大の男がつめこまれているのである。騒がしくない方が不自然だ。これこそ人間の住いといえる」。孫は自分の闘いの成果を見てホクホクしたが、ときどきは騒音が邪魔になる。そういうときは、「静かにしろ!」と怒鳴るとピタリ静かになるのであった。

しかし、あれもこれも、みな、孫が法律をふりまわし始めてからの成果だった。孫は、もう被告席に坐ることがなくなってから、原告として法廷に姿を現わすことになった。出廷日となると孫の祭日だ。孫はなけなしのお金で五円也のポマードの一包を買い、それを二回にわけて出廷日に使った。公判はたいてい午後だから、午前中に理髪夫（懲役囚）を呼ぶ。いつもよりぬきの熟練者が派遣されてきた。理髪夫はていねいに散髪し、ひげをそり、五円のポマードの半分で整髪してくれる。この散髪は無料である。散髪代を無料にこぎつけるまでにも相当な努力を必要としたのだが、とにかく孫は拘置所がウンというまでねばって、この他にも石鹸や歯ブラシ、歯ミガキ粉の無料給付など、もろもろの利便を闘争のおかげで獲得していた。チリ紙も最初は一日一枚だったのが、二枚になり、三枚になり、そのころは四枚になっていたし、拘置所の中の購売部の商品をオール二、三割方値下げさせることにも成功していた。そういうエライ男だったから、理髪夫もいやが上にも丁重に、祭日のオメカシを手伝ったのは当然である。その前夜にはこれも拘置所から特別貸与をうけていた囚衣のズボンを寝じきして折り目をたて、シャツは洗濯夫にいいつけてプレスさせた。孫はしきりに「かつてあんなにスタイリストだった僕が……」とボロボロのシャツを着ていても気にもしない変貌ぶりに自から感心しているのだが、服装を気にしないどころか、依然としてオシャレの本質にかわりはなかった。ただそのころは、シャツやズボンを買う金がなかっただけなのである。恋人を得てからは、彼女の見たてた最新流行のシャツ、ズボンに身をかため、五円のポマードのかわりにヘアトニック、オーデコロンをぬりたくっている。法廷で証人に立った孫付きの看守は、「原告が持っている特別なものはなんですか」と訊ねられて、即座に「本棚、数百冊の本、手文庫、万年筆、タンス、櫛、鏡、ヘアトニック、印鑑」と答えている。

このころにはまだ恋人もなく、救援者も少なかったから、祭日のオシャレはせいぜい、五円のポマードとズボンに折目をつけるくらいのことしかできなかった。そうして準備万端ととのえて出廷の呼び出しを待つ。さて、呼びにくると、ノートや訴訟資料など一人ではかかえきれないくらいの財産を法廷に持ちこもうとする。そこでスッタモンダした末、看守たちが走り回り資料をつめこむ箱を探してきたり、風呂敷をみつけてきたりする。孫は六法全書だけを小ワキにかかえ、大荷物を持ったお付きの看守を後に従えてサッソウと入廷という段取りなのである。死刑囚が原告席につくなんて、全く前代未聞の珍事だから、看守たちはどうしていいかわからない。

囚人をフワフワの原告椅子に坐らせるのはどうだろう？　と思案のあげく、看守が気をきかせて粗末な椅子ととりかえた。始めのうち二、三度はそういうことがつづいた。孫は裁判長をはばかって一回目はがまんするが、二回、三回とそんな扱いをされて黙っている男ではない。孫ににらみすくめられて、看守たちもその後はそんなことをしなくなった。孫という男は、自分の自尊心には恐しく敏感なのである。ちょっとでも囚人扱いされると承知できない。対等かそれ以上の敬意が捧げられないと我慢できないのである。監獄での執ような闘争はすべてこの「誇りたかい自尊心」に端を発しているといえる。彼は「看守のオイコラオマエ退治」と呼んでいるが、オイコラ、オマエに象徴される監獄職員の囚人に対する対し方が、孫の最大の攻撃目標であった。そこから、囚人を人間として扱え、基本的人権を認めろというところへ発展してきたわけだ。そうして出てきたのが法廷であり、原告の椅子だった。

しかし、そうやって大騒ぎして出廷しても、そんなどっさりの資料は不必要な場合の方が多い。テーブルに夜店の古本屋よろしくノートや資料をならべて待機しているのに、次の開廷日を打ちあわせてケリ、ということがたびたびあった。特にはじめの二、三回はそういう調子で終った。そうすると、荷もちをさせられた看守たちの監督がブツブツいう。それをまた孫がネジ伏せるというふうに、全く大騒動のくり返しであった。また法廷から帰ったら帰ったで検身するさせぬで毎度のようにトラブルを起こした。検身といっても、孫が外で何か拾ってきやしないかとポケットをひっくり返したりするだけなのだが、これが孫の自尊心にさわるのである。「お前ら、四人も五人も俺一人について監視しながら、ちゃんと見張っていなかったのか。キサマらの目はフシ穴か！」と怒鳴りつける。すると検査係は「規則ですから……」と、下手に出る。「規則規則といってどういう規則だ。その規則の出典を見せてみろ。お前ら監獄法を知ってるのか！」

とどのつまり、警備隊長、保安課長の出場ということになって、管理部長クラスまで行き、「君はこの件では法廷で争っているのだから、判決が出るまで従ってはどうか」というようなことでようやくケリとなるのである。

大阪拘置所の管理者たちは、「孫が十人いたら監獄行政は完全にマヒする」と嘆くぐらい、手数のかかる男であった。ケンカ口論で手をとられただけでなく、孫の書くものがすべて法廷に持ち出されているので、これをいちいちコピーしなければならなかった。始めのうちは職員が手わけして書き写していたが、とにかく、死を目前にした男が死にものぐるいで書きまくるんだから、一人や二人の職員が八時間労働のワク内で書き写すのでは間にあわない。この対策として数十万円を投じてロザリット複写機を購入しなければならなかった。この文明の利器を利用して孫一人が書いたものをコピーするのに、一人の職員を専任しなければならなかった。この職員は時間内では間にあわず、たびたび夜遅くまで超過勤務をせざるをえなかった。黙って書いていてさえくれれば、最高幹部までトバッチリがこないかわりに、複写する職員が過労で倒れるというありさまだった。拘置所には孫専用のロッカーがあって、そこに写しがうず高くつみあげられていたという。

孫のお付きの担当看守はまた大変だった。五十人の収容者より孫一人の方がよほど手数がかかった。孫は大阪拘置所へきて以来、ラジオの所内放送について口やかましく注文を出した。連日係の職員を呼びつけ放送の内容が愚劣だとか、設備が悪いと文句をいうのである。しかしこうしてつきあげたために、大阪拘置所は日本随一（もちろん監獄の中でのハナシだが）と自慢できるくらいの放送施設を持つようになった。この施設ができたためにスピーカーが各室につき、収容者たちは、自分がききたいときだけスイッチを入れ、ききたくないときはスイッチをきることができるようになった。もっともスイッチの操作は看守がするのだが、切ってくれというと切ってくれるのである。孫はニュース解説を主として聞いた。歌謡曲やお笑い番組は愚昧番組だとして激しく攻撃した。毎日放送される番組を記録し、教養、娯楽、スポーツなどのパーセンテージを出し、それをもとに娯楽番組が多いと「監獄はバカな囚人をいっそうバカにしようとしている。矯正が目的ならば、もっと教養番組を増やすべきだ」と主張しつづけた。だから放送係は、番組の選択をするときは孫の顔が泛ぶというくらいで、孫のみを意識してことわりや、お知らせを流すことだって少なくなかった。そういう次第でラジオ放送には異常な関心を寄せていたから、見張り看守は、スピーカーのスイッチを入れたり切ったりするのが大切な仕事だった。番組をきくためではなく、内容を確認するために、番組がかわるたびに、入れたり切ったりするのである。一日に何十度となく、小キザミに入れては切り、切っては入れるのだから大変だ。孫は時計を持っていないから、また、時報係としても忙しかった。手紙の配達係が手紙を持ってくると、すかさず「二時三十五分ちょっと廻ったところです」という具合にやるのである。

手紙だけではない。運動や、その他の用事で孫の監房を訪れる者があれば例外なしである。また孫が、手紙や裁判所の書類を渡すときも同様に時間を知らせる。孫は日記にも「何時何十分誰がきた」というふうに、うるさいくらい書いているが、出し入れしたすべての書類に時刻を書きつけていた。こうしておくと、拘置所の仕事の処理具合がよくわかるし、証拠になった。ちょっとでも遅れると激怒した。「お前らには月給なみの仕事ですむかしらんが、俺は明日殺されるかもしれんのだぞ、俺のいいつけた仕事くらいテキパキやれ」とせかせるのである。そしてこれらの不平不満を上役に取りつぐのも担当看守の仕事だった。看守は全く私設秘書みたいなもので、孫に追い使われ、罵倒され、いいときでも説教をきかされる。孫の前では「弱き者よ、汝の名は看守」といったところであった。

死神との闘い

しかし、時とともに死の恐怖は強く深刻の度を深めていった。法定の半年が過ぎ、あとは恩赦願の審議期間だけが命の綱である。再審を請求しようにもその理由がなかった。孫は何とか自分の裁判の記録を読めば、その理由を見つけ出すことができるかもしれないと考え、その貸し出し方を地裁、高裁、最高裁、はては法務大臣にまで願い出た。既決になった囚人に、本人の訴訟資料を貸し出すなんてことは前例のないことだったから、役所をアッチコッチたらい廻しされたあげく、一向にラチがあかなかった。

孫は毎日一回、死刑場の前で運動する。それでいやでも、死刑場の変化が目につくのである。受刑者が内外を洗いきよめているときは執行の前ぶれだった。あるときは、刑場の全部の窓が明けはなたれていて、内部をすっかり見ることができた。「ここで吊られる」という思い。二、三日後にはかならず執行があり、それは自分かもしれない。彼は足も地につかない思いで運動係をせきたて、直ちに監房へ引き返すのだった。監房へ帰っても動悸はおさまらず、目もくらむ絶望が彼を叩きのめす。彼は急いで遺言状を書き直したり、これが最後になるかもしれない裁判所あての書類を書く。

またあるときは、刑場のどこかを修理しているのを目撃した。腐った板が、彼の運動場に投げ出されている。板が死刑囚たちの血痕と、怨恨の涙をにじみ出しているように孫には思われる。こうして修理して、近い執行にそなえるのである。さすがの孫も思わず胸がむかつき、グッとこみあげてくるものがある。

孫は直ちに帰房すると、言葉激しく死刑囚の目前で、こういう作業を平気でさせる管理者の無神経さと残虐さを攻撃する抗議文を書くのであった。そして、運動場をどこか他の場所へ移せと要求を叩きつけた。しかし、監獄の中のペスト患者のような存在である孫を運動させる場所はそこ以外どこにもなかった。他の収容者に絶対近づけられないからである。孫は「こんなに厳格に俺を隔離するのは、他の収容者の前で、コテンコテンに職員をやっつけられたりすると、刑務官の権威が地におち、しめしがつかなくなるからだろう」と悪態をついたが、刑場の前で運動するのはどちらにしても愉快じゃなかった。見まいとしても、刑場が目に入る。刑場にどんな異変もないときは、彼は全身を打ちこんで運動に熱中する。看守は彼の遊び相手だ。他の収容者たちは運動場に出ても運動を好まない。ただ日なたぼっこをしているか、おしゃべりしていい

旧大阪拘置所の死刑場

るだけである。しかし、何ごとにも能率を尊ぶ孫は、運動時間にはすべてを没却して運動に励む。キャッチボール、バドミントン、テニス、幅とび、かけっこ、フラフープがはやったらフラフープ。毎日体をきたえるのが主要な仕事である若い看守を相手に、何をやってもひけをとらない。上達も早い。死刑場前の運動場でも、この運動場で運動する時間が一日の唯一の憩いのひとときなのである。彼は真冬でも大汗をかくまで筋肉を躍動させる。そうすることがまた、長い拘禁生活で健康を維持するために絶対に必要なのである。彼は運動のあと刑場の入口を背中にしてシャバの空を仰ぐ。旧大阪拘置所は大阪市内の北ターミナルと呼ばれている繁華街のド真中にあって、拘置所の壁の外はにぎやかな通りであり、つれこみホテル、料亭、料理学校、喫茶店などがずらりと軒をならべていた。監房の窓や運動場からでも、サカサクラゲの大きな看板が見え、料亭の女中たちが立ち働いている姿が見える。二階の窓から女たちが見下していることもある。シャバの空を見上げて、女たちと視線がぶつかったりすると、「この女たちでも、刑場の前でいつも激しく運動していたあのスポーツマンが孫斗八であったかと思い出してくれることがあろうか」なんて、孫先生の瞑想を誘ったりする。夜はこういう具合にはいかないのだが。

自動車がきしんでホテルの前でとまる音。女たちの嬌声。灯りの始終点滅する窓。あかりがついて消えて、またついて客が出ていく。時を経ずして同じくり返しが続く。いやでもあかりが消えた時間の経過が、孫の想像力を刺激する。その窓からラジオが鳴ったりすると、孫先生は監房の窓によじ上り「こら中ノ島ホテルうるさいぞ!!」とラジオが鳴りやむまでどなりつけてやる。料亭は料亭で、深夜までドンチャン騒ぎを続けて孫を悩ませる。すぐそこに自由な人間たちの享楽と逸楽の世界がくりひろげられているのに、孫にはそこに帰れるという希望は全くないのだ。彼の前にあるのはただ確実な死だけである。シャバの愚かものどもを軽蔑することで気をまぎらわせようとしても、どうにも神経がいらだつことがある。監房のトビラを力いっぱい叩きつけたい。狂おしい情炎が彼を焼きつくす。

孫の運動時間はいつも午前中ときまっており、運動時間が午後になるときはたいてい、刑場が使われる日であった。死刑の執行は午前十時前後ときまっていたからである。孫は厳正隔離されて所内の動きには全くツンボのはずであったが、いつ誰が処刑されたということを確実にかぎあてた。

その日も運動が午後になった。今日も死刑の執行がある。看守たちのそぶりが何よりも雄弁にそれを語っている。自分でないことは確かだったが、ちょうど、神経がたかぶりにたかぶっていたときだけに、孫は窓によじのぼって、「いま、大阪拘置所で死刑が執行されてるぞ……」「いま大阪拘置所で人が殺されてるぞ……」「いま大阪拘置所で……」と声をかぎりに叫びつづけた。孫の監房から怒鳴ると塀の外の通行人に聞こえるのはもちろん、刑場へもつつぬけである。すぐさま孫は窓から引きずりおろされたが、興奮のあまり、ドアが開いたのにも気がつかなかった。警備隊長が出馬してきて、隊長自から、孫の腕をガッシリ摑んでいた。もう一方の手は担当看守がソウ白になりあぶら汗をにじませながら骨も砕けよとばかり強い力でしめあげている。孫は、「はなせ！　はなせ！」と叫びつづけた。「俺はこの現実を、社会の人に知らせるんだ。残酷だ、残酷だ」その叫びは、全く孫の臓腑からにじみ出た痛苦のうめきだった。警備隊長も手あらなことはせず「静まれ、君らしくもない。いったい今日はどうしたんだ」とむしろ優しいくらいに、たしなめるだけだった。やっと手が自由になったとき、やにわに机をふりかぶった孫は、ドアをめがけて思いきり投げつけた。机がこわれた。再び取押えられ、やや冷静になったとき、

「ね、今日は執行があるんでしょう」

「その質問には答えられない」

「じゃ保安課長に会わせて下さい」

「保安課長はいまちょっと用事があって席をはずしている」

「死刑執行に立ち合っているんでしょう」

「……」

「いますぐ会わせて下さい」

と押し問答をつづけ、どうしても今すぐ会わせろとダダをこねたあげく、「じゃ会わせてやろう」と連行されて二時間あまりも、刑場から遠い検事調室にカンヅメになってしまった。ようやく多勢の足音がして、孫は保安課長のところへ連れて行かれた。その途中、検閲係の副看守長が、衣類を入れた籠を持ってくるのと出くわした。白い布がかぶせてあったが、いま脱ぎ捨てたばかりというような投げ入れ方で黒いズボンとシャツが覗いていた。いま執行された死刑囚の着ていたものだということはきくまでもなかった。孫とは友だちづきあいで、いつもな

ら軽口をききあう副看守長も、頬の筋肉をこわばらせ、孫から顔をそむけて足ばやに去って行った。保安課長と会見後、通りがかりに死刑場を一ベツして、孫は何度目かの激しい吐気を覚えるのだった。この事件では、普通だったら、わめいたり、暴れたりしたカドで懲罰に付されるところであったが、孫は、説諭されただけで、こわした机もすぐ修理して翌日入れてくれた。

また、あるときは、午前八時だというのに入浴の呼び出しにきた。ちょうどその看守がきたときは、朝の放尿の最中だった。勢いよく出ていたオシッコがピタリととまった。それと同時に呼吸すら止まったようであった。いまごろ入浴の呼び出しにくるのは、朝早く体を潔めさせてバッサリやるつもりだと早合点したのである。

時ならぬ時間に職員が訪問しても孫の心はビリビリふるえた。夕方七時を廻ってからであった。いつもくる副看守長が制服制帽を身につけ、白手袋をはめて、「いまから映画を見せてやる」と孫を呼びにきた。この職員は、いつもラフな服装をしてゾウリをひっかけてやってくるのがつねで、靴音を響かせてやってきたのからして、孫には異常に感じられていたのである。おまけに手袋まではめている。これは何かある。

「映画を見せてやるなんてだまして今夜執行するつもりだろう。」

「何を言ってるんだ。夜、執行が行なわれたことは一度もないじゃないか。映画だといったら映画だ」

それでも孫は納得しなかった。

「じゃいい。そんなに疑うのならもう映画は見せてやらない。お前が映画を見せろ見せろと、やいやい言うから、やっと都合をつけて見せてやろうと思ったのに、見たくないんだな」と副看守長が背中を見せて帰りかけて、孫は緊張がゆるむのを感じるのだった。

この副看守長は、孫の発受する通信の検閲と複写、訴訟書類のコピーと裁判所への送達が担当だったから、孫との交渉がもっとも多く、孫の監房を一日に何度となく訪れていた。孫専属の事務員兼、走りつかいという役どころだったのである。したがって孫とはもっとも親しく、孫はこの副看守長にだけは「お前」と呼ぶことを許していた。「俺」「お前」の間がらで、「お前」という呼び方は対等の友だちづきあいを表現するものだから、この職員の「お前」だけは例外だった。
二、三十分押し問答したあと、ようやく嘘でないと納得した孫は、拘禁生活に入って初めて映画を見ることができた。あとで副看守長は「お前の疑い深いのには全くあきれる」と孫をひやかした。この話が看守たちにひろがって、よくひやかしのタネにされたが、当の孫にとっては笑い話どころではなかった。
孫は、拘置所長や管理部長と面接し、しつこく、執行の日時を事前に知らせてほしいと要求した。大阪拘置所では、普通の死刑囚には、その一、二日前に予告して、家族や友人との最後の面会も許し、死刑囚同士のお別れの会などをさせていた。孫は普通の死刑囚にしているように、せめて二十四時間前でいいから教えてくれと頼むのだがきいれてもらえなかった。予告してくれない理由は、孫が「僕は絶対おとなしく殺されないぞ。暴力でとり押えてでも殺すというのなら、僕も死にものぐるいで暴れてやる」と何度となく拘置所長に申し送っていたためであった。

孫は、執行の言渡しを受けたら、ハガキ一枚書くゆとりはないだろうと、拘置所長に通告されていた。当時の拘置所長は松本氏で、孫の死刑が確定する少し前に玉井策郎氏と交替していた。松本氏は非常に温情的な人だったらしく（もっとも、孫対策に明確な方針を出せずにいた法務省の指示だったのかもしれないが）、孫とは数えきれないくらいたびたび面接しており、ほとんど孫のわがままといえるくらいの要求にも添えるかぎり添おうとしている。担当看守の交替もそうだし、本棚をつくってやったり、タンスの使用を特別許可したり、しまいには、孫の監房から見える位置に柱時計をとりつけてやったりしている。この所長が孫の要求に応じなかったのは、厳正隔離独居をとくことと、執行の予告をするといわなかったことくらいである。

どうしても予告するという約束を得ることができなかった孫は、毎日毎日、一刻一刻が死の恐怖でみたされていたようなものであった。安心して眠れる夜は、土曜日と、正月の三ヵ日ぐらいのものであった。

社会の扉を押し開く

こうした不安のうちにも確定後二度目の正月を迎え、三度目の正月を迎えた。彼の監獄の人権を争う法廷闘争は、証人調べもすすみ、順調に展開していた。裁判長は孫に対して非常に好意的であり、原告席の椅子にもなれて、彼の弁論はますます堂に入ってきた。こうして法廷で堂々と弁論をふるい、拘置所のエライさんをギュウギュウいう目にあわせている死刑囚がいることを、何とか世に知らせたかった。

戒能氏から拒否されたくらいでひるむ男ではない。彼は今度は戦術をかえて、自分が無実だという訴えをひっこめることにした。そのかわりに、監獄闘争の支援を求めた。社会党の亀田得二氏には「僕は便宜的に共産主義者だと言っていますが、ほんとは共産党に対して鋭い批判をもつものです。いままでは社会党の線に近いといえましょう」というような手紙を書いた。孫は共産党の後援を切に期待し、当然の敬意と支援を得られるものと確信していたのに、共産党は孫にソッポをむいているかのごとき無関心しか示さなかった。

遺言の執行を頼んだ国民救援会の加古藤氏は、孫に黙って国救をやめ、資料の返送を求めるハガキを何度となく出したあげく、やっとやめたという事実を教えられるありさまだった。加古藤氏の自宅をつきとめた孫は、その無責任さをなじり、資料の至急返送を要求した。加古藤氏は資料と一緒に遺言状も同封して「あなたの期待に添えないことを重々お詫び」する手紙をくれた。その手紙には氏の家庭の事情がるる述べられており、病母と妻子をかかえ、生活が苦しいこと、国民救援会では会として孫の救援はできなかった事情などが書かれていて、金三百円也同封してくれていた。「では、いままで差し入れしてくれたのも加古藤さんのポケットマネーだったのか」孫はすまなく思うとともにガッカリしてしまった。国民救援会に月五百円の固定資金カンパを頼み、毎月というわけにはいかなかったが、何度か差し入れして貰っていたのである。これで国民救援会は全く頼りにならないことが明確になった。共産党中央本部にも手紙を送り、資金カンパと法廷闘争をアカハタにとりあげてくれるよう頼んでいたが、いずれもナシのつぶてだった。名ざしで志賀義雄氏や野坂参三氏に手紙を出したがそれにも返事はなかった。

「コンチクショウ！　これが人民の党か」

孫は甚だしく立腹していたのである。しかし、社会党からもなかなか返事はこなかった。何ヵ月ぶりかで買った『世界』に、羽仁五郎氏の「死刑廃止論」を見出したときは、地獄でホトケに会ったような気持だった。同氏が参議院議員で死刑制度廃止の法案を提出したことを知ったときは、全くうれしかった。直ちに、死刑囚として、この法改正に役立つ資料を提供したいと申し入れ、社会党、共産党の議員団にも、衆、参両院で、孫斗八の事件をとりあげてくれるよう依頼したのである。返事があろうとなかろうと、孫はどんどん訴訟資料を送りつづけた。

こうして送った甲斐があって、共産党の山田六左衛門氏が、大阪拘置所へわざわざ面会にきてくれた。「共産党頼むに足りず」と憤慨していた孫も、勇気百倍、久々に大声で笑うことができた。山田氏は千円カンパしてくれた上、「僕もカンゴクに入れられたことがあるから、君の苦しさはよくわかる。何かいるものはないか。弁当がいるのならいってくれ」と優しくいたわり励ましてくれた。外部の人のこんな優しい愛情に接したのは何年ぶりだったろう。孫は思わず涙をこぼさないばかりに喜んだ。そこで直ちに遺言状をかきかえた。もちろん、孫の著作権の代行者は山田六左衛門氏に指定された。この遺言状では、財産と著作権のあがりを細かく何％誰それと分配するかわりに、「豊かなものには少なく、貧しいものには多く」わけよと指示している。

ところが、山田六左衛門氏、それっきり、どんなに手紙を出しても返事もくれない。資料を送って返送方を督促してもなかなか返送もしてくれぬ。訴訟書類が必要なことはわかっているはずなのに、無責任にもほどがある。孫は「手紙をくれないのは忙しいのだから、まずかんべんできるとして、返送を要する書類を放っとくとは何たるダラシなさか。共産党の指導者たる者がそんな無責任きわまることでつとまるのか。これで督促状を出すのは八度目である。自分ができなければ秘書に命じて処理させればいいじゃないか」と激しく難詰する手紙を送った。さすがの山田氏も、この催促状には恐れいって、「申しわけない」「相すまぬ」と平身低頭、「実は党から貰っている給料は八千円に過ぎず、秘書を抱えるどころか、家族を養いかねている実情である。君から送って貰っている資料は女房がちゃんと保管しているはずだから、すぐ送らせよう」と詫び状を書いている。

そういう次第で、山田氏もどうやらアテにならないと知って、孫は全くガックリきてしまった。救援カンパも面会に来てくれたとき千円くれただけで、孫の方は定期的な固定カンパをアテにしていたのにとんだアテはずれになってしまった。共産党幹部の面会と差し入れで、あまり喜びすぎた孫は、千円のうち五百円を、大村収容所に入れられている友だちに送ってしまい、たちまち資金難におちいってしまった。

共産党もダメ、社会党からも反応なく、孫は「俺が死を賭してこれだけ闘っているのに、月五百円の救援資金も得られないとは……」と嘆く。たった五百円でいい。五百円の定期カンパが得たい。しかし、夥しい救援の訴えを濫発しているのにかかわらず、そのルートはなかなか得られなかった。彼は自分の闘争を社会を前進させるための大きな歯車だと自負していたので、肝心かなめのこんな貴重な闘争を見向きもしない日本の左翼勢力を軽蔑した。共産党幹部の頭は狂っている。社会党は腰ぬけで、幹部の眼はフシ穴だ。しかし、どんなに罵倒したところで、革新陣営は孫のために動いてくれそうになかった。用紙代や切手代は、依然として、村本弁護士と田辺清市教授に頼るよりほかなかった。死の恐怖とたたかいながら、パン一個買わず、歯をくいしばって美濃罫紙に細字でギッシリ複写する仕事が続く。その合間に、死の判決を下した裁判長へ何度目かの抗議文も書いた。法務大臣にハンコを押すのはもう少し待ってくれと嘆願した。教育課長が遠慮っぽく「小鳥を飼う気はないか」とすすめても、「僕には小鳥の相手などしているヒマはない」と、ニベもなくはねつけた。

しかし、「男の執念、岩をも通す」という現象が孫の身の上にも起こるときがきたのである。その前ぶれは、毎日新聞が孫の法廷闘争を大きく取り上げたことから始まった。

孫は新聞も読めない身の上だから、彼の闘争がニュースになったことは知らなかった。このニュースは、何度救援の手紙を出してもナシのツブテだった吹田事件の被告からもたらされた。その人は、わざわざ面会に来て、パンと牛乳と金五百円也の差し入れまでしてくれた。この記事の第二の反応はMというお婆さんの激励のハガキであった。「死をのりこえて、六万収容者のために闘うその努力に敬服します」というものであった。孫は何よりもその記事を見たかった。Mさんを通じて毎日新聞社からとり寄せようとしたが、なかなかうまく入手できなかった。やっと拘置所のキリ抜きを見せて貰った孫は、毎日新聞編集長にさっそく手紙を書いた。便箋十枚以上の長い手紙であったが、内容は「あなたのところの記者は記事を書くのが下手クソである。僕とインタビューして書けばもっといい記事になったはずだ。もう一度インタビューにきてくれれば、今度はもっといい記事になると思う」というものであった。もちろん、毎日新聞社からは何の反応もなかったが、孫は新聞社を新しく通信リストのうちに加えた。朝日、毎日、読売の各社に訴訟資料をどんどん送り始めたが、その後、第七九号事件の判決が出る前後までは、新聞の記事にはならなかった。あんまりどんどん送りつけ、送っては返せというので、朝日新聞社は「とても応援することができませんので何卒御送付なきよう」と申し入れている。孫はそんなことわり状くらいで引き下る男ではない。「要至急返却」というような紙きれをポンと放りこんで、執拗にひっきりなしに送りつづけた。

Mさんは、孫の最初のファンになった。ファンだから全く批判ヌキである。ピンポン玉を投げ返しあうように頻繁な文通が始まり、まだ一度も会わないあいだに、「お母さん」「息子」と呼びあう間柄になった。Mさんは手紙の末尾にはいつも「斗八生きていておくれ」と書いた。孫の生命をいとおしみ「生きていておくれ」と願う人が初めて彼の前に現われたのである。頻繁な文通は、やがて月三回の定期便で彼の最後まで続く。Mさんは、ワイシャツや下着を小包で、まだ会ったこともない息子のところへ送り届けた。孫が拘禁されて初めての衣類の差し入れである。孫の手持ちの衣類は底をつき、フンドシからパンツ、ズボン、シャツなどすべてを拘置所から借りていたから、真新しい衣類は孫を感泣させた。差し入れ品のすべてに「孫斗八」という黒々としたサインが入っていた。せめて死ぬときにはこの筆跡と一緒に逝ってくれ、と涙ながらの手紙が添えられていた。これこそ真実の母の愛だと、母の愛を知らずに大きくなった孫は、初めて男泣きに泣いた。孫が泣いたのは、拘禁生活に入って初めての経験だった。というより大人になって以来初めての涙だったかもしれない。強情我慢の、苦しさには泣かない男であったが、暖かい愛情にふれて、喜びに泣いたのである。

しかし、経済の苦しさは相変らずで、このMさん心づくしのワイシャツを金にかえようと、看守に売却方を依頼し、古着屋よろしく走り廻らせたが、「孫斗八」のサイン入りなので、このシャツは売れなかった。

売れなくて良かったような悪かったような心境でいた折りも折り、社会党の松原喜之次氏から手紙と二千円のカンパが同時に舞いこんだのである。こんな高額の差し入れは初めてだった。そして、この手紙がまた、孫を有頂天にさせるのに十分だった。

「八月二十日、同三十日及び九月三日付信書受取りました。旅行や演説会や社会党府連のゴタゴタで何やかやと取りまぎれ、漸く本日一部拝見しました。

遅れて申し訳ありません。事柄の全貌はまだよく呑みこめませんから何とも致しかねますが、只今から党の清田書記、参議院法務専門委員西村氏、亀田議員、黒岩、村本両弁護人などにつき、お尋ねしたいと考えています。
どれだけの事が必要か、又できるか、判りませんが、真剣な問題ですから、微力ですが可能な限り調査をし、お力になれればやってみるつもりです。一人といえども理不尽な扱いを国から受けることを見逃してはならないと私は考えますから。
もちろんいうまでもなく、社会的不公平、悪等々大きな問題は現存します。しかしそれはそれとして、解決は永きに亘って求められねばなりません。ただ、もしすぐ匡正し得る問題で苦しむ人々があるならば、夫々個々の問題だけでも解決せねばならないと思います。いつまでに全体が理解でき、何かの手だてを発見できるか判りませんが、当座の費用にお困りのようですから些少ながら金二千円也同封しますからお受取り下さい。
いずれ何かの考えが定ったらお知らせ致します。お心の平静を、無理とは思いますがお祈り致します。
一九五七年九月十三日
社会党大阪府連委員長
松　原　喜之次
孫　斗　八　様」
この真率さ。この暖かさ。この手紙のところへゆきあたったときは、わたしも思わず涙ぐむところであった。この文面で見ると、村本氏、黒岩氏の名前も見えるから、孫はあるいはこの人にも無実の訴えをしたのかもしれない。このころはまだ、無実を主張し、Mさんにも冤罪でこの苦しみをなめているといいつくろっていたからである。それにしても、「一人といえども、理不尽な扱いを国から受けることを見逃してはならない」と考えている国会議員が確実にいるという発見は、わたしにはなかなか重大だった。忙しい体で、秘書にもまかせず獄中からの書簡を読み、こういう返事をしたためることのできる代議士さんがいるということは、わたしたちのしあわせといえないだろうか。わたしは松原喜之次氏を直接知らない。しかし、孫にかわって、一言礼をいってみたいような気持ちになった。

孫の喜びは推して知るべしである。

そして、苦しみはつながってくる、いいことは三度ある——のたとえどおり、孫の喜びはこれだけにとどまらなかった。

どうせ、返事はこないとあきらめていた作家の金達寿氏が素晴しい手紙をくれたのである。松原氏から手紙を貰って二ヵ月後である。

「ただ今、お手紙いただきました。いまぼくは原稿をかいているところですが、そこへ郵便がきてあなたのお手紙をよみましたのでその原稿を中断して、この手紙をかきます。

まえに中島さんからあなたのことはちょっときいていたのですが、お手紙をよんでおどろきました。どういうふうにおどろいたかといいますと、それはなかなか複雑（それにはわれわれ朝鮮人というものの人生ということがからまっております）ですが、あなたのようなこういう文章をかける人が……、ということもその一つです。

是非、その「自伝」をおかき下さい。あなたにはそれがかけます。お手紙をよんでそれがわかります。

一人称、三人称、それはどちらともいえませんが、やはり一人称の方がかきやすいのではないでしょうか。本人の主張（解釈）はなるべくさけるようにして、できるだけ事実、真実をしめすという方法でかかれたらすばらしいものができるのではないかと思います。

ぼくもおよばずながら力になります。

そして、ぼくもかきたいと思います。あなたとおなじものをかくのではなく、ぼくはぼくなりでかくのです。あなたのその八十四冊のノートをもしみせてもらうことができるなら、ぼくもまたかけるような気がします。

別紙は必ず中島さんにわたします。

別便で手元にある古い著書を一冊お送りしました。

ぼくもまた慶南の昌原郡で生まれたのですが、あなたは慶南のどこですか。

こんど大阪へ行くことがありましたら、面会にいきます。

いまちょっと忙しいので、とりあえず返事だけ書きました。何卒お元気で。

金達寿

孫斗八様」

孫は一瞬、死の恐怖も遠ざかる喜びに打たれた。もはやこれで「死後の整理」を安心してまかせられる人ができたのである。ああついに、俺のエンゲルスが現われたのだ。全く足も地につかず、フワフワと天にものぼる喜びだった。

金達寿氏は約束どおり、孫のことを「アカハタ」に書いてくれた。これで強力な「アカハタ」との機縁ができ、「アカハタ」編集部の山下文男氏との文通が始まった。山下氏はたびたび、孫に何か寄稿するようすすめ、そして孫は待ってましたとばかり、それに応えて原稿を送ったのだが、例の倒錯した自己礼讃に充ちたものであったので、「アカハタ」紙上を飾ることができなかった。ただ一度、ズタズタになった訴訟記録の切れっぱしが、「孫斗八氏の便り」として声欄に掲載されただけである。

金達寿氏の手紙に続いて、長らく音沙汰のなかった山田六左衛門氏が、本を数冊差し入れしてくれた。それと前後するように、参議院議員の羽仁五郎氏から二千円送られてきた。全く孫はうれしいことずくめであった。

うれしいことは、なお続いた。金達寿氏が大阪の金時鐘さんに、「自分は東京にいて何もしてやれないので、よろしく頼む」と孫の世話を頼んだのである。金時鐘さんは詩人で、在阪朝鮮人の詩人を集めて「ジンダレ」という同人雑誌を主宰している青年だった。彼はその妻と一緒にさっそく面会に赴き、孫を励ました。そして、孫には内緒で、助命運動を始めたのである。この運動には、Mさんや、金南学という朝鮮人学生が参加した。

交友関係もグッと拡がり、彼の通信はもはや一方的な片道交通ではなくなった。Mさんを得てまもなく、死刑囚と文通するのが趣味という女の子も二人、彼の文通リストに加わった。

一人はまだハイティーンで、たくさんの犯罪少年や死刑囚と文通し、文通していた死刑囚が殺されると、また次の死刑囚と文通をはじめるという具合に、始終、何人かの死刑囚の「よき慰め手」になっていた。死刑囚たちを「お兄さま」と呼び、犯罪少年たちを「弟」と呼んで、優しく慰めるのが、社会的な奉仕だと考えている女の子だった。孫はこの少女に、便箋三十枚にものぼるラブレターをひっきりなしに書いた。そして、賢い兄を気どって、共産主義思想を吹き込み、しきりに洗脳しようと努力するが、少女の方は、自分の趣味についてはちゃんと一家言を持ち、洗脳されるためではなく、お気の毒な死刑囚を「慰める」ために文通しているのだから、これはうまくいかなかった。このころの孫の日記には「彼女はリーダーズ・ダイジェストを読んでいるらしい。全くあきれてしまった。これは絶対やめさせなければ……」というふうな記述がしきりに出てくる。この少女を仮りに田中千鶴子さんとしておく。この田中さんの紹介で、もう一人現われたのは中村サチ子さん（仮名）。中村さんは孫に、手編みのナイトキャップや靴下をプレゼントした。二人の女性との文通は、孫の生活にいろどりを添え、生活を楽しくするのに役立った。わたしと文通するようになってから彼は「実はいま、一人の女性に惚れられて困っています。彼女は僕と結婚したがっているらしいんですが、僕の方では彼女は全く論外です。ふるのも可哀そうだし、悩んでいるんです」というような手紙をよこしたことがある。わたしは思わず吹き出してしまった。死刑囚から「ふるのも可哀そう」と思われている女の子には興味があったから、そういう楽しそうなのを先に拾って読んでみたのだが、これは中村サチ子さんのことだった。なるほどちょっと舌ったらずで甘ったるい手紙には違いないが、フルのフラレルのというような匂いは全くない、ただの手紙だった。

こうして、母を得、可憐な少女たちを妹に得て、昭和三十三年の半年はしあわせのうちにすぎた。大口の資金カンパを得てからは、朝日新聞の購読を特別許可してもらい、Mさんにねだって、「アカハタ」も読んでいた。「アカハタ」はMさんが購読料を払いこみ、孫宛に直送して貰ったのである。

万事に抜け目のない孫は、Mさんと孫の話をどこか新聞社が取り上げてくれないかと、一流紙はもちろん、「アカハタ」や「国際新聞」に売りこんだ。それぞれ、Mさんと孫の往復書簡を添えて掲載方を申し入れたのだが、一流紙はせっかくの「美談」を見むきもしてくれなかった。「アカハタ」の山下文男氏には、「お母さんの手紙というような、非常にあなたにとって大切なものを、あっちこっち送りつけるものではない。せっかくだが読まずにお返しするから大切にしまっておきなさい」とたしなめられてしまった。最後に「国際新聞」(当時の関西の夕刊紙)が乗ってきて、「獄窓をこえて結ぶ母子の縁」と一段通しのブチヌキ見出しで、全頁この話題で飾ってくれた。孫の写真と一緒に、手紙を前にして座っているMさんの写真が掲載された。

Mさんは記者に「他国の人ですからだれも面倒をみるものもないだろうと気の毒に思いました。孫は死刑囚ですが、私には尊敬すべき良師であり、恩人であるとともに誇りうべきムスコです。孫ほど律義な人間はまたとありません。一度交際したら誰もが好感を持つやさしい人物です。あの子は無実の罪で死刑になったといっていますが、わたしは息子の無実を確信しています。この月のはじめに遺稿の著作権で利益のある場合は、私にもやってくれという遺言状までくれましたが、どうかそんなことがないように祈るとともに、こんどの行政訴訟で必ず勝つことを信じています」

この新聞を送ってもらった孫斗八の気持ちはなかなか複雑だった。特にMさんの談話が問題である。Mさんには無実であるという手紙をそれまでにたくさん書き、Mさんは固く孫の無実を信じている。母子の縁を結んでまもなく、Mさんの養女が交通事故でなくなった。Mさんは娘の賠償金を五万円要求したが、たった五万円ぽっちの賠償金をひき殺した加害者がなかなか支払ってくれない。相談をもちかけられた孫は黒岩弁護士を紹介し、黒岩氏の助言でこの問題は解決したのだが、そのとき黒岩氏がMさんに「あなたは本当に孫が無実だと信じているのですか」とたずねたというのである。Mさんはさっそく「黒岩先生はこういっておられるがほんとうか」と孫に問いあわせたものだ。孫は「黒岩弁護士も裁判所の見解を信用していたのか」と憤慨し、Mさんには「実際人の心は信用できないものです。黒岩さんがそんな気持だったとは僕も知りませんでした。だから僕の頼みにもなかなか応じてくれなかったのかもしれません。お母さんは僕と黒岩さんとどっちを信用しますか。僕はやっていないのです。神に誓って断言します。お母さんだけは僕を信じて下さい」と書き送った。Mさんは一も二もなく孫の方を信用したのである。参考のために、孫がMさんに送ったハガキの一つをここにお目にかけよう。ハガキを選んだのはもっぱら字数が少ないという理由によるが、それでも一枚のハガキに千五百字以上もつまっている。

「昨日はもう夏を思わせるような暑さでした。お母さんもお変りありませんか。お送り下さいました新聞は昨日届きました。台湾で起ったレイノルズ事件と相馬ケ原事件には大きな関心をもちました。アメリカ人は日本人や中国人を彼等と同じ人間とは考えておりません。ちょうど日本が満州や支那に対してとった態度と少しも変りません。米議員の議会における発言は全くひどいものですね。いかにアメリカびいきの日本人でもあれを読んだらぞっとするにちがいありません。人を殺した者が無罪になったら恐しいことです。しかし、人を殺す場合の事情によって、いろいろの場合があります。その事情を糾明するのが所謂裁判所なのです。ところが、レイノルズのように加害者自身の証言をとって、無罪にするでたらめな裁判（こんなものは裁判とはいえません）はいかにしても人を説得できません。前便に僕のことを書きましたが、若し裁判所が、僕の要求し主張した証拠を少しでも取調べ、その結果判決を下したのであれば、かくも僕は権力に反抗しなかったでしょう。精神錯乱状態に陥っているとき、警察がでたらめに作りあげた僕の自白調書というものを証拠に、僕を殺人犯人と判決したのですからたまりません。僕は法廷でいろいろ自白調書はでたらめである旨を陳弁しましたが、結局裁判所はそれを証拠にしたのです。憲法には「何人も自己に不利益な供述を強要されない」と規定してありますが、これはテイサイだけです。僕は自分が殺人を犯した記憶はないのです。そして、自分の性格から考えて、物を盗むために人を殺すなんてそんな人倫を無視するほど、僕は悪人ではありません。僕は元来、妥協のきらいな一徹な男ですがそれだけ純情なのです。それなのに裁判所は僕を極悪非道の人間として死刑にしたのです。僕は相当の教育を受け、新聞記者をした経歴があるというので憎まれたようです。こうなると裁判所は法律で裁判するのではなく、自己の感情で裁判しているのです。もし僕が殺人者であったら、それを認めるのに少しも躊躇しません。

何故人を殺さねばならなかったかということを社会に向って声を大にして叫びます。ところが僕にはそれもできません。これほどくやしいことがあるでしょうか。今日にいたるまで、僕はどれだけ苦しみ、勉強したか知れません。その結果、今日のような思想をもち闘う人間になったのです。ある学者は次のように書いています。「人並以上の理想と情熱をもち、その実現に生涯を賭けた尊敬すべき人物が、その実際生活に当って冷酷な現実から思わぬ復讐を受け、そのために嘗めなければならなかった深刻な苦悩と試練の姿は最も深く後世の人の心を打つものがある」と。僕の人生は面白おかしく生きることではなく、少しでも社会をよくするために全身全力を尽すことです。これは実に苦しいむつかしいことですが、やらなければなりません。今の僕は本当に毎日生き甲斐を感じております。○○状（遺言状のこと）にお母さんの氏名を書いていますが、これは不渡約手ですからそのおつもりで。なお執行者としてお母さんを指名しておりますが、加古藤氏がやってくれますからお母さんは必要があれば発言して下さい。

お母さんの僕に対する理解と愛情は何物にもかけがいのない尊い有難いものです。肉親の母が側にいても、とてもお母さんに叶わないと思います。僕はただ自己の信ずるまま、全人格を尽して勉強し、闘います。僕の人間性と能力を信ずることができましたら、僕の行為をも信じて頂けると思います。先月は健康を害し、とうとうパンやあめを八十円も買って食べました。近くの料理学校に若い女の人が多く、夜もいるのでいささか困ります。声も聞えるくらいです。お母さんの事件と入歯の解決を祈っています。」

この語り口の巧妙さ。こんな手紙をしょっちゅう貰えばMさんでなくても孫の無実を信じたくなるに違いない。「人を殺した者が無罪になったら恐しいことです」と書く男が人殺しをして無罪になろうと死にものぐるいなのだから世話はない。ウソもここまでくると、少し背筋のあたりがゾクゾクするようだ。

こうしてMさんはだませても、裁判所の動かしがたい記録がある以上、すべての人をだまし通せるものではない。現に孫の無実をスンナリ信じてくれたのはMさんだけで、原田弁護士、松上宣史さん、関原勇弁護士、戒能教授、正木ひろし弁護士、それに黒岩弁護士や村本弁護士でさえ、孫の無実を信じてくれなかった。孫がこれまでかかわった人々のほとんどは、信じるどころか、孫のウソを見破り、その正体を知って離れていったではないか。孫は「国際新聞」のMさんの談話を読んで、あくまでウソをつっぱるのは得策ではない、と思案した。それに、もうそろそろほんとうのことをいっても、人々は僕の闘いを支援してくれるであろうし、僕の人格を認めてくれるに違いない、と計算した。彼は「人を殺した」ということを「公表」しようと決意する。「国際新聞」にまず、実はMのお母さんの発言は間違いですという訂正の手紙を書いた。Mさんにも殺人を告白する手紙を書いた。孫は日記に「これで僕の心は純白になった。もはや一点のくもりもない」と書いているが、Mさんあての殺人告白たるや全く人を食ったものである。ウソをついていたというお詫びも全くのていさいだけで、「実は僕はこれまで、無罪を主張して裁判所で争っていたため、心ならずもウソをつくより仕方がなかった」というのがウソをついたいいわけなのである。法廷で黒を白といいくるめるためなら、何人ひとをだまそうと、誰に迷惑をかけようとなんら恥じるいわれはないといわぬばかりである。そしてなるほど殺したことは認めたが、「なぜ人を殺したか」という設問には依然としてホオかむりだった。Mさんには彼に殺されたヤツは全く悪人で「殺すより仕方がなかった」といいわけしている。孫は彼の創作だった「エン罪物語」をちょっと修正して〝麻薬密売人のボス陳某の命令で借金の取り立てにいったところ、福島さんは言を左右にして取りあおうとせず、あまつさえ「警察を呼ぶぞ」とおどかしたので、カッとなって殺した〟誰でも僕と同じ状況だったら殺したにちがいない。避けられない殺人だったのだというふうに書きかえた。「夫婦殺し」の理由としてはあんまり説得力があるとはいえないが、本人がそういうのだから、事件を知らない外部の人たちはだまされているより他に方法はなかったわけだ。孫がこのときを選んで、「殺した」という事実だけでも認める気になったのは、第七九号事件の判決が迫っていて、どうやら勝つらしいという見通しを持ったためであった。大新聞が一せいに競って「監獄法は憲法違反か？五年越しの死刑囚の訴え、判決迫る」というような見出しで訴訟の内容と判決の予測を書き始めた。孫は「殺人者」の汚名がこれでそそがれるという気持ちを持つことができた。こういう訴訟を起こさせたものは、権力への反抗であり、呪咀ではあったが、孫個人の内的な動機を探ると、「社会復帰」と「人格回復」へのいなみがたい希求があった。死刑の宣告を受けるということは、生命の剥奪という物理的な肉体の抹殺にとどまらず、その犯罪者の全人格の否定なのである。「生きるに価しない者」として、判決のその瞬間から、彼の人格は社会的に抹殺されるのである。処刑までの時間はもはや生きている屍にすぎない。恐しく自尊心が強く自己肯定の強い孫には、こういう状況はたえがたいものだった。まず監獄内での「人格回復」の闘い。「オマエ」と呼ぶな。半人前扱いするな。もっと人間らしい食いものを食わせろ。新聞も読みたい。原稿用紙を使わせろ。限りない要求としてそれは出てきた。この要求を「当然の権利」として孫の内部で合理化させたのは、共産党の監獄闘争であったが、外に向っては「殺人者の人権闘争」じゃいかにも通りが悪い。監獄職員には「刑が確定するまでは無罪」と法律をタテにとることもできるが、外部の社会には無実だと訴えるより方法はなかった。もちろん、あわよくば社会のオッチョコチョイを利用して無罪になれれば……という希望はあったにちがいない。しかし、この希望は、何度か重ねた失敗でうち砕かれたはずだと思う。それでもなお、死刑確定後三年を経るまで「白」の主張に固執したのは、「人殺し」を認めると、当然の帰結として好まざるにかかわらず、「悔い改め」の感情を披瀝する必要に迫られるし「悔い改め」の中からは、孫のような強い闘争的な姿勢が出てこないのである。でたらめの判決→反抗、という線は結びついても、当然の判決→うらみ、のろいは、孫の内部はともかく、外部には通用しない。

監獄職員も太刀打ちできなかった頭のいい孫のことだ。そういうことを知りつくした上でのウソいつわりであったと思う。「無実」だという主張の上に立って、初めて、戦闘的な姿勢を維持できたのである。だから、長期間にわたるウソの主張は彼にとってやむにやまれぬものであり、内的必然性もあったから、「目的のために手段を選ばなかった」だけであり、何ら恥じる必要はないと考えていたようだ。もはや目的を果したのだから、そろそろ真実を言ってもいい時がきたわけであり、これからもっと多くの人々の後援を得るためには、「殺した」という事実だけでも絶対に認める必要があったのだ。行政訴訟の裁判所では無実の主張はしていないから、判決がニュースになれば、当然ウソは通らなくなる。作家の金達寿さんも遠まわしに「犯行の真実」を知りたいといってきていた。「なぜ、かくも優れた才能と能力を持つ孫斗八が死刑囚監房につながれたのか」、そのことを知りたいのは、作家として当然のことだった。まして、在日同胞として、ひととおりでない暖かい心を寄せ、遺言状の執行人になることを引き受けて「ぼくはあなたのそれらの資料により、何らかのかたちであなたの『歴史』を書きのこすことを、ここにお約束いたします。それはあなたの『歴史』であると同時に、またわれわれ朝鮮人の『歴史』でもあるからです」と誓って約束をしてくれた人なのである。孫の最も暗い部分を孫自身の言葉で解明してほしいところである。

孫は金達寿氏にも「真実を」と促がされるまで、犯行については一切語っていなかった。「殺し」を認めた動機の一つは、この人からの「真実を、真実のみを」語るように、という忠告であった。孫は、金達寿氏には「情けないことに僕は事件と関係しているのです」と書いた。これは孫にはせいいっぱいの告白だったが、第三者には暗にほのめかしているとしか受けとりようのないものだった。「関係している」という言葉は、戒能氏が腕曲に孫の心を傷つけることをおもんばかって用いられた言葉であったが、孫は、自分の犯行にふれるとき、いつもこの言葉を愛用した。原田弁護士が「心の態度」という言葉で語りかけると、さっそく「僕の心の態度はかくかくです」と拝借したように、彼は他人の言葉を拝借するのが得意だった。それらの言葉を孫が用いると、最初の使い手が語ったときのみずみずしい美しい響きを失ない、ひからびて、何となくうす汚なくなってしまうのである。「誠実さ」「真実の心」「真摯な態度」「美しく強い魂」等々、孫が、彼自身を飾るために、これらの言葉をあんまりフンダンに用いているために、わたしはもう、こういう種類の一連の言葉は絶対に用いたくないくらいである。わたしが孫の記録をあんまりたくさん読み過ぎたというせいもあるが、孫のために美しい日本語の何%かが、けがされ、泥にまみれたような思いがいまもする。

日本語で小説を書いていられる金達寿氏が、言葉に敏感でなかろうはずがない。文通を重ねるにしたがって、金達寿さんは孫の自画自讃にウンザリし、「事件に関係しました」でこと足れりともう「自分のやったこと」についてはー言もふれようとしないで、自己礼讃ばかりつづける孫に同情の心もさめ果てるような気持ちになられたのだろう。孫がいくら手紙を出しても、返事をくれないようになった。大阪へ来ることがあれば面会すると約束してくれたのに、その約束も一向に果してくれない。やんやの催促をしてようやく面会にきてくれたのはいいが、何となく白けたみたいな気分であった。最初のころの暖かさや熱意は全く感じとれなかった。

孫は「この人もまた心変りしたのか」と不安であったが、「助命運動が外部で行なわれている」というニュースは、そんな不安も吹き飛ばした。このニュースをもたらしたのは、当時立命館大学に在学中であった金南学さんだった。「孫には内緒にしておこう」という金時鐘さんとの約束を破って、孫を喜ばせたい一心でつい口をすべらせてしまったのである。このニュースは、孫に異常なショックを与えた。

このニュースに引きつづいて、国際新聞社から、この助命運動を取り上げた掲載紙が送られてきた。

〝戦う死刑囚・詩人と学生が助命運動〟

〝悲願十万人の署名〟というハデな見出しで、ほとんど全頁をこの記事で埋めていた。〝死を越えた姿に感激〟という見出しの下に、時鐘さん、金南学さん、Mさんの三人の写真が載っていた。

時鐘さんは「孫君は何も知らないので、実はこの運動がいろいろな面で彼に迷惑を及ぼさないかと心配です」と語っていた。村本弁護士の「国も今日まで執行しなかったことは、やはり公明正大な態度で臨んできた証拠だと思って敬意を表したい」という談話もあった。

孫はこの記事によって、彼の命が、国にたてついて闘っているために、ちぢめられるどころか逆に行政訴訟を提起したために保たれているのだということをはっきり悟った。「オメオメと殺されてたまるか」と死にものぐるいで反抗した結果、寿命がのびたのである。闘うことは正しいことであるという確信はますます強められた。外部に向っては「僕は死を超越している」とキマリ文句のように言ってはいたが、彼自身決して死をのりこえていたのでも、超越していたのでもない。死にたくない、肉体は殺されても、せめて「名声」は残したいという執念によって支えられてきたのだから、助命運動は「いかにしても生を全うしてみせる」という決意を固めるのに役立った。金時鐘さんの「助命運動を知らせてせっかく悟りをひらいているのに、かえって生の執着を強める結果になっては……」という心配は、杞憂どころか、とんだ誤解だったわけだ。悟りの境地なんてものは孫に限ってはハナからなかったのである。「死を乗りこえる」

ということが「シャバっ気を捨てる」ということと同じ意味なら、孫ほどシャバっ気の旺盛な男はまたとなかった。どちらかというと、低俗な方のシャバっ気のかたまりみたいな男だったのである。「助命運動が外部で行われている」という喜びと興奮のうちに、いよいよ、孫にとって「わが生涯の最良の日」になった、第七九号事件の第一審判決日を迎えた。

監獄の人権を争う行政訴訟で勝訴

昭和三十三年八月二十日の日記は「今日は僕にとって感激すべき、わが生涯における輝かしき日である」という書き出しから始まっている。この日が、大阪地裁民事部に提起した（行）第七九号「文書図画閲読等禁止処分に対する不服事件」の判決公判の日であった。孫は朝から興奮につつまれ、ソワソワと落ち着きなく、立ったり坐ったり、歩き回ったり、身のおきどころがないありさまだった。理髪夫を呼んで男前をあげたのはもとよりである。死の言渡しを受けた判決公判となんというちがいであったろう。訴訟にかかわって判決言渡しを受けるということは、被告にとっても原告にとっても、人生のクライマックスを体験することにちがいはない。三度、死の宣告という悲劇的なクライマックスを経てきた孫は、四度目に、劇的な喜びのクライマックスを迎えたのである。

腰縄、手錠でサッソウとはいかないまでも、期待と興奮で上気した顔をあげ、胸をはって入廷した彼を迎えたのは、カメラの放列であり、満員の傍聴席の熱気であった。民事訴訟は刑事事件と違って地味だから、傍聴人があることはごくまれだった。これまで何回となく重ねてきた公判では、関係者だけで傍聴人は全くといっていいほどなかった。それが孫には残念でならなかったのだが、今日はどうだろう。五、六十人はいる。Mさんの顔も見える。金南学さん、金時鐘さん夫妻、村本弁護士、他に二、三の文通友だちの顔も見える。しかしあとは知らない人ばかりだった。判決とはいえ、これほどの傍聴人があるとは期待を越える喜びだった。

原告席についた孫に向って、いっせいにカメラのフラッシュがたかれた。ライトが向けられテレビ・カメラが廻る。「大団円」のお膳だては十分だった。フラッシュがおさまったとき、訴訟係の副看守長が寄ってきて「判決は三時すぎになる。一応帰ってくれんか」と囁いた。南学さんに向って「判決は三時すぎになるって」とだけいって、この裁判劇の主人公は一たん幕のかげにひっこむことになったが、「全くバカなことを言ったものだ。なぜみんなに向って、みなさん、判決は三時すぎになるそうです、といわなかったか、俺はすっかり上がっている」と劇的効果を高められなかったのをくやしがっている。こんな劇中劇をはさんで、いよいよ、大詰め。孫の再入廷、平峯裁判長の登場である。

判決は予想以上に素晴しいものであった。そして、もっとも基本的で主要な項目が勝っていた。しかも、彼の主張がほとんどそのまま取り入れられていた。「読み」「書き」「発表する」という基本的人権にかかわる訴えがほとんどすべて、孫の勝利に帰していたのである。裁判長は、原告席の孫の方に暖かいまなざしを送り、引きつづいて、判決理由の朗読をつづけた。

裁判長はこの判決理由で「新憲法の制定実施に伴って、監獄法が大きく転換し、あるいはこれに適当な改正が施され、その法律による、もしくは法を乗り越えて、新憲法に直結した強力な行政措置による、監獄の管理運営がなされていたとすれば」本訴の問題は比較的容易に解決されたであろうし、あるいは提起もされなかったかもしれない。問題は明治四十一年に制定されて以後、半世紀の年月を経ているのに、いうほどの改正も加えていない監獄法そのものにあるといい、拘禁の目的を達する必要上、基本的人権が拘禁に伴って制約を受けることはやむをえないが、それは必要最小限度の合理的制限でなければならぬと説示していた。

なお、この判決理由の中には「死刑囚について」という一項目がもうけられ、裁判長自からの死刑制度と死刑囚についての洞察と見解がとうとうと述べられていた。

「死刑囚には絶対に逃げ場がない。決定的な除去があるのみである。死刑囚には社会復帰は考えられない。他のどんな被拘禁者にも社会復帰の希望があるが、死刑囚には永遠にそれがない。死刑の判決に対する上告棄却によって、一すじの望みも消え、生の本能が脅かされるや、調子が狂い、ひどい苦悶の中でもがきあえぐ。死の恐怖は死よりさらに苛酷な苦痛であり、絶対的な必然まで心の安まる日はない。決定的な恐怖から逃れんとして、脱走や自殺を考えるが、厚い壁と厳重な監視が無益なことを知らせる。知らされてもまた考える。絶望感と虚無感が支配し、無力感と孤独感は思い設けなかった罰である。神経だけは異常に敏感にとぎすまされる。敏感にならなければ処刑の日を間違いなく行手に控えて無聊のやり場がない。看守の足音、扉の開閉の音の反響で、何が行われ、何が行われようとしているかをつかむ。想像される処刑の有様が眼底から去らない。かきむしりたい。壁にぶっつけたい、狂うような気になる。またしても脱走と自殺の誘惑にとりつかれる。優しさと思いやりに対しては、感動を抑えることができないが、力と圧迫に対しては、死を背景にして捨鉢的な強さをもって反抗する。ときとして彼は何か真実なものをつかもうとして集中する。宗教、風物、花鳥、いや脱走計画さえその対象である。集中だけが心のいこいである。ある段階では生への執着を絶ち切れず、はげしい焦燥感にとりつかれるが、ある段階に至って、一切を忘れ諦めて平静な澄み切った心境が訪れてくることがある。

死刑囚の心理や気持について書かれたものは少なくない。だがもっとも確かなことは、死刑囚のほんとうの気持は死刑を言い渡され、決定的な瞬間まで拘禁され、そして刑場に消えて行ったその本人が知っているだけだ、ということではあるまいか。

原告もその死刑囚の一人である。わが国は若干の文化国家におけると同様に刑罰としての死刑を是認しているが、死刑制度はこれを存置する合理的理由に乏しく、死刑の廃止はもはや日時の問題だと思われる。原告は少しばかり早く生れ、少しばかり早く犯したがゆえに、その刑罰を背負わされたものということができよう。

死刑は、犯罪の故に国家が一人の生命を奪う。

健康な精神と肉体を人間の手で作られた欠陥——道徳的欠陥の故に神の意に反して奪うことである。残虐な刑罰ではないかも知れないが残酷である。生きたい本能から生まれた狂乱の心のままに死刑を執行するのは、より一層許せない残酷である。死刑囚と同じく拘置所も死刑を回避することはできない。とすれば、いかにして罪の自覚を完全に与え、被害者に対する贖罪の観念を起こさせ、死そのものを安らかな気持で迎えられるように仕向け、教育して行くかという大きな務めが拘置所に負わされる。」

「死刑囚について」と題するこの項目は、まるで裁判の判決文とは思えない。作家の死刑廃止論文を読むような格調の高さと、押えきれない死刑囚に対する同情がみなぎっている。この項はなお続くが、平峯裁判長は「死刑囚ほど誠と愛とをもって接触することが必要とされるものはないだろう」と述べ、刑事被告人の拘置処遇とも関連させて、「刑罰的効果や将来の犯罪の防止の目的を未決拘禁の目的に導入してはならない。拘置監から監獄の色彩を思想的にも制度的にも完全に払拭し、未決拘禁者の人格の尊重と自由権の享有が図られなければならない。死刑囚の刑の執行に至るまでの拘禁生活において、人たるに値する生活を保障すべき度合が、未決拘禁者以下であってよい、法律的、道義的理由は皆無である」と説示した。

この判決理由の朗読が終ったあと、裁判長は再び孫の方を向いて「訴を提起したときは原告もこれほど大きくなるとは予測しなかったと思われますが、大海に注ぐ大河もその源は小さな流れにすぎません。努力の甲斐あって、原告は一つの業跡をのこすことができました」と、原告孫に讃辞を送ってくれた。孫は思わず落涙した。

これほどの判決を得ようとは夢にも予測しないところであった。

判決文は「原告のいわば絞首台からの叫びとしての本訴は、ジュネーブに通ずるものであって、当裁判所のとった争点の解決は、世界に範たる監獄の姿には及ばないまでも、日本の政治的、経済的諸条件の貧しさ、特に監獄施設の不十分さを考慮すれば、示された未決拘置者処遇の最低線にほぼ近いところにあるといってよいのではあるまいか。原告の本訴を通じての要求には、すでに見たとおり、行き過ぎや無理なものがあった。ことに拘禁戒護のことに関しての要求には、身勝手さがあった。それはともかくとして、原告が拘禁という不自由と不如意の立場において、しかも独力で、本訴をここまで押し進めてきた、その努力と熱意にはなみなみならぬものがあることを認めるにやぶさかではない。……高いコンクリートの周壁は、その内と外との社会を隔絶する。周壁の外における正常な生活と、周壁の内における管理生活との間の落差は認めなければならないが、それは最小化されなければならない。内の社会の者は外の社会の一員としてつづいていること、そこからきてそこへ帰って行くものであることが厳然たる事実であることを思えば、落差は微小でなければならぬ。これが本件の判断の出発点であり、同時に結論をなすものである」と結ばれた。

感きわまった孫の頬を喜びの涙がころがり落ちた。裁判長が判決文を読み終った途端、法廷は沸いた。裁判官が退場するが早いか、新聞記者たちがドッと孫の傍へ押し寄せ、一刻も早く孫を拘置所へ連れ戻そうとする看守たちともみあった。記者たちの「孫さん、感想はどうですか。どのくらい勝ったと思いますか」という質問に「良心的です。裁判所は御苦労だったと思いますが、若干事実誤認がありますし、不満もありますが、八割ぐらい勝ったようです」と答えるのがやっとだった。せっかくの晴れ舞台だ。もっといろいろしゃべりたかったのに、看守たちは抱きかかえるように孫を法廷から連れ出し、拉致するように拘置所へ連れ帰った。拘置所の門をくぐると、やれやれ、おれはついに勝った、と肩がガクンとするくらいうれしかつた。足がおどった。

昼は判決待ちの期待と興奮で、夜はうれしさで、御飯が三分の一ものどを通らなかった。死刑の判決を受けた日には、砂を噛むようではあったがムシャムシャもりもり食った男が、うれしさにはかくも弱かった。

うれしい興奮がおさえがたく体中をかけめぐり、静めようたって静めるべくもなかった。

孫は、夜勤の看守が交替するスキをねらって、ドアの窓から、全監房の受刑者たちに一席演説をぶった。今日の判決の結果を報告したのである。交替した看守が制止しようとしたが無視して演説をつづけた。看守の注進で保安課長と警備隊長と区長が飛んできて、警備隊長が文句を言った。さっそく孫はこれに応戦。激しい言葉のやりとりをしているところへ、ラジオが鳴り出したので、自然と大音声をはりあげることになった。

「判決は死刑囚ほど誠と愛とをもって接触することが必要とされるものはないであろう、といっている。しかるにキサマらは僕にどういう誠を示し、どういう愛を示したか」さっそく、いま聞いてきたての判決文を利用して、今度は攻撃演説をぶちまくった。言葉で孫にかなうものはいない。演説を制止しにきたおエラ方が三人、今度は攻撃演説を必死に制止しなければならないハメにおちいった。「まあまあ、君はいま興奮しているから」となだめすかし、孫から「とにかく今日はこれ以上言わないが判決をとくと読んで、裁判所のような気持ちをもって話しにきてもらいたい」と託宣され、スゴスゴと引き下ったのである。これが「判決文」を武器として利用した使いぞめで、平峯裁判長の「名判決」は、以後、孫のフトコロ刀になった。

孫斗八の助命運動

一夜あけて、孫はいまや「時の人」であった。判決の翌日、有名な佐伯千仭弁護士から金三千円也の寄金が寄せられたのを皮切りに、有名無名のたくさんの人々から賞讃と激励の便りが届けられた。三日後に待ちかねた新聞がドサッと届いた。金南学さんが入手できる限りのすべての新聞を買い集めて差し入れてくれたものであった。正木ひろし弁護士やガールフレンドも東京版や地方版の切り抜きを送ってくれた。

孫は新聞のニュースをほとんど全文、日記に書き写している。

(1) 朝日新聞(トップ十段一三・九センチ)
監獄法の一部は憲法違反
基本的人権侵す
死刑囚の訴えに注目の言渡し

(2) 産業経済新聞(トップ十一段一六・六センチ)

大阪地裁　現監獄法は違憲の判決
〝文書制限〟は人権無視
四年越し死刑囚が勝訴

という具合に、見出しの寸法をはかり、何段何センチと丹念に記入している。毎日、日経、読売。大新聞がいっせいにトップ記事で大きく取り上げていた。そして各紙が揃って、この判決は六万受刑者に光明を与えるものであり、監獄法の改正への道標になるであろう、と解説していた。明治四十一年以来、半世紀にわたって前近代的な監獄法施行規則にしばられ、かえりみられることのなかった監獄の人権が、この判決によって、はじめて脚光を浴びたのである。

孫の予想を上回る大きな反響であった。大阪日日新聞と国際新聞は、孫の助命運動を取りあげていた。

大阪日日（七段一〇・九センチ）
愛は〝冷たい壁〟破る
叫ぶ死刑の廃止
孫斗八に署名一万二千

国際新聞（九段一七・三センチ）
〝あの男を見殺しにできぬ〟
孫斗八助命運動に必死の人びと
署名獲得に大車輪

「助ける会」月末に恩赦申立へ

ついに、あんなに捨ててかえりみられなかった孫の闘争が、世の注目をあびる時が来たのである。

全く驚いたことは、大阪拘置所が、この判決のニュースを、全在監者に流したことであった。それは大阪拘置所在監の死刑囚といって名前は言わなかったが、途中であやまって「孫」と言った個所もあった。ニュースの取捨にやかましい拘置所が、こんなニュースを全在監者に知らせるとは……。緊張した放送者の声は多少うわずっていたが、この判決が拘置所に与えたショックの大きさがはかられた。

判決四日後の孫の日記には、「今日のごときは受刑者たちが歌をうたっていた。非人間的監獄もついに人間の社会になりつつある。こうして僕は二重、三重のよろこびに浸っているのだ。暑さも去ったらしい。頑張れ斗八!」と書いている。

毎日たくさんの手紙が舞い込み、一日に十通をこえることも珍しくなかった。そしてお金や本も差し入れられた。

まさしく孫ブームの到来だった。

その当時、「神武以来の景気」というのがハヤリ言葉だったから、監獄職員は、「孫にも神武以来のブームが来た」とひやかした。

孫は「これでついに一つの悲願は達成に近づいた。次は死刑廃止だ。僕はこれにすべてを投入して闘うぞ。これが僕の人生だ」と新しい決意をかためた。

刑場はもはや恐怖の源泉ではなく、新たな攻撃目標になった。運動に出て刑場を一べつしては、「今にみておれ、俺はこいつをたたきこわして見せるから」と、ますます闘志を高めるのであった。ドッコイそうは問屋がおろさなかったが、孫の獄中の半生はこの判決を境に二つに分けられる。前半が監獄法との格闘であり、後半は死刑制度との格闘だった。死刑制度は一人の死刑囚の力では微動だにしなかったが、とにかく自分の命がかかっているのである。今度は、自分の命を救うために、法律にいどんだ。

法廷で、現行法をもとに死刑制度とどう四つに組むことができるか、その方法を探り、研究しながら、まず手始めにやったことは、現に行なわれている「助命運動」の推進ということだった。孫は、金南学さんや金時鐘さんに「この運動は非常にいいことだから、所期の目的を達成するまでしっかり頑張りなさい。僕も側面から応援します」と激励の手紙を送った。

こんな激励の手紙を当の死刑囚から貰ったら、どんな熱意を持っておられる人でも興ざめだろう。激励どころか、かえって水をぶっかけるようなものであった。しかし、そんなことを孫斗八に知らせる人もなかったから、新しくできた文通者が、助命運動に協力したいと申し出ればそういう人にも同じ調子で尊大に構えた返事を出した。ガールフレンドにも助命運動に参加すべしという指令を発した。金時鐘さん、金南学さん、Mさんの三人を発起人とする「助ける会」の組織ではあんまり弱体すぎるというので、孫は新旧の後援者の中から「特に」五人だけ選び助命運動の発起人になってくれるよう依頼した。当然それらの人は喜んで発起人になってくれるはずであった。何しろ、孫の生命は社会にとってなくてはならない貴重なものであるはずだからである。孫は、金時鐘さんと南学さんにこうした「側面からの協力」ぶりを報告した。当然喜んで貰えると思っていたのに南学さんから「これではまるで主客転倒だ。助ける会は孫さんとは無関係につくられたものであり、孫さんが主催しているのではない。これではまるで、僕たちが孫さんの命令で助命運動をしているようなもの」と非難する手紙がきた。この手紙には「孫さんは自分のやったことを棚にあげて裁判はでたらめだ、でたらめだとばかりいうので、不愉快でした」と、孫と交渉を持って以来の率直な印象が語られていた。これにはさすがの孫もガクンと来たので、さっそく、発起人を増やすという案はひっこめたが、既に依頼状は発送している。しかし、心配は不要であった。孫が「特に」選んだ五人の後援者は全部、発起人は引き受けられぬ、といってきたのである。その中に、広工時代の恩師で、一度は弁護士まで紹介してくれ、ずっと小遣いを恵み続けてくれている田辺教授も含まれていた。田辺教授は「学芸大という国立の大学に奉職している立場上、そういうものは引き受けかねる」と丁重なことわり状をくれたが、田辺教授さえ、ことがこういう問題になるともう支援してくれないという事実は、孫には少しショックであった。

孫を兄として慕い、ぞっこん惚れているはずのガールフレンドは、「お兄さま、あたしはこんな運動にはむかないようよ。あたしはやはり編物をするか、鶴を折っている方がいいのネ、ホッホッホッ……」という手紙をよこした。

「この女は少し頭が弱いので、僕の結婚相手としたらふさわしくない」と鼻の下を長くし、「頭が弱くても一生懸命署名ぐらいは集めるだろう」とタカをくっていた孫は、見事にシッペ返しをくってしまった。

「助命運動に協力したい」と申し出たファンたちも、孫が激励したとたんに、それについてウンともスンともいってこなくなった。

助命運動は、孫みずからの手でぶちこわしてしまう結果になった。それには気づかず、孫は一人歯がゆく思い、なぜ十万人ぐらいかきあつめられないのか、俺がシャバにいたらとイライラするばかりだった。

署名は十万人どころか、法務省に提出された時は、たったの一、〇二六人だった。孫に愛想づかしをした金時鐘さんは、義理か厄介みたいに、署名をうち切り、法務省に出してしまうと、もう二度と孫に面会にも来てくれなければ、ハガキ一本くれなくなった。

孫は助命運動に大きな期待を寄せていただけに、一、〇二六名という現実を前にして「俺の何かを見せつけられたようで淋しい」と彼としては珍しく弱音をはいている。

そして、名判決を勝ちとって、誰よりもまっさきに喜んでくれるはずの金達寿さんからは、どんな賞讃も激励も得られなかった。

ちょうど、こういうときに、わたし、丸山友岐子が登場したのである。

社会からのきびしい風当り

わたしは、孫と交際を持つ数カ月前に、亭主を交換したばかりだった。要するに前の夫と離婚して、ただちに第二の夫のところへ走ったわけである。わたしが、「旦那さまをとっかえてね」なんていうと、相当な気むずかし屋でもついニタニタするが、女が夫をとりかえるのはお笑いどころではない、なかなかの大仕事である。最初の夫とサヨナラしたのは最初の離婚話から三年半もたってからだ。いざ別れようとなっても、金がない、家がない、一人で、食っていくだけの収入が得られそうもない、とないないづくしでどうにも動きがとれなかったのである。第二の夫の助けをかりて、イジイジした重苦しい束縛からやっと解放されたわたしは、解放の喜びで有頂天だった。新しい夫はわたしにたくさんの友だちを紹介してくれた。その中に、金時鐘さんたち、「ジンダレ」のグループもいたのである。金時鐘さんから孫の助命嘆願の署名用紙が廻ってきたときは、わたしはもう、人の役にたつことならどんなことでもしたいほどしあわせだったから、すぐ喜んで、飛び立つように協力した。ところが、死刑囚の助命運動というヤツは、いうほどにやさしくない。特に、人を二人も殺した残虐犯だからなおさらだ。わたしはすぐに百人やそこらの署名はとりつけられると気負いこんだのに、即座にウンといってくれる人は少なかった。「わたしゃ日本人なら喜んでするけど、チョーセンじゃいやだね」というおかみさんにもぶつかった。「チョーセンだからいや」というこのおかみさんの拒否はわたしの感情を刺激した。わたしは驚き、大いに憤慨した。わたしはその気持ちを四百字に綴ってアカハタに投稿したのである。ことが民族問題にかかわることだから、アカハタはわたしの文章をすぐ掲載してくれた。この投稿が孫斗八の目にとまったのである。孫が自分の助命運動に奔走して、民族問題の壁にぶつかったという若い女を放っておくはずがない。アカハタ編集部から孫の手紙が回送されてきたとき、わたしは返事を出したものかちょっと迷った。わたしは、それまでにも死刑に関する本を何冊か読んでいたし、死刑制度には反対だった。だから、助命嘆願の用紙が廻ってきたら、死刑囚が誰だったにせよ、喜んで協力したにちがいないが、死刑囚と個人的につきあいを持ちたいなんて思ったことはなかった。個々の死刑囚を慰めたり励ましたりしてみたところでしょうがないし、凶悪な犯罪には死刑存置論者より以上の激しい嫌悪があった。相手が死刑囚だからといって、同情で彼らの罪を割引く気持ちにはなれなかった。わたしの場合、死刑というのはあんまり可哀そうだから刑一等を減免して無期刑にしてやれ、という死刑廃止論ではなく、目には目を歯には歯を、命には命をというやり方に反対なのである。人を殺すという愚劣な行為に、「裁き」という名目で、もう一度その愚劣な行為を重ねる必要はないという考えなのである。彼がヒットラーみたいな男であっても、彼から権力を奪い、生殺与奪を手中にしてから生命を奪ったところで仕方がない、とわたしは考える。犯罪者を檻の中に閉じこめ、全く無害な状態にしておいて、死刑執行人が「涙ながらに」首つりの縄を引くなんて全く愚劣の極である。それに「同情」という感情がどうも好きじゃなかった。わたしは、他の情け深い人と同様、すぐに同情し、その感情におぼれる方だが、ときどき、「同情」を欲しがっている人なんて果して人間の中にいるだろうか、と思うのである。「同情」というヤツは、与えるか、恵まれるかのどちらかである。同情する方は、ちょっといい気持ちかもしれないけれど、「恵まれる」方の感情はどうだろうか。人間なら「恵まれっぱなし」というのはいやなはずだ。「同情」を呼びおこす状態は、何らかの欠如がある場合に限られる。金の欠如、愛情の欠如、身体的な欠如。さまざまな欠如が、同情で埋められると考えるのは、人間の傲慢ではないかと思うのである。失業者は同情による僅かな恵みよりも、ちゃんとした職業が欲しいのだし、病人は、病気がいえるまで快適に療養できる施策が欲しいのである。個人的な欠如は個人的な同情で埋められない。必要としているのは、社会的な救済だけだ。

死刑囚に必要なのは、死刑制度の廃止そのものである、とわたしは考えていた。

孫にさっそく返事を出したのは、彼から手紙を貰ったということと、わたしが、相当な文通魔的嗜好の持主だったためであった。わたしは二十三歳で、書くことが大好きな若い主婦だった。わたしは同情溢れる手紙を孫に送った。

わたしが孫と文通を始めたことを知ると、金時鐘さんは「孫斗八というヤツはどうもね、僕はもう丸山夫人にあいつのことはまかせますよ」と逃げ腰になっていたし、金達寿氏からも「僕は自分の過去を自慢する男はどうも好きになれないのです」という内容の手紙を頂いた。孫はそのころ、訴訟資料を送るのに「経由」という方法をしきりに使っていた。いってみると、郵便を利用した回覧方式なのである。孫がAさんに送った書類をAさんからBさんに送らせ、BさんからCさんに、という具合に、ぐるぐる経由させるわけだ。孫の方は郵送料が助かるし時間的にもその方が早く目的を達することができる、それに、送られた方はどっちみち孫のところへ返送しなければならないのをBさんに回すだけだから郵送料は同じだし、甚だ合理的である。孫は孫らしい計算をしたのである。この回覧が渋滞すると、早く回せとヤンヤの催促をする。金達寿氏のところへも、中島健蔵氏経由で、しきりに資料が送られてくる。それがまたわたしのところへ来るわけだが、中島氏が金達寿氏になかなか回さないと、孫は、金達寿氏に早く催促して資料を回すようにいえ、とせきたてるのだ。こういうことも金達寿氏が孫から離れていった理由の一つであった。「彼からしきりに催促が来るのですが、わたしはそういうことを中島さんにいうことができません。そういうことは失礼だということをいってやればいいのですが、彼の状況を考えるとわたしにはいえないのです。あなたと肩代りするようで心苦しいのですが、あなたから彼に心のテニオハを教えてやって下さい」

こうして、わたしは、時鐘さんや達寿さんが孫を見離したところから、孫との文通をはじめたのである。彼は大声で人間らしく扱えということを要求して、あの判決を得たのである。「生きている死者」扱いされたくないばっかりに全身全霊で闘っている男なのだ。感じたことをそのとおりいってやるのが、彼を人間扱いしてやることになるのではなかろうかとわたしは考えた。毒にも薬にもならない時候のアイサツで終始する手紙しか書いてやらないのなら、はじめから文通などしない方がましである。わたしの徹底的な孫批判が始まった。

孫はわたしとの文通が始まったばかりのころ、ある「サークル」を主宰している青年に、「丸山という女の子と知りあいました。一つあなたからも教育してやって下さい」と申し送って「僕には人を教育するなんてそんな資格はありません。そんなことを軽々しくいうなんて少し変ですよ」と逆にたしなめられている。わたしにも「田中千鶴子を紹介するから教育してやってくれ」といってきて、ほんとに千鶴子さんという人から一度ハガキを貰ったことがあるが、わたしは例の同情論を一席ぶって「センチメンタルな同情を趣味としているような女の子には興味はない。そんな女の子と姉妹の縁を結んで、ニセモノの肉親愛をひけらかしあうヒマもない」とケンもホロロにいってやった。第一、死刑囚が教育するの、洗脳するのというのはオコガマシイのであるが、孫ほどまた、これが好きな男はなかった。孫が外部の人にあてた手紙もずいぶん読んだが、自分よりちょっと「下」だと目している相手には、誰彼かまわず教訓をたれている。徹底した指導者気どりなのである。よくもまあ「人殺し」から、こんな教訓をたれられて、孫さん孫さんとたてまつっていたものだと感心するくらいである。

孫の方は教育してやるつもりで文通を始めた女の子は、なかなか手ごわかった。孫は日記に「とても教育どころか！」と頭をかいている。

わたしが一番激しく孫を追及したのは、彼が二人も人を殺したという事実について、どう考えているのかということだった。どの手紙も読む方が恥ずかしくなるような自己宣伝にみちみちていて、全く鼻持ちならぬものばかりを寄こすので、よくもまあイケシャアシャアと、いい気なゴタクが並べられたものだ、という憤りを触発させせられたのである。孫は、わたしあての手紙の中で「これまでどうしても殺人に対して心から嫌悪できなかったのですが、それというのも殺人をハッキリ悪とする考え方がなかったためのようです。ぼくはいつも『あの時、もう少し相手が人間的に対処していてくれたら』とむしろ憎む気持ちがあり、自分のような努力家をこういう運命に追いこんだ社会、それにおれのような人間を死刑にする権力——こういう考え方から脱出することができませんでした」と書いている。殺人ですら悪として嫌悪できなかったのだから、ウソや自己宣伝を恥じる気持ちは毛頭なかったわけである。ここでも福島さんを悪玉に仕立てて、自分の行為を合理化しようとしているけれども、わたしはこんなウスデの自己表白には満足しなかった。殺人を悪と考えることができない男が、そうしてそれを実行した男が、刑罰としての殺人のみを攻撃するのはおかしな話である。「あなたがほんとうに人間らしい人間に更生したというのなら、自分が犯した重大なあやまちという手前だけでも、そんなふうにアッケラカンと自己宣伝はできないはずだし、ゴーマン無礼な態度はとれないはずだと思う」わたしは、手紙を書くたびに、孫の手紙の文面から拾いあげた事実をもとに攻撃した。

わたしはたびたび面会にも行き、本や日用品の差し入れもしてやっていたのだが、あるとき、孫は「僕と兄弟のような間柄の学生が拘置所の近くへ引っ越してきたから、彼をメッセンジャー・ボーイとして使って下さい」といってきた。わたしには、孫とどういう関係の学生さんかわからなかったが、それにしてもメッセンジャー・ボーイというのはひどい。自分が支援を仰がねばならない立場にいながら、外部の人間をそういうカタチでアゴで使えると思っている孫のゴーマンさが我慢ならなかった。また孫は、Mさんのことを、いつも「Mが、Mが」と書いてきた。「Mにやらせて下さい」「Mがするでしょう」「Mは無知な女ですが、僕を真実息子だと思っています」といった具合なのである。孫にこういう言い方をされて、何とも感じない第二の母という人は、いったいどういう人だろう？　その人の感情はどうでもいいとしても、わたしは何だか自分が侮辱されているようで、不愉快だった。母と呼び息子といっても他人である。かりに真実母子以上の精神的関係であったとしても、自分の母親を呼び捨てにして、召使いのように他人にいう習慣は日本にはない。まして倍も年の違う恩ある婦人を、である。わたしは、「せめてMさんとか、お母さんとかおっしゃい！」とキメつけたが、一向にキキメはなかった。日記の中でももちろん呼び捨てである。あの判決があるまでは、それでも、お母さんが面会に来てくれたとか、Mのお母さんが、というふうに書いているが、判決後、Mさんに対する孫の態度はガラリと変っている。判決後は、まるで年上の情婦のような扱いである。ただ、無理をして金をつくらせたり、何か思いがけない差し入れをしてくれたときだけ「さすがはお母さんだ」という具合に敬意を表しているにすぎない。この点、何とも現金な男である。わたしは文通を重ねるあいだに、孫がやはり犯行について嘘をついていることを感覚的に感じとった。そしてこの男には、「悔い」とか「反省」とか、取り返しのつかないあやまちに対する「慟哭」といった感情は初めからなかったのだと気がついた。ハナから全くないものを、いくらつつき出してひき出そうとしてもムリな話である。この「歪み」はどこから生まれたのだろうか、わたしは、さまざまに孫という男を分析してみた。わたしは彼を一人の「人間」として考え、人間らしい交遊を持とうと努力した。しかし、わたしの相手にしていたのは、人間ではなく、人間の「人間らしさ」をどこかで喪失してきた別の何ものかだったのである。わたしは彼の死後、孫が文通していた犯罪者たちや、死刑囚たちの手紙もたくさん読んだ。その一つ一つに、わたしはある共感と共鳴を感じることができた。あるものは非常に感動的ですらあった。孫が豊富なボキャブラリィを駆使して、ほとんど「名文」に近いものを書いているのに、孫の名文は、人間的な感動や共感とおよそ遠いのである。そこには、ある論理が働いており、言葉そのものは非常にキレイで正確なのだが、そこに通う心のイキヅキといったものがない。心の底から溢れでる血の脈搏がないのである。「自伝」と称する「絞首台への道」と題した作文をわたしは見せられた。百枚以上の文章で、そこで扱われているのは、監獄であり、死刑制度であり、死刑囚としての彼自身なのに、その題材の異常さすら、異常と感じさせないほど空疎なものであった。わたしが酷評して何度か書き直したが、何度書き直しても同じだった。わたしは、彼がたくさんよこした手紙や資料をもとに、彼の客観的な姿を見せてやろうとした。「あなたは闘士としてでも英雄としてでもなく、犯罪者として、その死を死ぬのである。そこから出発しない限り、あなたは説得力のある自伝なんて書けないだろう」とわたしは言ってやった。「そのような精神で、何の自伝ぞ」というわけだった。わたしだけではなく、孫に対する社会の風あたりは相当きつかった。金達寿氏は、もろもろの資料と一緒に遺言状も送り返し、孫から完全に手をひくことを意志表示した。戒能通孝氏は「判決謄本を送りたいが」と申し出た孫に対して、「その必要はない、判決謄本だけでなく一切の資料の送付はしてほしくない」とニベもないハガキをくれた。木村亀二氏は、孫が送りつけた資料と一緒に封筒まで返送してきた。一言半句のアイサツもなかった。「要至急返却」というような紙キレの入った書類を送られるのは誰にとってもうれしいことではなかったから、新聞社や他の著名人の扱いも同様だった。雑誌社や出版社へ、原稿を送ったり、自分のことを取りあげてほしいと申し出たりしても総スカンだった。金達寿氏のアトガマとして小林勝氏にねらいをつけたが、「書いてあげます」と軽々しく応諾してくれたものの、資料として獄中日記を送りつけたとたんに、何の反応もなくなった。著名人ばかりでなく、ファンたちも、ただ無批判に孫に尊敬を捧げてくれはしなかった。孫ブームの到来でフトコロ具合のよくなった彼は、苦学生の金南学さんに金を送って、「そのヘンチクリンな同情心はやめて下さい」と逆に激しい拒否にあった。法律雑誌の座談会で、正木亮氏が「孫はあれは自分の命をひきのばすために訴訟しているんですよ」と発言していた。孫は「タチのよくない囚人」の仲間に入っていた。謝罪するかただちに発言をとり消せ、と正木氏に迫ったが、正木氏は相手にしなかった。激怒した孫は、告訴するぞとおどかしたが、何の反応もなかった。孫はただちに告訴し、外部のファンに、正木氏を罵倒する手紙を書きまくったが、ファンたちは彼の激怒を支持するどころか、かえって批判的だった。先に「丸山を教育してやってくれ」と孫にいわれて逆にたしなめた青年は、「あなたは正木亮氏があなたの闘争をほめてくれるどころかかえってヒボーした、といって攻撃していますが、私は〝ほめてもらう〟という要求を持つのは大嫌いです」といってきた。彼はこれらの批判や攻撃に応援のイトマがないありさまだった。金達寿氏には「あんまり冷淡すぎる」と逆に絶交状に近い憤懣を叩きつけ、南学さんには自分の美しい友情の発露を拒まれたのは意外であると抗議し、法律雑誌には「僕は自分の命をひきのばすためにやっているのではない。僕の文章をのせろ」と交渉した。冷淡な有名人には直接手紙で非難したり、日記で「全く日本の学者は困りものだ」と罵倒して溜飲をさげた。孫としては、あの判決の成果によって、自分は一人前以上の人間として、社会復帰できたという確信があった。すべての社会人と対等であり、対等以上であると信じていた。ところが誰一人として、死刑囚孫と対等であると思ってつきあっている人はなかった。二、三の人は例外として、人々の前に存在していた孫は少し毛色の変った死刑囚というにすぎなかったのである。判決後、読み書きは全く自由といっていいほど制限されることがなくなったので、孫は監獄の内情をバクロした短い文章をあちこちへ投稿した。ある週刊誌に載った孫の投稿に一通だけ読者の反応があった。東京都目黒区の「法尾守世」氏からのハガキである。もちろん「法を守れよ」にひっかけた仮名にちがいないが、あて名も「大阪拘置所若松八郎行」と敬称ヌキで、あんまり、ペンを握ることのない人が憤懣やるかたなく吐きだしたという恰好の文章である。若松八郎は孫が使っていたペンネームであった。

「監獄からの一言」に一言も二言もあり！　賃金が安い、という。懲役は読んで字の如し。たったのこれっぽっちというが、その金は誰もが苦労して作り出す正に貴重なものである。それを労せずして入手して楽をしようとする不逞の奴等が監獄に放り込まれる。就職でない。自業自得の最たるもの（近頃は刑が軽すぎる、全員二倍に刑期を増し、マジメな者は二倍の所得があるようにすればよいと思う）懲役！こらしめのために働かすということで、もっともっとコキ使えばよいと思っている。三十円～五四〇円とは羊に紙幣を喰わすより惜しい。タダで食わしてもらって、寝てキレイなオベベを着て、ケッコウな御身分で……。二十五億など少なすぎる。十倍でも百倍でも（搾取という性質のものならば）してもよい。人を殺し、傷つけ、犯し、火をつけ、タブラカシ等々、何百億の金でも償い得ないことをどうして考えないのか。「愛する妻子……」本当に妻子を愛する人間がアクを働くだろうか。通信ができるとはモッタイナイ。ドレイ結構、ドレイ以下になるべし！　奴隷的だ、人格がどうのなどという人間は更生の望みなし。おとなしく猛省し、働け働け働け働け働け。リクツをこねるくらいなら（以下十文字ほど抹消）喜んで足をひっぱろう。

「さて、性の問題……」とは、お宅はキチガイなりや。何が、さてだよ。シャバで奔放（犯法の）な生活をしていたから、修道僧なみの禁欲を強いられる——だと、ヨマイゴトをホザクのは良いカゲンにしな、マトモに働いても結婚となると仲々難しいものだ。正常な人間の自然の欲求、人間性までスポイル。伺いますが、正常な人間や人間性のある人間は監獄に入りませんよ。マスでもかいていれば上等最高だよ。健康な昇華とか苦痛とか、お前は色気違い（恐らく強盗強姦犯だろう）マチガイなし、タダめし食って金と女が欲しいとは、地上最低の大バカ、キチガイ野郎である。生まれて始めて人間のクズ中のクズを知った気がする。死ね。」

なお欄外に「出獄したらメキシコに行ってまた向うの監獄に入りなさい。さぞタノシイよ」とある。孫は、このハガキを「半キチガイの問題にもならぬ投書」として歯牙にもかけていないが、このハガキを書いた人の気持ちと、孫に手を差しのべた人々の気持ちの間に、一脈通ずるものがあることを気づかなかった。孫の主張や論理は、他の手のキレイな理想主義者の口から出た言葉なら、問題なく首肯できても、彼が凶悪犯であるというその点をヌキにして自己主張だけを強く押し出すので、誰をも説得できなかった。彼の論理が説得力を持ったのは、ただ、法廷においてのみであった。

彼は多くの後援者を獲得したが、また、見離されるのも早かった。「法尾守世」氏が孫の短い文章から人間のクズ中のクズを感じとったように、孫を深く知れば知るほど、つきあいかねる男であった。「僕を真に正しく理解できるものは敬愛を惜しまない。敵には憎まれるが味方からは愛される。それが僕の美点であり欠点である」と孫自身はいい気持ちだが、孫を深く知り、正しく理解した人のすべては孫から立ち去った。

孫斗八・第二の「所長時代」

しかし、孫はある意味ではなかなか誠実な男であつた。とりわけ、わたしの出現は、彼には新鮮で、大きな喜びであったようだ。わたしのような言葉と態度で孫と接触した人間は、わたしのあとにもさきにもいない。わたしは孫を批判するのに大マジメであったし、わたしは、わたしの愛し方で人間を愛していた。わたしは自分が接触するすべての人をほとんど全く憎むことができない種類の人間であった。その人がわたしにどんな冷たいしうちをしたとしても、その行為によって、その人のすべてをはかることはできなかった。腹を立てるということと、憎悪するということは全く別の感情だった。いわば、孫とは全く対照的な人間だった。わたしの孫に対する舌峰は鋭かったが、ある甘さが、その鋭さをうらうちしていた。孫には、わたしの批判は甘美な刺激ですらあったようだ。孫は彼としたらせいいっぱい誠実にわたしの批判に応えようとした。自分より十も年下の若い女にコテコテにやっつけられながらも、この怒りっぽい男が、全く怒るどころか、わたしに対する非難は日記の中にすら一行も書かれていない。この時期の日記は、全く丸山友岐子のオンパレードである。わたしのことが一行でも書かれていない日はないくらいである。

始めのころの日記に「僕はいま非常に気がたっている。それは一方には正木亮のことが怒らせているし、他方には丸山友岐子さんの出現が大変喜ばせているのだ」と書いている。頭をぶん殴られ、キリキリ舞いさせられながらも、わたしの手紙は彼を喜ばせた。所長や教育課長と面接した折りにも、たびたびわたしのことが話題になった。特にわたしが、孫の生いたちから始まって「半日本人孫」の姿を描いて見せたときは、「彼女はまるで魔女だ。僕がとらえようとして、どうしてもとらえられなかった僕を、彼女は魔法使いのように描いてみせる。まだ若くて人生経験も浅いはずなのに、僕のことが僕以上に彼女にはよくわかっているようだ。全く不思議だ」と最大級の讃辞を送ってくれている。そして、何とか、わたしの批判に応えようとし「赤裸々な」自分をみつめてみようとする。

「赤裸々にかくとしたら、ぼくは自分の傷をかくし、人を欺こうとしているわけだ。それは人を殺したことは何とかしてそっとしておき、あわよくばええかげんに抹殺あるいは黙殺したいのだ。しかし、それは根本的に誤っている。いまのぼくはもちろんだが、普通のぼくは人を殺すような人間ではない。けれども実際には人を殺しているのだ。ここが問題だ。その社会的背景と、思想的、人間的問題点を勇敢にバクロして、それを社会の人と共に考え解決してゆく道こそ正義に叶う道だ。理屈ではわかっているのにぼくはかくも抵抗するのだ」

傍点の部分は、松上宣史さんが孫あてに書かれた手紙からのまる写しである。犯行について無実だと主張しつづけた孫に、松上さんは、この言葉で、孫がとらなければならない道をさし示したのである。こういう内省的な日記の独白の中でさえも孫は他人の言葉でしか語れなかった。そして、孫の思考はここから一歩も前進しなかった。孫がなぜ〝真実〟の前でかくもたじろぎ抵抗したのか、ここから一歩でも前進したら彼の闘争はもちろん、彼の生活全体がガラガラと音を立てて崩壊するしかなかったのである。わたしは「あなたのような立場の人はどんなに謙虚であっても謙虚でありすぎるということはないのです」とゴーマンを叩いてやまなかったけれども、このゴーマンさを維持しない限り、孫は「ただの囚人」になり下るしかなかったのである。「悔いあらため」の中にのめりこむことは、彼の闘争や生活態度の一切を否定することにほかならなかった。彼は物理的な生命を維持するためにもそうすることはできなかった。彼の前にはこれこそ宿業の敵「絞首台」が立ちはだかっているのだ。いま闘いをやめることはすぐさま彼の死を意味していた。死を一刻でもあとへ押しやるためには、これまで以上の強い闘争的な姿勢が必要だった。孫はわたしの批判の前で立往生し、「この状態では僕は前進することもひくこともできない」「僕は近頃全く元気をなくしている。それというのも丸山さんの批判があるからだ」というような精神状態に追いこまれる。しかし、死刑囚という状況は立止まっていることを許さない。こうして立止まっているあいだにも死はそこへやってきているのである。孫はわたしに「坊主ザンゲが何になるのだ」と反撃してきた。「ゴーマンさこそ僕の身上なのです」わたしはもう反バクしなかった。

わたしは孫という男を理解した。もうわたしにはなにもいうことはなかった。わたしと知りあった最初の年の一年の回顧には、「今年最大の収穫は丸山友岐子さんを得たことだ」と書いた孫は、翌年の暮にはわたしを失ってしまったことが淋しく大きな痛手であると書いている。わたしは孫と絶交したわけではなかったし、ずっと交渉は続くのだが、もう孫を批判するというようなバカバカしいエネルギーを使わなかっただけなのである。わたし自身の口からこういうことをいうのははばかられるが、わたしが孫にある影響を残したことは確かである。そしてわたしが誰かに強い影響力をもったとすれば孫が最初で最後の男であろうと思う。わたしが孫に与えたものは、孫が入獄まもなく、左翼系の被告たちから得たものと似ている。わたしは、わたし自身の死刑廃止論と一緒に、死刑制度に対して二十世紀がもっている最高の理論を彼に与えたのである。わたしは「死を超越している」とか「死よりも名誉を重んずる」とかいうことによって、「生きたい」という気持ちをおしかくそうとしていた彼をケラケラ笑いとばして、「人間が生きたいと欲することは、決して恥ずかしいことじゃない。第一あなたは死を超越なんかしていない。あなたの一番重大な関心は生きたいという欲求をつらぬくことでしょ、正木亮さんが、命をひきのばすために孫は訴訟しているといったって、そんなにカンカンになることないじゃない。最初の目的がどうであれ、事実はあなたの執行に待ったをかけたのだし、これからは、それを目的にやるんでしょ。自分の心をカムフラージュすることないわ。大いにやりなさいよ」と、いってやった。わたしは、孫の目の玉のウロコを一枚ずつはがしてやった。孫は生の執着は正当なものであるという自信を持つことができた。わたしの影響力は、Mさんあての手紙やその他の人々の手紙に歴然たるものがある。孫はもう「この闘いのため殺されても本望です」なんてことは絶対書かなかったし、それまでしきりに教訓をたれたがったのに、教訓めいたこともあまり書かなくなった。「あなたの息子はかくも素晴しい」といいつづけていたMさんにも「僕のことを人にほめないで下さい」「ばかな息子だといって下さい」というような、これもまたバカバカしい注文を毎度押しつけがましく書き送っている。「ああ、これが彼のいう自己批判だったのか」とわたしは思わず笑ってしまった。表面は一八〇度の転換ぶりだが、内容は一寸たりとも変っていなかった。孫が自分の命をあらそう死刑訴訟を法廷に持ちこんだのは、わたしと知りあってちょうど一年後だが、わたしはこの訴訟の準備を助ける役割を果したのである。

彼に死刑に関する入手できる限りの文献を供給したのはわたしだった。「死刑囚に死刑問題を読ませるのは……」と、監獄のお役人のような心配をして、そういう文献を送るのを拒否した人もいるが、わたしは女のクセにある意味でタフだった。「死刑囚」を感傷的に考えないのと同様に、「死」そのものも至極即物的に考える方なのである。「死」は「生」と同様、人間にとって日常的なものである。わたしたちは毎日、たくさんの死に立ちあっている。死刑囚の死もわたしたちが立ち合うことを余儀なくされている死の一つなのである。わたしたちが、わたしたちの法によって、その死を容認しながら、感傷の霧の中にその死だけをおしかくしても始まらない。交通事故を防止するどんな合理的な方策もたてないでおいて、犠牲者が出るたびに、涙だけは惜しみなくふりそそぐのと同じ理屈だ。死刑執行に当るお役人達も「涙と祈り」の茶番劇にいい加減あきあきしたら、法務省に「首吊りの縄を引く身にもなってみろ」と建策すべきである。死刑囚たちも同情の涙をふりそそがれるよりその方がうれしいだろう。首吊りが好きなら仕方がないが、イヤならイヤとハッキリいえばいいのである。善良で気のいい看守さんたちにこのようなイヤな仕事をうけおわせるのは、殺人そのもの以上に罪悪である。

首に縄をかけて、もうひっぱるぞ、ひっぱるぞとおどかしながら、「死刑に関する文献が死刑囚に与えるショック」を計量するのもおかしな話だ。医者から見離された病人が、なお一筋の奇蹟を期待して、注射やにがい薬を要求したとしたら、どうだろう。死にいく人に注射の痛さが残酷だと与えないだろうか。薬のかわりに、甘いジュースでもすすめるだろうか。当人には痛みやにがさ以上に、絶望の苦痛の方が大きかったとしても。死にたくない病人のいる臨終のベッドはいわば人生の縮図ともいえる。わたしたちは生きている限り、どんな苦痛にも耐える。貧乏にも病気にも負けてなんかいられない。失望にたたきのめされることがあっても、それは次の希望へのかけ橋に過ぎない。そういうものとして、人生はいつもわたしたちの前にある。臨終の床で病人が、いままでさまざまな苦難に耐えてきたように、ささやかな肉体的苦痛に耐えることによって、最後の奇蹟を待ち望むなら、わたしはためらいなく、注射針を彼の筋肉にブチ込むだろう。

孫斗八がそうだった。この男は、どんな小さな希望でも、その希望を得るためなら、どんな猛毒だって呑み下す男だった。

「何かゴーマン病にきく良薬はありませんか。特効薬があったら教えて下さい」なんていいながらゴーマン病は生命力の源だったからもとより治療する気はなかった。彼はわたしかち、彼の「死との闘い」に役立つものだけを吸収した。もちろん他の人からもそうしたのであるが。

判決後の孫斗八の生活は「拘禁」ということを除けば全く天国だった。死の不安は、「訴訟をやってる間は大丈夫」という自信をもっていたし、不安ながらもそんなに切実なものではなくなった。少なくとも職員の足音の微妙な変化ぐらいにはおびえなくなった。拘置所は定期的にお菓子をくれたし、ときには花をくれることもあった。外部からは毎日たくさんのファンレターが届き、「ああ、せめて一ヵ月五百円の闘争資金があれば……」という切実な願望も遠い過去のものになった。孫はもう用紙代や切手代に苦しむことはなくなった。本を三千円、四千円と買いこむ月だって少なくなかった。遠い北海道の敬虔なクリスチャンは五十円、百円と義損金を集めて、送ってくれたし、第二の母のMさんはお年玉に五千円フンパツしてくれたりした。「朝鮮人死刑囚の獄中闘争」というだけで、良心がうずき、共鳴する日本人がたくさんいた。

判決後五ヵ月目に訪れた、昭和三十四年の正月には、お年玉だけで、一万数千円が孫のもとに贈られた。書籍その他の差し入れを含めればゆうに二万円を越えた。その中には拘置所長からの五百円も含まれていた。孫はもうボロシャツを着ることは二度となくなった。いつも真新しい下着が拘置所から支給されたし、衣類の差し入れを申し出る人もたくさんいた。悪魔に心を売り渡した男の死にものぐるいの闘争が神に通じたのである。孫は獄中で、少年時代からの宿願だった「立身出世」をしてのけたのだ。彼は「成功者」だった。

拘置所では「孫斗八第二の所長時代」が訪れる。松本所長がオモテの所長なら、孫はカゲの所長であった。お正月には、所長以下拘置所の最高幹部数人が、孫の監房へ年始に訪れた。この慣習は松本所長時代、ずっとつづく。所内で職員の異動があれば、まっさきに彼のところへ転、就任の挨拶に来るといった調子である。下級の看守は「まだ俺たちには挨拶もないのに」とぼやいた。誰かが鎮静房に入れられたら、孫は直ちに「すぐ出してやれ」と命令する。その命令はたちどころに実行された。彼はたいてい一番風呂に入る。しかし、ときには二番風呂になるときもある。湯が減っている。

「次に僕が入るということがわかっているのになぜ、湯を一ぱいにしておかないのか」

担当看守を叱りつける。

「申し訳ありません。以後気をつけます」

看守はピリピリしながら、大急ぎでエッチラオッチラ、バケツで湯を運んでくるのである。

わざわざバケツで運んで来なくても、パイプから湯が流れ出るのだが、少しでも待って頂くのはおそれ多いというので、労力を惜しまないのである。運動係に、中年のイキのよくない看守がつけば、「もっとイキのいいのをよこせ」と要求する。中年の看守が「僕も一生懸命つとめますから」と汗水たらしてお遊び相手をあいつとめても、スポーツマン孫のお気にいらなければ仕方がない。イキのいい遊び相手が二人以上つくことも珍しくなかった。

下級看守の見事な従僕ぶりもさることながら、幹部連の殿さま扱いも実に見上げたものである。下級の忠誠ぶりはすべて上級の反映なのだ。幹部たちは、入れかわりたちかわり、毎日のように孫の監房を訪れた。用度課長は温度計をもって、汁の温度をはかったり、毎日の献立や日用品の給与状況など、殿さまの御意見を伺うためにやってきた。教育課長はもっとたびたび訪ねなければならない用事があった。孫が毎日書きまくる手紙や訴訟書類の字句でひっかかる個所があれば、訂正して貰わなければならなかったし、その他にも、殿さまのとりあつかいについて、さまざまな話しあいを行なわなければならなかった。拘置所は、判決のあと、抹消という手段に出るかわりに、不穏当な部分の書き直しを要請することにきめたのである。たとえば、死刑の執行を「密殺」と表現したりすると問題になった。教育課長は「それじゃまるで牛か豚の密殺みたいで、やっぱり穏当じゃないよ」といい、孫は「僕は密殺という言葉が一番ピッタリするからこの言葉を使っているので、表現の自由は認めろ」とゆずらない。

密殺論議をめぐって、二度も三度も会見するといった具合なのだ。保安課長、管理部長はもちろん、所長ともたびたび面接しているが、拘置所の幹部連は孫一人の応接にイトマがないありさまだった。そしてまた、幹部連の腰の低いこと、驚くばかりである。字句の書きかえを申し入れにきても、へっぴり腰で「すまんが、この個所がちょっと具合が悪いので書き直してくれんか」とオッカナビックリ申し出る。「担当看守をとりかえろ」という要求に対しても「もうしばらく辛抱してくれんか。いまちょっと人員の配置がえができんので」といった調子である。そして結局、とどのつまりは孫の要求が通るのである。孫は気持ちのおもむくところ、誰に対しても「キサマ」呼ばわりするくらいは朝めし前であることは、たびたびのべたが、所長すらその例外ではなかった。

あるとき、所長を散々罵倒して、「お前のその態度は何だ。バカだの、ブン殴ってやるだのそれがお前の本心か」と松本所長をたいそう立腹させている。しかし、所長は孫に対してあくまで優しかった。それがこの所長さんの人柄なのか、その当時の孫に対する法務省の方針だったのか、たぶん両方だったろうと思う。拘置所はこと孫に関する限り、その取り扱いは細大もらさず法務省にお伺いをたてていたからである。名判決に驚いた法務省は、たぶん、「孫の訴訟資料になるようなことは何もするな、ソッとしておけ」というぐらいの指示を与えていたのかもしれない。

監獄には巡閲官制度というのがあって、二年に一度、法務省のエライさんが各監獄を訪れ、囚人から、直々に訴えをきくのだそうである。二年に一度というキマリが、なかなか実行されず、孫は「キマリ通り巡閲官を派遣しろ」と法務大臣に何度も申し送っているが、十二年の間に三度巡閲官と面接している。最初は法廷闘争に入る前で、巡閲官はただ「聞きおく」という態度だったが、二回目に会った巡閲官は、二日にわたって、約十時間、孫と会見している。まるで孫一人に会うために大阪拘置所を巡閲したようなものである。この巡閲官(当時の法務省保安課長)は孫を一人の囚人として扱わず、孫の訴訟がひきおこした法務当局の波紋や、刑事政策の現状、刑政理論に及ぶ、いろいろな立ち入った話しあいをしている。雲の上のもう一つ雲の上から降りてきたこの巡閲官の態度から見ても、判決後の孫のとり扱いが拘置所の一存であったとは考えられないが、松本所長その人も、死刑囚に対しては満腔の同情を抱いていたようだ。孫の人を食った「覚え書」や「通告」にも一々誠実に答え、キサマ呼ばわりされることがあっても、優しい態度は変えなかった。孫が許可を求めるもので、所長の采配で可能なことは可能な限り許可している。耳かき、本棚、時計、死刑関係の文献の閲読などみなそうである。ある期間は新聞代、本代、通信費、用紙代まで負担してやっている。訴訟書類のコピーすらもう孫は自分でコツコツ美濃罫紙で複写する必要がなかった。係の職員がロザリット複写機で孫の必要分をコピーしてくれたからである。耳かきを許されたとき、「こういうささいなものでも、限りなきやすらぎを与えてくれる。この耳かきが十円とは安い」と孫はたいそう感動しているが、松本所長はほとんど法律のワクをこえて、死刑囚孫に「誠と愛」を示そうとしている。ただ、惜しむらくは、過去のあやまちに対する反省の要請を何もしなかったことだ。孫が受けつけなかったといえばそれまでだが、「それ」をヌキにした「誠と愛」の発露であったから、孫を、どこまでも増長させた。所長の善意は、単純に「善意」とのみ作用しないのである。所長の孫に対する温情的な態度が、部下のすべてを孫の下僕に仕立てた。

ある教育課長は、いやいや孫に会いに来て、頭から「キサマァ!」と一喝され、怒りに手をふるわせ、くちびるをわななかせながら、彼の罵倒に対しては一言半句の応答もせず一時間余も質問に応じている。その忍耐ぶりには全く、何とも涙ぐましいものがある。孫の武器は、幹部連との話しあいを細大もらさず記録するということだった。この戦術を採用し始めたのは、訴訟を起こして以来だが、下手なことをいうと、それがただちに訴訟記録として裁判所に登録される。それがかなわないのである。孫は日記に「ぼくが拘置所の職員から敬遠される最大原因の一つは、ぼくが日記に彼らのことをいろいろ書くからだ。それも看守のように地位の低い者の場合は、よほどの事件がない限り問題はない。ところが課長とか役付職員になると全く様相が一変するのだ。面接して質問する。それに答える。これが一つの物語になるからである。その過程でどちらの言分が妥当で、どちらの言分が無理かということが明らかにされるからである。答弁したくないことでも、ある程度は答弁しなくてはならない。だまっておればだまっている旨書くからなおつらい。彼らの内心をきくと、異口同音に、この方法がもっともこたえるというのである。だからこれはぼくの最大の武器であった」と書いている。

誰と面接する場合でも、質問事項を用意し、それに対する一問一答を記録し、最後にその記録を相手方に確認させるのである。最初に罵倒するのも戦略の一つで、相手を大いに怒らせ、感情を波立たせて、あとの回答を容易にとりつけようという計算だった。

人間は腹を立てると、ときとしてとんでもないことをいうからである。もう一つは、機先を制して高圧的に出ることで、相手になめられまいという目的もあった。そして、この戦略戦術はいつの場合もたいそう有効だつた。お役人の泣きどころをつかんでいたからである。白洲の前に引き出されているのは、拘置所のおエラがたであり、ほしいままに孫に翻弄されているようなものであった。エライさんが青くなったり赤くなったりしながら、自制に自制を重ねて質問に応じ、やっと解放されて、しおたれた姿で帰っていく図を「これはニュース映画ものだ。これをフィルムにおさめたら大したニュース映画になるんだが」と孫は嘲笑っている。そして、こうした会見のあとでは、今度は「呼びもしないのに」またやってきて、「あのところのあの個所を訂正してくれんか」とくるのである。「答えられない」を「返答のかぎりではない」と書き直してくれ、といったような用事のために、エライさんが腰を低くして孫神社に参拝するのである。官公吏の事大主義とことなかれ主義を孫ほど見事に逆用した男はあるまい。

役人連は孫に痛いところを握られ、ナメられ切っていた。孫のゴーマン病に拍車をかけたのは主として拘置所の責任である。「俺は第二の所長だ。ある意味では所長よりエライ」と豪語していたこの男に、わたしはせっせと「謙譲の美徳」を説いていたわけだから、試行錯誤もいいところである。孫は、もう誰に対しても「お手紙ありがとうございました」とか、「拝見しました」とかいうような挨拶はしなかった。いいところで「×月×日手紙を受け取りました」であり、たいてい「前略御免」である。わたしも自尊心の方は相当だったから、この「前略御免」がシャクにさわってならなかった。しかも内容はすべて、何かを依頼するものなのだからやりきれない。わたしはとうとうあんまりシャクなので、「前略御免」「要用のみ」で起承転結する手紙をもらうのは大嫌いだ。いっそ、初めと終りをとっちゃった方がよほどスッキリする、といってやったことがある。初めと終りをとったところで大してスッキリもしないが、何だか土足でふみこまれて「親切」の強請をされてるようで面白くなかった。おまけにその内容たるや「僕に面会にくるのは何曜日がよろしい。何時がよろしい。受付で孫斗八に会いにきたというとよろしい」といった「よろしい」「よろしい」の連発なのだ。

全く、自分を何さまだと思っているのだろうと手紙を受けとるたびに腹が立ったものだ。

Mさんは「母の座」から「情婦」に転落したし、孫神社を参拝したファンは「話は僕の自己紹介に終始した。少しおしゃべりしすぎたようである。まるでぼく一人で演出しているようにさっさと面会を終えた。十一時二十分である。つぎからは、ゆっくり相互に話すことになろう」という扱いだった。孫の「ゴーマン病」はとどまるところを知らず、病コーモーもいいところであった。

孫は、助命運動があえなく挫折してから、「死刑囚による社会と刑罰を改良する会」を設立することを思いついた。「死刑囚たちよ、団結せよ」というわけである。これを広く世に訴え、死刑廃止のアピールをするかたわら救援資金をつのって、われわれが与えた被害者遺族に対する損害の補償と、われわれ自身のための小遣いにしようじゃないか、というものである。こんな世にもアホらしい団体を思いつくところなど、孫は頭がいいの、賢いのといってみたところでやはりどこかが狂っていたに違いない。最初から狂っていたのか、死刑囚監房が狂わせたのかどっちともわからないが、気が狂っていたことは確かだ。ところがアホらしいのは、この団体設立の思いつきだけじゃない。この趣意書を全国の死刑囚にバラまこうとした孫に対する拘置所の扱いである。これを全国の死刑囚に発送したものかどうか、拘置所は大いに頭を悩ませた。教育課長は孫の監房にはせ参じ、「どえらいことを思いついてくれたもんだ。おかげでわれわれは大弱りだ」とこぼしながら、発送するのがおくれることをいいわけしている。本省にこれを発送してもいいかどうかうかがいをたて（写しを何部か法務省へ送り、法務省のおエラ方がまたこれについて協議するのである）、やっと許可が出て送りつけたところが、受けとった方の拘置所が、これを名宛人にすぐ配達したものかどうか協議し、これまた法務省へうかがいをたて、という式である。宮城刑務所では二ヵ月間も死刑囚たちに渡さなかったので、孫に告訴された。これを仙台の地裁が受理し、裁判し、郵便物は早く手渡すべきだが、事情が事情だから違法とはいえない、というようなことをしかつめらしく判決している。宮城刑務所が裁判所に申し開きをした「お家の事情」というのがまたふるっている。孫からこの郵便物が送られてきた当時、宮城刑務所には死刑囚が三十人以上も「たまり」、長いあいだ執行がないので、死刑囚たちは「あきらめ」を忘れ、囚情甚だよろしくなかった。そういうところへこんな趣意書を渡したら、どういう事態になるかはかりしれないので時機を見ていたのである。その後「幸い」にも、執行命令が出て、ボツボツ滞貨がハケ出したので、死刑囚たちの気持ちもおさまり、再び「安心立命の境地」に立ち戻ったから、×月×日、それぞれの死刑囚に郵便物を手渡した、というわけである。これでみると、死刑囚たちの「安心立命の境地」というのも実にいい加減なものであることがわかるが、まあその方がほんとうだろう。

それにしても、アホらしい一つの文書をめぐって、この大ゲサな取り扱いぶりはどうだろう。「死刑囚による社会と刑罰を改良する会」といえば体裁はいいが、「われわれを死刑にするのはけしからんから、われわれが団結して、われわれの力で死刑をやめさせよう」という趣旨なのである。シャバで平気で何人も人を殺してきた連中が、団結して死刑廃止運動に立ち上ろうというのだから笑わせる。こういうことは「通信の自由」以前の問題だ。「人権だ」「通信の自由」だとホザいたからといって何も恐れ入ることはないのである。頭から水をぶっかけてやればいい。

この文書を受け取った死刑囚たちの方が、孫や国の役人連よりずっと正常な神経を持っていたとみえて、この会に参加しようと申し出た者は一人もない。ある死刑囚は「趣旨には賛成だが、社会の人から金を集めて、われわれの小遣いにしようというのは少し虫がよすぎやしないか。僕はやっぱり賛成しかねる」と書いてきている。

この思いつきは、拘置所を大騒ぎさせただけに終ったが、しかし、死刑囚たちとの文通という道を開いた。孫は全国の獄中の同僚と文通し、孫に続いて行政訴訟をやりたいという勇敢な連中に助言と指示を与えていたが、何よりも死刑囚たちのナマの声が聞きたかった。「死ぬのはイヤだ」という彼らの声を集めて、死刑訴訟に役立てようというわけである。どこそこに誰がいるというような情報を提供したのは、「死刑囚たちのよき妹」という役割を演じるのがスキだという例のお嬢さんである。孫はヌケメなく、彼女を利用した。

淋しい境涯にいる死刑囚たちは、最初、孫と文通することを喜び、彼の手紙を待ちかねるが、二度三度と手紙をとりかわすうちに、孫の尊大さとゴーマンさにヘキエキしてしまう。シャバの後援者や拘置所のおエラ方にでもイバリ放題にイバリたがる男なんだから、拘禁中の同僚に対する態度は推して知るべしだ。ある死刑囚は「君のような失礼な男とつきあうのは初めてだ。不愉快だからもう二度と手紙を寄こさないでくれ。いくら率直なのがいいといったって、いってよいことと悪いことがある。君はそんなにイバッテいるが君だって僕らと同じ犯罪者で死刑囚じゃないか」と絶交状を寄こしている。死刑囚たちとの文通はどれも長続きしていない。一つは、孫にアイソづかしをして、死刑囚たちの方から逃げたのと、一つは次々と処刑されていったためである。孫あての死刑囚たちの手紙には、いずれも死を前にした人間の哀感があり、真剣に最後の時間を人生の真実に迫ろうとする真摯さがみられ胸を打たれる。二十代の若い魂が不条理な死を前に、それを受け入れようと苦悩する姿には、限りなく同情をそそられるものがある。彼らになぜもう一度生きる機会を与えることができないのか。「このいのちはもう地球上に用はない」といい切れる人間の生命というものが果してあるのか、と疑問に思う。

孫はひるがえって自分の過去のあやまちをかえりみることはなかったから「死刑囚たちはだらしなく宗教と死刑囚教育に去勢されている」と非難するばかりで、彼らの心情を受けとめることができなかった。孫は死刑囚たちの中ですら異端者だった。

孫の異端者ぶりを物語るもっともいやなエピソードをひとつ。孫の全部の記録の中で、この部分に遭遇したときほどいやだったことはない。わたしはもう、先へ読みすすむ勇気を喪失してしばらく、孫の記録にはふれなかった。こんないやらしい犯罪者の記録を何のために読む必要があるのか。日記や手紙や訴訟記録など、彪大な記録を通読するのにわたしは約半年間かかりきりだったが、その途中で何度も投げ出したくなった。しかし、このエピソードほど、激しく嫌悪をそそられたことはない。

孫が、自分の殺人事件の記録を読むくだりである。「再審請求のため」自分の事件の一件書類を借り出したいと八方手を尽した孫はとうとう、あの判決後半年ぐらいあとで、借り出すことに成功したのである。ここでも堅固な役所の伝統のトビラを開いてみせたのだが、この記録を通読するのに孫は四日かかった。午前九時から午後四時半ごろまで、拘置所内の検事調室まで出張して閲読させてもらったのである。孫は検事用のひじかけ椅子に陣どり、メモをとりながら熱心に記録に目をさらす。おつきの看守は囚人用の粗末な椅子に控えている。死刑囚たちの読経の声。チーンチーンとかねを打ちならす音。

所長に輪をかけたみたいに温厚な紳士の管理部長が覗いて、

「当時の孫さんはすごかったんですね」

と、声をかける。孫に閲読させる前にざっと目を通していたのだろう。

また、訴訟係の副看守長がやってきて「どや、昔を思い出すだろう」と孫の顔を覗きこんでニヤニヤする。

「バッキャロー」と孫。

閲覧の途中、ファンの面会呼び出し。

面会係の看守長が、

「ショッキングな写真を見たそうじゃないか」とひやかす。

「よく見せてくれたもんだね。特別だろう」

「俺は何でも特別さ」

看守長は、下っ端看守に、

「おい、早く面会人を呼んでこい」といいつける。

「でも、わたしは顔を知りませんが……」

看守長、ムッとして高圧的に、

「名前を呼んだら出てくるよ」

孫は、「俺と看守長は対等でも、看守長と看守は対等じゃない」と、ちょっといい気持ちで下っ端看守がピリピリしながら面会人を呼びに行くのを見送る。面会人の登場。

「僕は今日、重要な書類を調べているので時間がありません。面会時間は十分にして下さい」

面会人は、用務多忙の孫先生をわずらわせたことを恐縮して、あやまりながら帰っていく。

孫は再び、検事調室へ。

ざっと、こういう状況である。看守と囚人の地位、面会人と囚人の立場がさかだちしている点をのぞけば、何ということもないが、囚人が見ている書類は、「鮮血るる」たる殺人現場の写真であり、彼が犯した犯行の記録なのだ。

臨時の閲覧室からもれるのは、サラサラとエンピツを走らせる音と、ときたま孫が発する、

「チクショウこんな嘘ついてやがる」

という、証人たちの証言に対するアクタイだけである。そして、この書類を読んだあとで、孫が日記に書きつけた読後感は「でたらめの証言」による「でたらめな裁判」だったという、

彼がいままでくり返してきた主張のリフレーンに過ぎなかった。

全く冷静に自分が殺した惨殺死体の写真を眺め、犯行前後の彪大な記録をノートする死刑囚。チーンチーンと断続的に入るバック・ミュージック。

四日間のこの場面の描写は、孫があくまで即物的に書いているだけに鬼気迫るものがある。むごたらしい死体がある暗い過去とま正面から対面して、孫は全く何も感じなかったのだろうか。自己嫌悪におちいった形跡や、苦悩した形跡は全くない。福島さん夫妻に対するどんな詫びの言葉もない。

写真を見た日の夜、孫はなかなか寝つけなかった。足を開いて下半身をむき出しにしているすみ代さんの写真が目にチラついて、眠れなかったのである。「いまや無用の長物と化した」孫斗八の「マイ・ソン」が、タッテしようがなかった、と彼は日記に書いている。まるで無惨な現場写真から与えられたものは、情欲を刺激するものだけだったみたいである。

わたしは全く別のものをひそかに期待していただけに、この記述にぶつかったときは、思わず、グッと胃から逆流するものがあった。

慚愧の涙どころか「情欲」とは。わたしには男の生理はわからない。シャバで、いつでも情欲を充たすことのできる妻帯者が、「クロシロ」だの「シロシロ」だの、果ては「ジュウカン」「ヘビカン」にいたるお座敷芸にバカバカしいお金をつかう御時勢だというから、何年間も欲情をとざされた拘禁生活者が、拘禁後初めて見た裸体写真にショックを受けたからといって不思議ではないかもしれない。わたしだってサド侯爵の著作を愛読するし、道徳堅固な「P・T・A

ママ」みたいに、少々のことでは「まァイヤラシイ」と髪の毛をサカ立てたりはしない方だが、このときばかりは、髪の毛どころか、総身がアワ立った。

裸体写真は裸体写真でも、自分が殺した女の写真である。それもキレイな生きている女の写真ならともかく、一目みて顔をそむけたくなる無惨な屍体なのだ。わたしは激しいショックを受けると同時に、猛烈な怒りをかき立てられた。孫に対して。この写真を写した人に対して。これを孫のヤツに見せた役人に対して。こんな写真を見せながら、こんな下劣きわまる囚人を大イバリでのさばらせていた拘置所の職員に対して。こんなヤツのために何十通となく手紙を書き、なけなしのサイフをはたいていた自分自身に対して。

また、その死後まで、葬式を出してやったり、拘置所からこんなアホらしい記録をもらい受けてきて、楽しかるべき時間を、記録読みについやしている自分のオッチョコチョイとも、半キチガイともいいようのないバカげた行為に対して。その結果、孫に対する嫌悪と同時に、わたしは激しい自己嫌悪におちいった。わたしは地下の福島さん夫妻に深く謝罪したい気持ちであった。ゴメンナサイ福島さん。わたしはこのくだりは、書きたくなかった。もし、こんな文章が福島さん夫妻の御遺族の方の眼にふれることがあったら、どんなに不愉快だろう。どうかお許し下さい。

わたしがあえてこれを書いたのは、わたしも含めて、世の善良なオッチョコチョイ族がどんなヤツを応援していたかということを知ってほしかったのである。慰めが必要だったのは「闘う死刑囚」ではなく、こんなヤツに殺されなければならなかった被害者とその遺族であるということを。なるほど、死刑囚たちも、一面では社会の犠牲者だといえないことはあるまい。彼らの不幸な生いたちや、みじめな境遇。彼らが犯罪へいきつくしかないような社会的な要素はわたしたちの社会にはある。

死刑囚たちに「誠と愛」の限りをつくしてせめてもの慰めとしてやるのには反対しない。しかし、殺されっぱなし、裸体写真をとられっぱなし、ふみにじられっぱなしの被害者とその遺族はどうだろう。この人たちには「誠と愛」が必要ではないのだろうか。死刑囚たちの消息はジャーナリズムのネタ枯れを埋める恰好の素材だから、始終、報告される。一人の死刑囚が何十度となくジャーナリズムにとりあげられ、同情の涙をそそり、助命運動が起ることだって珍しくない。

しかし、彼らの犠牲者については、わたしたちは全く知らないのだ。どう生きていようが死んでいようが、世間の注目をひくことはないのである。なにも注目される必要もないし、かえって注目される方が迷惑だろうが、犯罪の犠牲者に対する保護的な施策は緊急に解決されなければならない問題だと思う。

わたしは、孫の記録を読んだあと、孫にならって遺言状をつくっておこうと決心した。「もしわたしが誰かに殺された場合、屍体の現場写真だけは撮影まかりならぬ」と書いておこうかと思ったのだが、まだ実行していない。おそらく実行しないだろう。相手が誰であれ、殺されるのはマッピラ御免だから、殺されないように祈るだけだ。

恋人の登場

孫が大阪地裁に「文書図画閲読等禁止処分に対する不服事件」を持ちこんだのは、もはやそこ以外に救済の道がなかったためであった。「人間扱いしてほしい」という切実な要求であったからこそ、裁判所もまた、これを真剣にとりあげてくれたのである。

しかし、この事件の第一審の判決後は、拘置所の待遇は全くいたれりつくせりになって、もはや訴訟行為は切実な救済の要求ではなくなった。その後の孫は「裁判所は果してこの問題にどういう判決を下すだろうか」というアマチュア法律家的興味から、新たに訴訟を起こした。「外国人登録証明書記載事項変更請求事件」「謄写印刷製版印刷行為許可請求事件」「国家賠償請求事件」「死刑受執行義務不存在確認等請求事件」など、昭和三十四、五年の二年間に、かれこれ十件ぐらいの事件を裁判所に提起している。この中で切実に救済を求めて持ちこんだのは死刑訴訟だけである。

「外国人……」は孫の国籍が「韓国」となっているのを「朝鮮」に書き直して貰いたい、というもので、申し立ての理由は「共産主義者として北朝鮮を支持している自分が、韓国人を名乗るのはおかしい」というものである。孫は出獄したらただちに北朝鮮へ帰るつもりであった。

この訴訟は最高裁までいって、昭和三十六年に結審している。孫が起こした訴訟で結審しているのは、この事件と、死刑訴訟、他に、自分に死刑を判決した裁判には異議があるという内容の「裁判の解釈を求める申立事件」ぐらいのものである。あとはいずれも未解決で、有名な第七九号事件は第一審の名判決後、控訴審の判決も出ていない。

「外国人登録証明書記載事項変更請求事件」は、孫の訴訟目的はともかくとして、日本における朝鮮人の地位を明らかにしていて面白い。在日朝鮮人は、日本では国籍のない民族なのである。ただ、日本人でも他の外国人でもないことを「証明」するために、かりに「朝鮮」または「韓国」と記載しているにすぎないのだそうである。これは孫にもちょっと意外だったらしい。彼はこの訴訟の途中で、国籍欄の「韓国」を「朝鮮」と書きかえよという請求をひっこめ、国籍がないのなら国籍欄は空欄にしておけという請求にかえた。朝鮮を征服した日本は、朝鮮人のすべてに強引に日本国籍を与え、終戦と同時に、これまた一方的にすべての朝鮮人から日本国籍を剥奪して、日本に残っている朝鮮人を「無国籍者」にしてしまったのだ。この辺の事情が、この訴訟記録で明らかにされているから素人にもほぼのみこめるし、朝鮮人に対する日本のヤリクチの非道冷酷さがよくわかる。

「謄写印刷……事件」は、途中で、タバコを喫わせろ、トランジスタ・ラジオを許可せよ、という請求を加え、世界各国の監獄行政も参考に供されていて、監獄法改正のあかつきには参考になると思うが、この事件は、第一審の判決も出ていない。拘置所が謄写版のヤスリで窓の鉄棚を切る実験をしたりしていて面白い。拘置所側は「こんなヤスリを持たせたら鉄棚を切って逃走する」といい、孫は「かりに切れるとしても毎日監房検査をしていることだし、途中で発覚しないはずはない。謄写ヤスリで鉄棚を切って逃げるというのはバカバカしい空想だ」となかなか負けていない。虚々実々の証人尋問の記録は、ちょっとした楽しい読物であった。

「国家賠償……事件」は、孫がこれまで抹消されたり切り抜かれたりした、新聞、雑誌、通信などを一件につきいくらと算定して、損害賠償せよ、という訴えである。丸山友岐子あて書簡四百円といった具合である。抹消されたのは死刑囚の氏名だけだが、ちゃんと賠償すべき損害として算定されている。要求額は総額四十万円以上にのぼっており、この裁判で勝ったら、孫はこの金を彼の彼女にやると約束している。なんともあつかましい男である。「死刑囚による社会と刑罰を改良する会」のときはカンパを集めて被害者の補償を、なんていいカッコで書いているが、自分が自分の力で国からブン取ったカネは自分のものだから恋人にプレゼントとくる。これをまた、半信半疑ながら、運よくとれたらもらえると信じられる人もいるのだから天下は泰平である。

死刑訴訟の方は、最初、国と法務大臣を相手どって「死刑を受ける義務はない」と東京地裁に訴えたが、訴訟救助を受けられなかったので、一年後にとり下げた。この訴訟は失敗だったと見切りをつけて、まだこれをとり下げないうちに、今度は大阪地裁へ「死刑執行処分取消等請求事件」を提起した。最初の訴訟をどうして東京地裁へ持っていったかというと、大阪は孫のホームグランドであるし、大阪地裁へ持ち込みたかったのだが、その方法がわからなかったためである。しかし、この問題は、いろいろ研究した結果、「大阪拘置所は死刑の執行を行なってはならない」と一項目を加え、大阪拘置所長を被告の列に加えることで解決した。

大阪地裁はこの訴訟にも訴訟救助の決定を与えた。そして孫にとって何よりもありがたかったのは、訴訟救助の決定と同時に死刑執行停止命令が出たことであった。昭和三十六年四月七日である。第一審の判決が出たのが翌三十七年三月二十七日で、事件そのものは敗訴したが、ひきつづき控訴審でも訴訟救助と執行停止の決定を受けた。二度の執行停止期間はあわせて一年半くらいのものだが、死刑確定後、死のかげにおびえることなく過ごせたもっとも幸福な期間であった。拘置所では大臣風を吹かせて大平楽をきめこんでいたし、この訴訟を提起する前後に恋人も獲得した。孫は常時八、九件の訴訟を抱えこみ、一ぱしの法律家として弁護士なみの日程表を必要とするくらいであった。多い月は一ヵ月の間に五回も法廷に立つことがあった。いまやプロの法律家である。法廷技術にも習熟して、被告側は「原告は素人だ素人だといいますが、もはや素人とはいえないのであります」と、裁判長に抗議することもあった。孫はジャーナリズムから、「訴訟マニア」とか「日本のチェスマン」とか呼ばれるようになった。

しかし、大阪地裁で平峯裁判長の判決を得たようなはなばなしい脚光を浴びることは、もう二度となかった。法廷には傍聴人もなく、訴訟行為を援助してくれる専門家もない、孤独な闘いだった。それでも孫には、これこそが彼の生涯のライフ・ワークだったのだ。シャバにいる時には見出すことのできなかった「男子一生の仕事」を、死刑囚として社会から葬られて、初めて監獄で発見したのである。忙しい日程表に追われて、毎日いそいそと訴訟の準備に打ちこんだ。孫は幸福だった。「こんな幸せな生涯はまたとあろうか」という言葉を日記にも手紙にも繰り返し書いている。「僕はしあわせです。もし僕がもう一度生まれかわってきたとしたら躊躇なく同じ道を歩むでしょう」と書き送っている。こういう手紙を受け取ると、少々意地の悪いわたしなどは「じゃあなたは、今度生まれかわってきてもやっぱり人殺しをするつもり？」とおおむ返しに反論したくなるのだが、とにかく孫には監獄の日常が楽しくてならなかった。河上肇氏が生きていたら「孫君よくやった。そんなに監獄が住みごこちがよくなったのなら、もう一度僕も入ってみたい」というかもしれない、と彼は空想したりする。誇りたかい孫の自尊心を充足させたところは、監獄だけしかなかった。監獄こそ、有能な実務家インテリゲンチャとしての孫斗八を受け入れた唯一の社会であった。

孫斗八の監房内部には数百冊の書籍を持ち、監房は彼の書斎であり、法律事務所でもあった。

二十六歳で死刑の判決を受けたときは、監獄の生涯は長かった。無期や十五年の判決を受けるくらいなら、死刑の方がまだましだという気持ちであった。十年という年月は、まるで永遠の長さに思われた。囚衣をまとい、社会の塵芥として、監獄で生涯の大半を送ることを考えただけでもゾッとした。第一審で死刑という極刑の言渡しを受けながら、情状の道を選ばず、捨て身の反抗に終始したのは、一つは、無期より死刑の方がまだいい、という気持ちが働いたためだった。「どっちみち無罪になれなければ、無期だって死刑だって同じことだ」という気持ちから、強引に無実の主張もしつづけたのである。しかし、数年間以上にのぼる拘禁生活は、事情を一変させた。拘禁生活も悪くない。何とかして、死刑という刑罰からまぬがれたい。生きたい。生きのびたい。この気持ちに拍車をかけたのは、恋人の登場である。仮に君尾愛子さんとでもしておこう。愛子さんは朝鮮人で、孫と一つ違いの独身女性であった。彼女は朝鮮人としては珍しいことだと思うが、女の身で旧薬専を卒業した女性薬剤師だった。長身で、目鼻立ちなど孫と兄妹かと思うほどよく似ていて、なかなかの美人である。この人は、孫の異父弟の婚約者として、異父弟にかわって、孫に面会にきて、孫と知りあったのである。孫の父ちがいの弟、金徹さんは、昭和二十八年に孫を頼って密航してきた。ところが頼りにしていた唯一の身寄りは死刑の判決を受けて囚われの身である。ずいぶん苦労をしたらしいが、孫にときどき小遣い銭を差し入れしており、ただ一度だけ、加古藤一郎氏と一緒に面会している。「密航者」という負い目から、面会したくても、監獄の鉄の扉をくぐるのを恐れ、面会できなかったのである。同じ母の血をわけた弟といっても、孫が徹さんと面会したのは、このときただ一度きりである。これが初対面で最後の対面だった。徹さんは、始めから終りまで泣くばかりで、ロクロク孫の顔もよう見なかった。手紙やハガキは折りにふれて寄こしているが、どちらかというと気の弱いおとなしそうなタイプの青年で、孫は、僕と代っていたらとはがゆがった。君尾愛子さんは、この弟さんの婚約者だったのである。孫は、女にかけてはなかなか惚れっぽかった。ファンの女の子にもしきりにラブレターを送っているし、このわたしにも「僕がシャバにいるのなら、暴力をもってしてもあなたを僕のものにするのだが……」というような愛の告白を何度かよこしたことがあるくらいである。孫がいのちの次にほしかったのは、ヒタと寄り添ってくれる女の愛情だったにちがいない。Mさんは、こよなく彼を愛してはくれたが、シワクチャのお婆さんである。この人がせめてもう二十歳も若かったら、獄外と獄中を結ぶ何かの愛、ということになったろうが、母子の縁ではありあまる色気のハケ口がない。君尾愛子さんが登場したのは、ちょうど、わたしが退場したあとくらいで、捨てる神あれば拾う仏あり、というところであった。

孫は、彼女にひとめで惚れこみ、弟の婚約者であることを承知の上で、モーレツに働きかけた。人の女房であろうが、弟の婚約者であろうが、死刑囚孫には、男女の道に垣根はない。金徹さんは、「愛子さんとはもう一年つきあっているが何の進展もない」と嘆き、「愛子さんは情にもろい心の純粋な人だが、いかればこわい人です」とほれた弱味で汲々として彼女の機嫌をとり結び、やっと婚約するまでにこぎつけたのに、婚約にコギつけたとたんに、横あいから孫に横どりされてしまったのである。気の毒なことにこの弟さんは、孫に彼女を紹介してまもなくノイローゼで精神病院に入院した。病院から来たハガキはもう支離滅裂で、あきらかに狂気であることを証明しているが、専門的にみると軽度の分裂症で、回復不能の精神病ではなかったという。挙作動作は何ら普通の人とかわらず、ただ、「僕を責めないでくれ。僕を許してくれ」と、誰彼かまわずかきくどくのが、異常さを示す唯一の兆候だったという。この人は愛子さんと知りあった当時、朝鮮人学校の先生をしていたというから、韓国で相当な教育を受けていたのかもしれない。死刑囚といえば、すぐ近くに住んでいる親兄弟でさえ見向きもしない境涯である。犯罪者を親戚に持つのは誰しもいやだが、金徹という人は、苦しい密航者のくらしの中から、小遣いをねだられれば、三百円、五百円と差し入れもし、兄弟とはいい条、会ったこともない兄に優しい手紙を書いている。ただ一度会ったときの男泣きの様子からでも、この人の優しい性格がうかがわれるが、この人が、一体、誰に、何のために、許しを乞うたのであろうか、と涙をそそられる。狂った弟が、死刑囚の兄にかわって、社会と被害者に許しを乞うているような気さえするが、この人が精神病院で不幸な妄想にとざされているあいだに、愛子さんの心は完全にその兄のところへ移ってしまった。

徹さんが入院していた吉田病院から孫あてにきた手紙がある。病気がよくなったので退院して貰いたいが、誰か迎えにきてくれる人はいないか、という問いあわせである。精神病者が病院から退院するときは、保護者の身元引き受けが必要だということで、ごく形式的なものだから、あなたがこられなかったら誰かよこしてほしいというのである。婚約者の愛子さんは、ノイローゼになった恋人の保護者になるのはイヤだったのか、それとも何か他に事情があったのか、病院へ迎えには行かなかったようだ。結局、総連の人が迎えに行って退院したが、退院してまもなく、睡眠薬を多量に飲んで死んだ。遺書がなかったから、自殺か過失死かわからないが、たぶん自殺だろうというのが、孫とそのフィアンセの見方である。わたしはドラマ好きの女の例にもれず、人生をドラマチックに考えたがる方だ。もし、君尾愛子さんが心変りしていなかったら、とわたしは考える。病気の婚約者をいたわり、病気と闘うのを助けていたら、この人は自殺せずにすんだのではなかろうか、と。ささやかな家庭をもてたかもしれない。一緒に北朝鮮へ帰ることだってできただろう。

愛子さんは、自分でも、性格的に孫と非常によく似たところがあるといい、「わたしたちは何というか、純粋なのです。純情だったんです」とわたしに語ったが、非妥協的ということが純粋であり、純情であるということなら、彼ら二人は全くよく似ていた。愛子さんは、何か腹が立つことがあれば、心から愛している恋人からきた手紙でも読まずに破り捨てられる人だった。二人が非常によく似ている点は他にもある。どちらも恐しく自己中心的で、イコジなまでに排他的な心情の持ち主だったということ、そして、それを貫き通す強さを二人とも持っていた点だ。孫の方はその強さを論理的に押し通そうとしたが、彼女の方は、そのときどきの感情がすべての尺度になった。彼女はいま彼を愛していると考える。すぐ愛情あふれる手紙を書く。しかし、次の瞬間にはもう愛していないことを感じる。ただちに先の手紙をとり消す。するとしばらくすると、愛していないと書いたことがくやまれる。また、その感情を吐露しないではいられない。一事が万事、不安定きわまりない「感情」という至上命令が彼女の行動の指針になるのである。傍にいる者はたまったもんじゃない。もし彼女の感情にふり廻されるヤツがいるとしたら、彼または彼女の方が悪いのである。彼女の方はもうとっくにその「感情」の中にはいないのだから。彼女の影響下にいて、彼女の行為に悩み、考え、憶測していると、彼女はケロリとして「あらどうして?」と訊く。「そんなことといったかしら? もしいったとしても、そんなバカバカしいこと本気で信じるなんておかしいわ」という調子である。彼女には孫とは全く別の無責任ムードがあり、孫にとって殺人事件ですらも彼の方が被害者であったごとくに彼女もつねに被害者である。被害者には責任の所在は問われない。男というのは、こういう「頼りなげな風情」に弱いのかもしれない。孫は全く彼女のとりこになってしまった。監獄職員が「お前らは何や。ひっついたり離れたり、またひっついたり……。ええ加減にどっちかにきめろ」とひやかされるくらい、もっぱら彼女の側の不安定な情緒にふり廻されながら、それでも愛情は深まっていく。彼女は孫のために、ズボンやシャツを見たて、ヘヤトニックやオーデコロンを差し入れる。彼の求める書籍は、大阪中の本屋を探し廻り、また出版社に直接注文してとり寄せてやる。何しろ、薬剤師として男たちにも負けない相当な収入があるから、孫には全くこれ以上望むべくもない最高の恋人であった。孫のために図書館で調べものもしてくれた。彼にかわって裁判所へ書類を届けてくれたりもした。あるときは、孫の使いで裁判所へ行き、そこの雰囲気を敏感にかぎとって、「決してあなどられないように」と忠告している。

　しかし、こういう熱っぽい愛情の谷間で、彼女はいますぐ北朝鮮へ帰りたい、と考えることがしばしばあった。彼女からきた二通の速達が全く別の内容であることもあった。ちょうど食事をしているところへ、彼女の手紙をうけ取り、拘置所が番号をふってくれた順番に読むと、最初のは熱烈な愛のささやき。有頂点になった孫は、急にご飯がおいしくなってそそくさとかきこむ。しかし、食べ終るのが待ちきれなくて、二通目の封を切る。二通目は全くうってかわった、冷たくソッ気ない絶交状である。もうご飯はのどに通らない。消沈し切って、それでも、彼女の愛情をとり戻そうと勇気をふるって手紙を書き速達便を出したところへ「先の二通の手紙は全部とり消します。すみませんでした」という速達が舞い込む、といった具合である。北朝鮮へ帰りたいといえば、どうかもうしばらくがまんしてくれ、と説得しなければならないし、恋のとりこになった孫は、彼女の一挙手一投足に左右され、喜びの絶頂から絶望のどん底へ、行ったりきたりする。孫は、もうすぐ出られるとくり返し彼女に約束し、出てからの新婚生活の楽しさをくりひろげてみせる。「子供は一姫二太郎がいいね。僕はきっといいパパさんになるよ」という調子である。彼は法律書を読むように「新夫婦のあり方」というような啓蒙書を赤エンピツで線を引きつつ研究する。新聞に夫婦の性格テストなんてのが載ると、獄中と獄外で、お互いに採点を交換しあう。このテストの結果、夫唱婦随の日本的円満家庭が営めるという証明が得られる。孫はあちこちの後援者に恋人ができたと報告する。

Mさんには、もうすぐ初孫を抱かせてあげますよ、と約束する。訴訟書類に「僕には妻と呼べる女性ができた。いますぐ釈放されても、僕を迎える健全な家庭がある」と書く。「僕のリーベ」「僕のフィアンセ」「僕の彼女」というような言葉がいたるところに散見される。愛子さんは孫のこのようなあけっぴろげの宣伝を好まず、何度か誰にもいわないでほしいと頼むが、孫は、語らずにはいられない。監獄職員は、愛子さんを「奥さん」と呼び、彼女が面会にくると、気をきかせて、なるべく遠いところで監視する。孫と彼女は並んで坐り、ボソボソと小声で話しあう。ときには肩を抱き、手を握りあうこともある。気のきかない職員がついて「こら、手を握ったらいかん」と無粋な声をハリあげることがあるが、孫に「バッカ野郎」と一喝される。「ああ、こんなに愛しあっているのに、抱擁することもできないとは！」孫は身もだえる。せきとめられた愛情は、それだけ激しく燃え上る。彼と彼女がとりかわした往復書簡は八百通。その相当な部分を速達便が占めている。

彼らの恋が真剣であればあるほど、無粋なわたしなどはおかしさがさきに立つ。どうも、世間の人というものは、男と女が一対になるのであれば、相手が死刑囚でも「メデタゴト」と感じるもののようだ。まず、Mさんの反応は、孫と孫の彼女に輪をかけたみたいなものだ。Mさんは長いあいだ助産婦をしていた人で、自分も六人の子供を産んだ。この人は自分の子供たちよりも孫が可愛いといい、実にこまやかな愛情を彼に捧げているが、とにかく、自分の子供たちやそのマゴの誕生祝いは思いつかなくても、孫の誕生日には、タイを据え、カゲ膳で祝ってやるというほどである。タイが平常の食膳にのぼるほど楽なくらしではないから、つとめ先から帰ってきた息子さんが、何だ何だ、という。それでお嫁さんが、目くばせして、「今日はあの人の……」と知らせる。息子さんの珍しいご馳走にほころんだ頬がぷっとふくらんで、ただ黙々と別の男に捧げられたご馳走をまずそうにつつくのである。孫はMさんのこうした「盲愛・溺愛」に、安心して甘えることができた。Mさんは孫の頼みだったら、借金してでもお金を送ってやったし、およそ、孫が喜びそうなことだったらどんなことでもしてやっている。初めて恋を知った小娘が男に捧げる純情みたいなものである。孫名儀の貯金通帳をつくって、出獄してくる彼のために、アパートの権利金を貯めてやろうとしたり、彼の写真を大きく引きのばして「わが息子・孫斗八」と書いて家の目につくところへブラ下げたり、「孫斗八・無料法律事務所」の出張所を開設することを思いついたりもした。世の中というのはめでたいもので、こういう看板がプラ下がると、死刑囚に人生の難問を解決して貰いたいという人も出てくるのである。孫は社会からの身の上相談にも応じていたが、その中には現役の県会議員夫人もいた。この夫人はかれこれ四年以上にわたってグチのハケ口として孫を利用しているが、「誠に誠に誠にすみません」から始まるこの夫人の手紙ほどコッケイとも哀れともいいようのないものはない。彼女は夫の県会議員に捨てられ、生活費もロクに貰えず、子供の小遣いにもことかいているとあくことなく訴える。夫が県会議員にまでなったのは自分が「キバッテ、キバッテ」働いたおかげであり、財産は当然自分も半分貰えるはずなのに、夫は裸で追い出そうとたくらんでいる。たまに帰ることがあっても自分に下着の洗濯もさせてくれない。しかし、この人は選挙の前には「わたしのために落選したと思われてもいけませんからまァ、がまんしようと思います」と、八方頭を下げてこの夫を当選させせようと「キバル」妻でもあるのだ、どの手紙も同じ調子、同じ内容であるが、見事に抜け落ちているのは、グチをコボしている相手が「死刑囚」であるという点だ。彼女は徹頭徹尾、自分の境遇以外のどんなものにも目を向けようとしない。だから思いっきり亭主をコキおろすと、「ではサヨウナラ」でおしまいである。わたしはいつか機会があったら、女房を捨てた県会議員氏に会いたいものと思っているが、案外そんなに遠くへ出かけないでも、大阪の市会や府会にもいるかもしれない。

Mさんの孫に対する盲愛ぶりから脱線したが、とにかく、Mさんの「純情」というヤツは、ちょっと「愚行」としか呼びようのないものであった。ときに警察の厄介になったりすることもある娘さんも持ちながら、なりふりかまわず、孫のために走り廻る姿は「獄中と獄外を結ぶ母子の縁」なんて美談では受けとめられないものがある。わたしだったら、こういうオフクロさんを持つのはちょっと困るだろうと思う。オフクロはオフクロ、わたしはわたし、と考えなければならないんだろうが、それにしても、イヤだという気持ちはかわらないだろう。

死刑囚を心底から、肉親に似た愛情で愛せるということは、その人にとっても不幸なことではないだろうか。わたしが愛子さんの友だちだったら、シャバにいる自由でイキのいい男たちに目を向けるよう極力すすめたに違いない。死刑囚は、棺桶に首までつかった不能者と同じなのだ。何もよりによって結婚の相手に、確実に近い死が約束されている男を選ばなくても、と思うのだが、これもまた人生のマカ不思議な現象の一つなのかもしれない。孫と愛子さんの結びつきを知ったMさんは、もろてをあげて喜び、ほんとに初孫が見られるつもりであったようだ。孫と一つちがいの愛子さんはすでに三十歳をいくつか越えている。Mさんは昔取ったキネヅカで彼女のお産を手伝ってやろうと約束する。「高年婦のお産は難産だからのう……」と彼女は孫あての手紙に書く。まるでもう妊娠中でいまにも孫が生まれるような口ぶりである。愛子さんが北朝鮮へ帰ることを「決意」し、お別れにMさん宅を訪ねたとき、Mさんは愛子さんをたしなめ、末長く、彼の妻でいてやってくれ、と頼んでいるが、もし愛子さんが自分の娘だったとしても、やはり死刑囚の妻になることをすすめただろうか。

孫から婚約者を得たという報告を受けた人々のすべては、内心どう思っていたのか知らないが、とにかく孫あての手紙ではこの婚約を祝福してやっている。多喜二・百合子研究会のNさんもそうだし、小林多喜二の姉さんである佐藤ちまさんのような人でさえそうである。法律的には死刑囚にも結婚の自由はあるらしいが、死刑囚とは一体何なのだろうか。

死刑囚が主観的に恋人を得たいと思い、新婚の楽しさを空想するのは自由だろう。そのような願望まで奪うことはできまい。しかし、生命もろとも全人格を否定された人間が法的に結婚できたり、婚約できるというのは何だか妙な気がする。道義的にはやはり否定したい気持ちである。タデ食う虫も好き好き、ということもあるし、彼女がそれでいいのなら、何もクチバシを入れる筋あいではないが、弟の婚約者を奪って強引に口説き落した日本のチェスマンより、すでに結婚していた妻を死刑囚になってから、涙をのんで離縁した、あちらのチェスマン氏の方が人間としたら上出来だったように思う。その女性に対する愛が強ければ強いほど、彼女の将来のことを思えば結婚というクサリでつなぎとめておけないはずだと思うのである。しかし、孫は「死刑囚」ではあってもおめおめ殺されるつもりはなかったし、将来、ほんとに結婚して子供の二、三人もつくれると信じていたようだから、自分が処刑されたあとの女性の身のふり方なんて想像の外だったのだろう。

死刑訴訟の敗退、所長の交替

このようなローマンスをないまぜながら、孫の死刑との闘いは、法廷で熾烈に続けられた。

法廷では拘置所の管理者や職員が尋問され、死刑囚たちの生活を微細に語った。教誨師さんたちも何人か呼び出され、この人たちが接触した死刑囚たちとその死について証言した。

また、法律の専門家は「絞首刑」が果して残虐な刑罰であるか否か論評した。法医学の立場から「絞首」と「縊死」の違いが論ぜられた。

孫は死刑制度に関する入手できる限りの文献を渉猟した。松原喜之次代議士を通じて、最新の統計資料や、参議院の資料室にある資料を入手した。国会図書館を始めとして、全国の図書館に当った。孫の監房はこれらの資料でいっぱいになった。そして、深く死刑問題を研究すればするほど、死刑制度が、前代の遺物であることが立証された。死刑場が破壊されるのはそんなに遠い将来でないことは確実だった。しかし、彼が生きているあいだに、彼の力で果して首吊りの縄をたちきることができるであろうか。それが最大の問題だった。

訴訟では、死刑制度そのものの是非を直接問わず「現行の絞首刑は残虐であり、残虐な刑罰を否定している憲法に反する」ということを証明しようと試みた。他の法規で「死刑」を是認している以上、こういう形でしか法廷で争うことができなかったのであるが、孫はこれを、死刑制度に対する「ゲリラ戦」と呼んだ。この「ゲリラ戦」の成功の是非が彼の生命を左右するのである。

この訴訟をとりあげた裁判所の態度はあくまで暖かかった。数々の証人の証言が、死刑制度の残酷さを立証した。裁判は孫に対して有利に進展しているかに見えた。この裁判のピークは、原告である死刑囚孫を含む裁判所の死刑場の現場検証だった。裁判所が、大阪、広島、宮城の三つの絞首台を検証することを決定したとき、孫はこおどりせんばかりに喜んだ。検証の日程がきまると、孫は広島、仙台への出張を予定し、愛子さんに、スーツケース、ズボン、小遣い銭などの旅行支度の差し入れを頼んだ。広島と仙台へは行けなかったが、彼がそこで殺される予定の大阪拘置所の死刑場は検証することができた。

死刑囚が、死刑場の中に一歩足をふみ入れるときは、殺されるときだけである。そこへ入ったが最後、彼は絶対に生きては帰れぬ。その刑場へ、死刑囚孫は、「絞首刑」の実際をつぶさに研究するために入ったのである。検証に死刑囚が参加しているということで、拘置所側はいささか興奮していた。孫が絞縄を目のあたりにして、卒倒もしくは動転して異常な行為に出ることが心配された。しかし、その心配は杞憂だった。孫はむしろ喜々として、絞縄にふれ、縄の寸法をはかり、巻尺をもって三時間あまりも飛びまわったのである。

この訴訟の主人公は孫だったから、裁判長は孫を立て、「もっと調べたいことはありませんか。遠慮なく申し出なさい」と何度か声をかけてくれたし、検証は孫の指図で行なわれたようなものだった。写真の技術者は、あらゆる角度から死刑場をフィルムにおさめた。いよいよ、絞首刑の実演ということになって看守の一人を死刑囚に仕立て、管理部長が足に縄をかけようとして、何度かしくじった。管理部長の手足はブルブルふるえ、縄をむすぶのも容易ではなかった。

孫斗八はあくまで冷静に、こうした動きを細大もらさず観察した。ここで俺がこんなふうに殺されるなんてことがあってたまるか！　断じて殺させない、という強い確信が、冷静に「死の現実」を凝視させたのである。

この死刑場の検証のあと、拘置所内の会議室に臨時法廷を設け、孫は管理部長を尋問した。管理部長は、まだ動悸がおさまらぬていで、孫の直截な尋問にとちってばかりいた。管理部長のトンチンカンな答弁が、初めてみんなを笑わせた。死刑囚の死刑場検証という未曽有の珍事が、拘置所内でこのようにして行なわれたが、ジャーナリズムはどこもこの珍事に注目しなかった。孫は翌日の新聞を待ちかね、すみずみまで探したが、一行も載っていなかった。

孫はこの日の感想をわたしあての手紙で次のように語っている。

「十五日に予定どおりここの刑場を約三時間かかって現場検証しました。そのうち精密な検証調書ができ上がる筈です。『死と壁』の閲読制限は最初から訴訟対策（あれをそのまま許可すると、他の訴訟で敗訴することを自認することになります）でしかなかったのですからそういうことは問題でなくなり、事態はぼくを刑場の中に入れるところまで進展してしまいました。

もう少し震えるだろうと思ったのに、案外平気でいられたのも、裁判長の思いやりや、ぼくのファイトが大きかったせいであったためか、案外なくらい平静でした。ロープをにぎってみたさいには、さすがにたまらない気持ちでした。首をしめるあたりが鉄環ですれて皮がいたんでいるのが目に強く焼きつけられ、それがいまもハッキリ目の裏にうかびます。ささくれた麻のロープの断ち切られるのも、そう遠いことではない、という確信を強めました。

この日、検証に時間をとりすぎて、予定した証人四人のうち、三人は尋問できませんんで

踏板が落下してから心音が停止するまでの所要時間は平均 12 ～ 13 分である。被処刑者のうちには体が地下室に落下したとき、けいれんさせるものもありさせないものもあるが、鼻からは水を出したり、口から血を出す者はいない。(「死刑訴訟の証言」より)

したので、七月六日にまたここで、一日がかりで三人の証人尋問を行ないます。鑑定人も憲法の宮沢俊義先生、刑法の木村亀二、平場安治両先生が承諾され、京大の平場教授は検証に立会われました。

七月は五日に第四回弁論、そして、十三日、十九日、二十一日と、広島、仙台、東京に出張することがほぼきまりました。こうして裁判はぼくの予想より一段と順調にかつ有利に進捗しています。このところぼくの頭はこの裁判のことでいっぱいです。

今月はまだ二つの事件がまっています。二十七日にここの管理部長尋問、そして三十日に外人登録証の件が判決言渡し日を取り消して再び弁論を開く予定です。こうして訴訟に追われていますが、徐々に問題が解決されつつあります。いい作品をかく文学者や国会で体をはってはげしく渡りあう政治家たちをよそに、ぼくは静かに、しかし骨身を削る思いのたたかいを持続しています。が、それはぼくの喜びでもあるので

孫はこの絞首台で処刑された。首に絞首縄がかけられ、執行官が右手のハンドルを引くと同時に刑壇が落ちる。

すからさして苦にはなりません。いや、むしろはげしい闘志によって毎日生甲斐をおぼえながら生きているといったほうが適切な表現となります。

死刑囚が刑場へ連れこまれるときは、彼の死の一歩まえです。偽善のヴェールをかなぐ

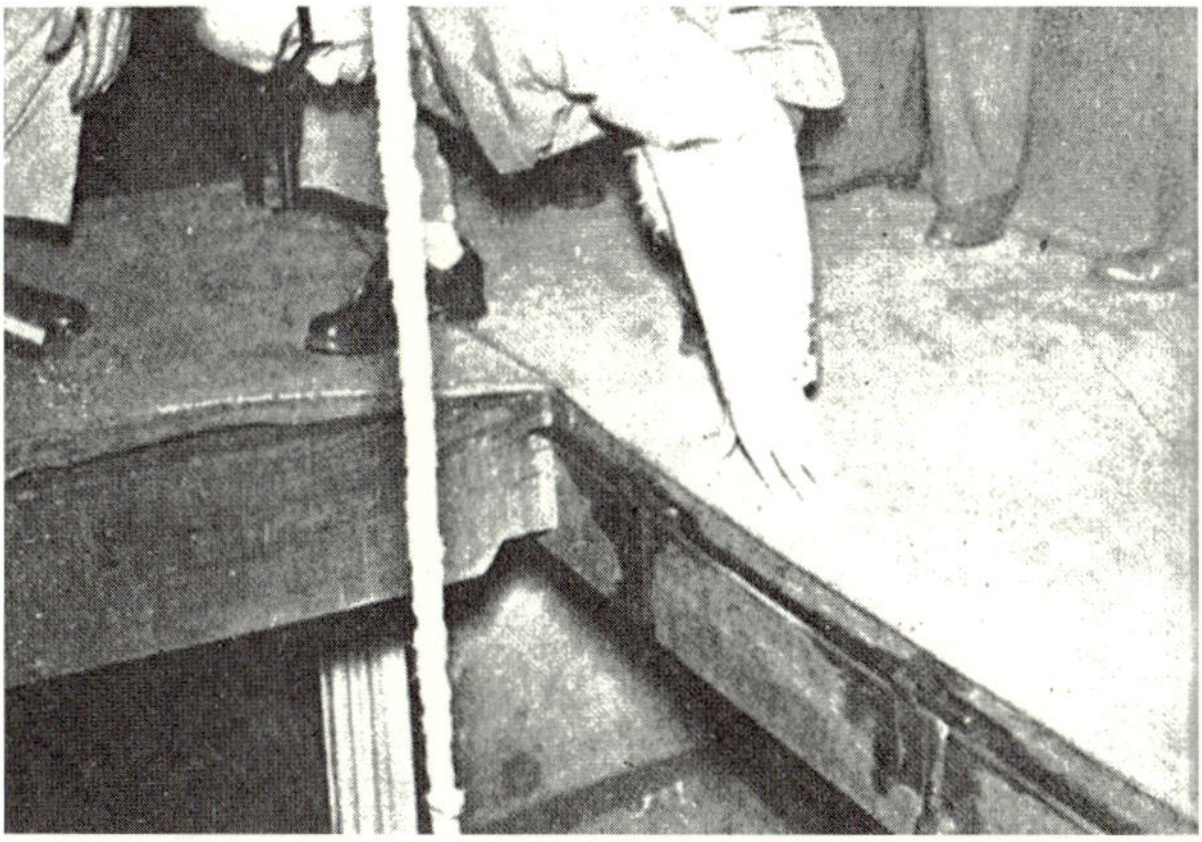
刑壇側溝内のハンドルと下端につながる引き金。

絞首縄と鉄環。孫も立ち会って、3時間に渡る検証を行った。209頁、210頁、211頁の写真はその時の検証写真。

りすてた宗教が絞首台の前で、己れの滅亡のうたを高唱します。管理部長が絞首台上で実演するさい、彼の手は大きくブルブルふるえ、手に持った縄を思うように扱えない恰好でした。死刑がいわば白日の下にさらされた状態だったのですから。

十三階段をおりて地下室へも行ってみました。ひんやりした湿っぽい空気のなかに何か異様な臭いもあって、そこらの器具とあいまって、ぼくはゾッとしました。作戦に支障をきたすので、いまは具体的な点にふれませんが、ともかく三時間にわたって、あの小さな建物の中を細大もらさず調べたわけです。それよりも何よりも、ぼくには、裁判長の思いやりある態度と好意が身にしみました。センチは禁物ですけど。

丸山さんにもずいぶんお世話になりましたね。あなたのことも何かあるときっと思い出します。心ひかれながらとどかない――

六月十七日あさ
斗八拝」

丸山友岐子様

ところが、こうして死刑裁判が有利に進展していたかに見えていた矢先に、東京の裁判所で争われていた類似の訴訟が原告側の敗訴に終ってしまったのである。この訴訟は孫斗八より一足早く、宮城刑務所の死刑囚松下今朝敏が向江璋悦弁護士を代理人に立てて提起した「死刑受執行義務不存在確認請求事件」で、最高裁までいって敗訴が確定した。孫はこの訴訟を参考にもし、訴訟書類を取り寄せて研究していたが、向江璋悦氏のような大弁護士をもってしても、この程度しか闘えないのか、と大いに自負するところがあった。俺はもっとつっこんで闘争を展開してみせると思っていたし、この訴訟の敗訴そのものも「やはりダメだったか」という軽い気持ちで受けとめたのである。専門的にみて、この法廷闘争のどちらの方が優れていたのか、わたしの知るところではないが、孫の提起した死刑訴訟も奮闘むなしく、昭和三十七年三月二十七日に第一審の判決で敗訴した。訴えを却下された理由は、この訴えを取りあげるということは刑事裁判所が下した判決を民事裁判所が実質的に変更する結果になるからそういうことはできぬ、というものであった。この訴訟には彼の生命がかかっていただけに痛手も大きかった。新聞は孫の敗訴を一段見出しの三行記事で報じただけだった。死刑囚の生命がどっちに転ぼうと社会はどんな関心も示さなかった。そしてこの判決と同時に、執行停止決定を取り消す決定もきた。この訴訟ではかならず勝つと約束しつづけ、自分の生命を自分で保証してきた孫は、愛子さんに力のない手紙を書いた。愛子さんからは、彼の軽率を責める手紙がきた。愛子さんのこの手紙が社会からの唯一の反応だった。

もう一つ悪いことは、この判決が出る二週間ばかり前に、大阪拘置所長が交替したことだった。松本所長に代って岡本熙所長が就任して以来、職員の態度に微妙な変化が現われ始めた。まず管理部長だ。新所長になって以来、面接要求を出してもなかなか面接に応じなかった。教育課長も同じだった。やっと教育課長が監房を訪ねてきたとき、「所長の権威は絶対だからいかんともしがたい」とグチをこぼした。

変化は徐々に現われ始めたのだが、日とともにハッキリとした形をもってきた。まず、訴訟記録や外部へ出す原稿のコピーをつくってくれなくなった。愛子さんは勤務の関係で日曜日しか面会できなかったので、日曜日に特別に面会することを許可されていたのに、日曜日の面会は許可しないと通告された。その他の面会でも、受付の窓口で「孫斗八に会いたい」と申し出れば特別扱いしてくれる約束ができていたのに、一般囚人の面会なみにしか扱ってもらえなくなった。松本所長の時代は、孫に金がきれると、必要なものを拘置所が立替払いして買ってくれたが、それも拒否された。その理由は「君が勝手に間食を食うのにその金を拘置所が払ってやる必要はない。返すといったって、いつ金が入ってくるかわからないではないか」というものであった。前所長のころにはいつもにこやかにいとも優しかった管理部長が喧嘩腰で、孫に通告するのであった。孫も負けてはいない。やるならやれ、俺もまだまだ闘うぞ。頑張れ、孫斗八！　とわれとわれ自からを激励してこれまでの高い姿勢はくずさなかった。管理部長が監房へ面接にやってきても、食事どきだったら、ご飯がすんで、お茶をのみ終るまでドアの外へ待たせておいた。「アチラが面接願をさんざん待たせて応じなかったのだから僕がここで一時間ぐらい待たせても当り前だ。エチケットなんかクソクラエだ」という気持ちであった。これは孫がよく使った手である。歴代の管理部長や教育課長は一度や二度は孫の監房の前で、孫先生の御用がすむまで立たされた経験をもっているにちがいない。

「僕も近頃貫録がついて、外で管理部長が待っていてもちっともあわてない。自分でもユウユウとして落ち着き払っているのがよくわかる。待たせる時間は五分か十分でも、看守たちは気が気でないらしく、ソワソワと覗きこむが僕はクソ落ちつきに落ちついていて、自分のやりかけた仕事をしてしまう」と、エライさんをドアの外に待たせるのを得意がっているが、しかしこういう孫のゴウマンの鼻がヘシ折られるときがきたのである。孫のゴウマン病にもつける薬はあったのだ。それは他でもない、孫があんなにないがしろにした「拘置所長の権威」というヤツだった。

はじめのうちは、孫は孫なりに、岡本熙所長を分析し、「この人はきれ者のように思われない。だが彼の出世ぶりからみると相当の役者であるとみる方がまず妥当だろう。本省の保安課長だったのだから、相当抵抗するであろうと思う」と、気持ちの上では先住者として孫の方が優位にたっていた。孫は新所長が松本所長時代のやり方をかえようとすることがあっても、彼が猛烈に攻撃すれば手もなく降参すると考えていた。玉井所長の場合だってそうだし、松本所長もはじめから「誠と愛」を示したわけではない。孫が闘って有利な地位を獲得したのだ。いままでに獲得した既得権をそんなにやすやすとホゴにできるわけがない。

しかし、孫の観測は甘かった。既得権は、何の予告もなしに次々と奪われた。それまでハム、ソーセージ、バター、卵、マーマレード、朝鮮漬、タイ味噌といった食品が、いつでも買ってもらえたし、孫は食生活を全面的に拘置所の給与に頼らなくなっていた。申し出れば拘置所から卵や牛乳が給与されたし、うどん食やパン食に切りかえたりすることもあった。当時の孫は、アメ一袋、パン一個を買うのが重大問題だった前半の拘禁生活と隔世の観があるくらい、食生活でも「ぜいたく」していた。金が切れたら、拘置所がたてかえて買ってくれた。朝鮮漬などの嗜好食品は、拘置所の職員が市場へ買い出しに行ってくれた。ところが、新所長になって、立替払いの購入が認められなくなったばかりか、現金を出して買ってほしいと頼んでも買ってくれなくなった。愛子さんが差し入れしようとしてもダメだった。結局、差し入れ屋を通じて買うほかなかったが、差し入れ屋には、キマリ切った食品しかおいていない。ほしい食品が自由に入手できないことが、孫をいらいらさせた。いらいらさせる理由はキリもなく出てきた。保安課長は朝、廊下で体操をすることはまかりならぬ、と通告した。それまでは、朝起きるとドアを開放して掃除をし、廊下で体操するのが日課になっていた。この体操を孫は「朝のウォーミングアップ」と称してどんな日も欠かしたことはなかった。長い拘禁生活で健康を維持していく上に必要不可欠の日課であった。運動時間を放棄することはあっても朝の体操は欠かさなかった。始めは監房内でしていたのだが、名判決後、廊下で体操することが許されるようになったのである。体操したあと、監房の廊下を散歩することもあった。洗顔も監房内の水道を使わず、廊下の端にある手洗い所を使うのが常だった。ところが、ある日突然保安課長がやってきて、朝、ドアをあけてやることは絶対許さぬ、体操などもってのほかだ、とおつきの看守に厳命したのである。

　孫はこれまで黙認してきたのに、いまになってどうして禁止するのか、と保安課長をなじった。保安課長は「僕は黙認した覚えはない。君が勝手に看守にゴネて廊下へ出させたにちがいない」とつっぱった。体操をしている最中に面接にきても、いつもにこやかに愛想よくしていたこの保安課長の突然の態度の変化は孫をあきれさせ、逆上するほど立腹させた。

孫は毎日、「通告」や「覚え書」を発行して大阪拘置所長に面接を要求した。所長は「通告」や「覚え書」は受けとれぬ、とつき返してきた。すべて「お願い」と書かなければ受け取らない、という伝言が伝えられた。そして、所長とようやく面接したとき、所長は孫に対して「僕と君とは対等ではない」とまず最初に一本クギをさしたのである。孫はよく看守をつかまえて、「俺とお前は対等と思うか」という質問をしているが、看守たちはいずれも、「そんなこと知らん」「わからん」「返答の限りではない」と答えるのがつねだった。前拘置所長とも対等問答をかわしたことがあったが、所長は明確な解答を与えるかわりに「君の人格は十分認めている」と答えたものである。ところが、新所長は「対等ではないのだ」と孫との立場のちがいを初めて明確に打ち出したのである。そして孫がどんなに面接を願い出ても、こちらが会う必要を感じない限り今後も面接はしない、と通告した。松本所長は、面接の際にはいつもにこやかな微笑を忘れず、はじめには「やあ、待たせてすまなかったね」とか、「体の調子はどうだ」というようなことを訊ねてくれるのがつねだったが、新所長はニコリともせず、終始ニガ虫をかみつぶしたような顔つきをくずさなかった。冷たい能吏の横顔をみせ孫の抗議を一顧だにしなかった。そして、「悩まなければ、もっともっと冷酷にやれる」と明言したのである。まだ、相手が死刑囚だから手心を加えているのだ、といいたげだった。これで、管理部長以下、全職員の態度が一変したことがうなずけた。

この会見のあと、保安課長と大ゲンカした。廊下での体操を禁止されて以来、犬猿の間柄になっていたが、視察口の開放を禁止するとか、こまかい問題で次々と既得権が奪われたので、た。孫は「キサマァ」とやったのである。保安課長は「お前とは対等ではない」と逆に孫を罵倒した。孫はそれまでこの保安課長を、大阪拘置所きっての紳士として信頼していたのである。新所長になってからもいろいろと内輪の話を話しあったくらいであった。ところが所長の方針が決定するや、この課長は孫と会ってもニコリともせず、巡視に廻ってきても声もかけなくなった。いつも孫を「あなた」と呼び、刑政理論を闘わせたりしたこともある保安課長が、呼び方まで「あなた」から「お前」に一変させたのである。孫の地位は「第二の所長」から一介の「死刑囚」に転落した。

またもや、訴訟を起こさない以前のふり出しに戻ってしまったのだ。以前よりなお悪いのは、「訴訟を起こすぞ」というオドシがきかなくなったことだ。新所長はいった。

「君をどんなに厚遇しても、君は訴訟をやめないだろう。なにしろ君は、訴訟によって君の命が保っていると信じているのだし、僕もあえてそれをとめる気はない。気にいらなかったらいくらでも訴訟を起こしたまえ。僕も僕の方針でやるから」

孫はこれには異をたてることはできなかった。監獄が天国になっても、彼は訴訟行為をやめることはできない。これこそが彼のライフ・ワークであると同時に命の綱なのだ。四年前、あの名判決のあとで、正木亮氏に同じことをいわれて激怒した孫は、いまは抗議するどころではなかった。「お前と俺は対等ではないのだ」という言葉にすら、孫は何の反ばくもしていない。孫はもう高圧的な「通告」や「覚え書」を書かなくなった。誰にたいしても「××願」という願書を出した。「お願い」というタイトルの文書の内容は自然と低姿勢になり、言葉もいくらか丁重になった。孫は意識してかせずにか、岡本所長が就任して何ヵ月かたったころには、すっかりゴーマンの鼻を折られ、低姿勢な上にも低姿勢にでるようになった。ここで一歩ゆずったことは明らかに孫の凋落を意味していた。何とか意気軒昂なところを見せようと努力するが、死との長い闘いによる疲れが、肉体的にも精神的にもハッキリ現われ始めていた。新所長は映画やテレビも見せてくれなくなった。

こういうときに、死刑訴訟の控訴審から死刑執行停止決定が出た。第一審で無残に敗北していたのでこの決定は思いがけない喜びだった。孫は、この決定通知書を、何度も何度もなめるように読んで読みあきることがなかった。簡単なこの紙きれ一枚で、彼の生命はまた何ヵ月か、生存を保証されるのだ。孫は再び勇気が身内に湧き上るのを感じたが、控訴審の判決はあまりにもアッケなく下りてしまった。執行停止の決定が出てからちょうど五ヵ月目であった。紙きれの生存保証書は僅か五ヵ月で効力を失った。この訴訟こそ彼の最後の頼みの綱であっただけに一、二審の敗訴の判決は、孫の心を空洞にした。長いあいだの血の出るような努力も、彼一人の生命を救うにいたらなかった。彼が必死に死と闘っているあいだにも、死刑囚たちは次々に処刑されていった。松下今朝敏も故人になった。彼が文通していた死刑囚たちも、出した手紙が返送されてきたことで、もうこの世の人でないことが知らされた。「今度はどこから、どうして死刑にいどむか?」孫はあけてもくれてもこの一念のみに思いをめぐらせながら、昭和三十八年の正月を迎えた。

孫にとって最後の正月になった三十八年の新年は、何年ぶりかで迎えた死の不安にとざされた面白くない正月だった。岡本所長は年始の挨拶にはこなかった。幹部職員も所長に右へならえした。孫は松本所長時代をなつかしんだ。所長みずから最高幹部を五、六人も帯同して挨拶にくることが年頭の習慣になっていたのだ。去年もそうだった。去年の正月は、まだ生命も保証されていたし、訴訟に勝てるという自信もあった。たった一年のあいだに孫の境遇は天国と地獄ぐらいに急転した。所長が「前任者からの習慣だから」とお年玉を五百円、職員に持たせてよこしたのすら面白くなかった。それ以外には、外部からのお年玉の差し入れもなかった。希望を抱ける材料は何もない。全く死刑確定後初めて迎えた正月のようだった。努力し、闘い敗れたあとだけに、なお事情が悪かった。

しかし、一月の終りごろ、うれしいニュースが一つだけもたらされた。『現代の眼』という総合雑誌を出している現代評論社からの原稿の注文だった。この雑誌から原稿の注文を受けたのはこれで二度目であった。一年以上も前に、鈴木均編集長から原稿執筆の依頼を受け、勇躍して書いたのだが、ものにならなかったのである。鈴木編集長は以前に平凡社の「人間の記録叢書」の編集をしていた人でその当時、孫から、自分の自伝をこの叢書の一冊として出版してほしいという申し出を受けたことを覚えていたのである。孫は平凡社だけでなくカッパの光文社や、その他の出版社へ自伝の出版を依頼したが、どこもものにならなかった。この理由は先に述べたが、『現代の眼』から最初の注文を受けたときに掲載されなかったのも同じ理由からであった。鈴木編集長は孫の原稿を読んで、

「何はともあれ、私にとって大切なことは、いいものを書いていただいて、それが説得力

をもって、読者の心をゆさぶるようなものであることです。基本的な点を申し上げますと、これも最初の便りに書いたことですが、あの手記に、罪の意識、自覚というものの影が少しも見えないことです。もう大分前のことだからといっても、罪というものはそういうものでないでしょう。あなたが自分の内部の問題として常にこれとの闘いがあることを信じていますが、いくらあなたの死刑廃止論が立派でも、その常なる問いかけを忘れるようなところからは、何ものも生まれないと思います。それならばあなたでなくてもよいのです。「死刑廃止論」の大家にたのめばよいのですから。その〈罪との絶えざる対話〉これが一つの主柱です」

と原稿を返送してきた。

〈罪との絶えざる対話〉――これが孫の一番弱いところであった。孫はわたしを始め、多喜二・百合子研究会のNさんからも、この問題で忠告されたところであったから、社会の人間は犯罪者とみると「反省、反省」というのがシャクにさわってならなかった。それで鈴木さんに、「悔悛が何になる！」と猛然と反撃する手紙を送った。それで、「現代の眼」との関係もぷっつり絶えていたのだが、今度は榊原史郎という新編集長からの依頼であった。孫は今度こそ、とはり切った。

向江璋悦氏からも「自伝を書いてみては」という示唆を貰っていた。向江氏は自伝を書く場合の本の構成まで助言してくれた。しかし、孫にはどうにも書けなかった。死刑訴訟でアタマがいっぱいだったということもあった。しかし、「自伝」を発表したいということは拘禁された以来の宿願でもあった。いまこそ、自伝を書く時だ。彼は注文を受けとったその日に、二十五枚という制限をこえて、三十枚余の文章を書き上げた。孫の構想ではこれは長篇の第一回分であり、連載で行こうというハラだった。

しかし、この原稿も商業ベースには乗らなかった。原稿は返送されてきた。孫は直ちに書き直して再び送った。二度目の原稿もパスしなかった。三度書き直して、送ろうとしたとき、岡本所長から「待った」がかかった。

この原稿が発送禁止処分をくったのを皮切りに、孫は、次々と通信の制限とストップをくった。松本所長は、禁止ないし抹消という手段に出るまえに「書き直し」を忠告したが、岡本所長は、どしどし抹消し、不都合な文書は片っ端からさしとめた。孫に一言のことわりもなかった。禁止の理由は「管理上都合が悪い、監獄または死刑に関する内容のものは一切外部へ出さない。気にいらなければ君も小説を書け」というものであった。孫はあの「爆弾判決」のおかげで、空気みたいに自由に、外部の知識を導入し、孫の方からも吐き出していたので、通信の禁止と制限は全くこたえた。拘置所のしめつけはますますきびしくなるばかりであった。すべてはもとのもくあみであり、「もうこれ以上僕から取りあげるものは本棚しかない」という状態に追いつめられた。その本棚も夥しい書籍や資料と一緒にいつ取りあげられるか、戦々競々の日が続いた。これを取りあげられたら、もはや獄中の法律事務所も解散である。孫には、所長の首が据えかわっただけで、こんなにも囚人の取り扱いが変るということが我慢ならなかった。

所長や職員の恣意専横で、どうにでも処遇が左右されるという事実。同じ「監獄法施行規則」にのっとりながら、所長の裁量でどうにでもなる監獄の管理運営が、恐ろしく不合理だと彼は考える。訴訟を起こし、自分のたえざる闘争のおかげでよくなったと思った監獄は、やはりもとのままの監獄だった。彼らの生殺与奪は完全に所長個人の手中にあることが思い知らされた。孫は、この所長になってから、あらたに次々と訴訟を起こした。法務大臣に何とかしてくれと「情願」もした。巡閲官が来たときにはまっさきに会見した。しかし、事態は一向に改善されなかった。松本所長時代が遠い昔の楽しい夢になった。法務省はすっかり囚人の訴訟になれてあわてなくなり、訴訟されたぐらいでビクビクするなとシッタ激励する方針に変えたのだろう。こうなると、官僚の壁は鉄壁である。孫がブチあけたと思いこんだ監獄から社会に通ずる穴は再びふさがれた。ちょっと目ハシのきくお役人さんなら、孫の文章が何度書き直しても雑誌になんか載りっこないことがわかるのだが、監獄とは全くつまらないことで精力をつかうものである。囚人が監獄や死刑制度の悪口を書いたら暴動でも起ると思うのか?

孫の肩を持つわけではないが、手紙を抹消したり、原稿をさしとめたりするのは、お役人達の被害妄想であり、社会人全般に対する侮辱でもある。

『現代の眼』編集部、前田信二郎教授、向江璋悦弁護士、大阪文学学校などにあてた手紙が全部、発信拒否され、愛子さんあての手紙まで抹消された。

そういうわけで、孫がくさり切っているところへ、最悪の事態がついに来たのである。

四月八日の夕方だった。孫が夕食を食べ終ったところへ、ドアがあいて、最近就任したばかりの管理部長が、保安課長と副看守長を帯同して現われた。用件は、中央更生保護審査会からの「恩赦願」却下の通知であった。

孫の顔色はさっと変った。恐怖のために、全身の血がこおりついた。「恩赦の却下」は「死」を意味していた。却下の通知と同時に執行命令が来るのがこれまでのしきたりだった。

しかし、管理部長は、従来のしきたりが最近かわって、恩赦願の却下通知と死刑執行命令が別々に取り扱われるようになったこと、従って、孫の執行命令はきていない、とまず安心させてくれた。孫はやれやれと胸をなでおろしたものの、これは非常事態の到来だった。刑訴法第四七五条によると、彼の場合、残る生存期間は二ヵ月と二十一日であった。あと八十一日間のいのちである。それで法定の六ヵ月に達するわけだが、しかし、それ以前に、執行命令が来るかもしれない。孫は「死刑の執行は急迫しているのではないか」とくどいくらい念を押した。事態が今日明日に急迫しているのでなければ、まず恩赦却下の処分を争う行政訴訟を提起することができる。

彼の恩赦は昭和三十一年四月三日に出願し、一年後の三十二年五月二日付で却下が決定されていた。本来だったら、六年前にとっくに処刑されているはずだった。却下の通知を今日まで保留していた理由は何か、と孫は管理部長に問いつめたが、「よくわからない」と逃げられた。問うまでもなくその理由は明らかだった。彼の反抗と法廷闘争が、彼の命を今日までひきのばしていたのである。これ以上、まだひきのばすことができるだろうか。恩赦却下という事態はもう彼の死がそこまで来ていることを物語っていた。

孫はもはや監獄闘争どころではなかった。新所長を告訴するため、新たな訴訟の提起を準備していたが、そんなものはおっぽりだして、今日、ただちに新事態に対処する手をうたねばならぬ。

愛子さんにこの事態を知らせたものかどうかちょっと迷った。彼女はこの知らせをどう受けとるだろうかと考えると、さすがの孫も悩んだ。

孫はこれまで心の一隅で、こんなに長い間、恩赦願の決定がなかったことに一るの希望をつないでいた。あるいは、恩赦願がいれられて、刑一等が減免されるかも知れない。無期懲役に減免されたら早ければ十五年、遅くとも二十年で出獄できる。彼はもう既に十一年余の獄中生活を経てきていた。仮釈放で十五年で釈放されたら、あと三、四年で出られると計算した。十分子供をつくることだってできるはずだ。愛子さんには明日にも出獄できるように説得してきた。彼自身もその日を夢見、出獄した彼を迎える社会の歓迎ぶりをよく思い描いたものである。拘置所の玄関にどっと押し寄せる新聞記者や、孫斗八のファンたち。あちこちから「孫さん、長いあいだ御苦労さまでした」といたわりと感謝の言葉がおくられる。記者たちから「孫さん今後の予定は?」と質問責めにあう。孫は悠然と「しばらく休養したあと、社会のために働きます」と答える。このときまでに四、五冊の著作を持つ作家になっているから、彼は新進の作家として、実戦できたえた法律家として、社会から注目される。きっとその日が来ることを彼は強く確信していた。いま、その確信は大きくゆるがざるを得なかった。出獄どころか、生命の保証も危くなったこの事態を、妻と呼んでいる女性に知らせるのはつらかった。ホーム・スイートホームどころではなかった。

遂にやってきた死

死！　彼をとらえて離さない死が、またも近々と頬をすり寄せてきたのだ。彼が自分の将来をどう空想しようと、彼は一人の死刑囚だった。万リキのような絶対的な力が、彼の首ネッコを押えていることにかわりはなかった。首にかかった絞首縄を力いっぱいとりはずしたつもりであったが、縄は依然として首にかかったままだった。ただ、しめつける力がいくらかゆるんでいただけだったのだ。

孫は愛子さんに手紙を書いた。そして、新たに遺言状を作製して、毛利与一弁護士のところへ送った。これが、孫が作製した最後の遺言状になった。この遺言状では、彼の財産と著作権の一切が愛子さんにおくられた。それ以前の遺言状では、Mさんに全財産がおくられていたのだが、もう孫には、Mさんがどんなに愛情を傾けつくしてくれても、第二の母より妻の方が大切だった。どっちみち、ない財産と書かざる著作の著作権だから、誰に贈ろうと関係がないみたいだが、Mさんは孫の遺言状を空手形として受けとらなかった唯一の人だったから気の毒みたいなものである。遺言状は、孫の唯一の「誠実」のあかしでもあったのだから。

彼はこの遺言状で、もし、自分が不意に処刑されることがあったら、死体を解剖することをその執行人に命じた。暴力には暴力で抵抗するから、死体を解剖すれば自分がどんなに暴れたか証明できるであろうと書いた。

一方的に、遺言執行人として毛利与一弁護士を指定し、同弁護士に遺言状を送りつけると、死にものぐるいで、恩赦の却下を争う行政訴訟を準備した。

恩赦却下の通知があってから、孫はもう一日に二、三時間しか寝なかった。寝るというよりまどろんだ、という方が正確だろう。

夜、一時二時まで訴訟書類を作製し、もう夜中の三時か四時には眼がさめた。毎日睡眠薬を服用したが、眠れなかったのである。睡眠薬なんて、健康な将来のある人にだけきくものだった。

「目がさめたとき、あたりの気配は全くま夜中だった。寝床の中で起きて時計を見ようかどうかと思っているところへ、ボン、ボン、ボンと三時をうつ。少し早すぎる。もうしばらく眠ろうとつとめてみたがダメ。結局、起床したのは三時五十分」

というような記述が毎日続く。

孫の余命がいくばくもないという事態がハッキリしてから、拘置所は急に孫に対してやさしくなった。所長は、孫に毎日卵と牛乳とリンゴジュースを特別給与することを許可した。医務課長がじきじきにゆで卵をつくってサービスしてくれたりした。硬直していた他の幹部連の頬もいくらかゆるみ、愛想よく笑いかけたりするようになった。いつも手紙や訴訟書類を検閲する職員は「不眠不休はわかっているが、あんまり無理するなよ。それほど急がんでもいいんだろうが」と優しく慰めてくれた。

しかし孫は急がねばならない。彼の命は六月二十八日限りで、この世とオサラバさせると法律できめられているのだ。却下通知を受けて十日目に、「恩赦却下処分取消請求事件」の訴状を完成した。二つに折ってとじたら五センチもある書類を、十日間で書きあげたのである。訴訟救助の申立書と同時にこの書類を裁判所へ提出した。休むいとまもなくただちに死刑執行停止申立書の作成にかかった。

その翌日の四月十五日に、一、二審で敗訴した死刑訴訟の上告審の判決が下りた。もちろん上告棄却の判決だった。朝日新聞はベタ記事で小さくこの判決を報じていた。孫は「朝日新聞ですら、ぼくのこの訴訟は、これだけのニュース・バリュウしかないのか」と情けなかった。残された道は恩赦訴訟で勝つことだけだった。せめてこの訴訟の期間中でも生存が保証されたら！　執行停止の申立書を書きながら三度、執行停止の決定が出ることを祈った。

四月三十日に恩赦訴訟の訴訟救助の決定が出た。異例の早さだった。孫はこんなに早くこの訴訟が裁判所に係属できたことで再び希望をもつことができた。この訴訟を援助してほしいと依頼した毛利弁護士と青木英五郎弁護士が、いい返事をくれた。二人の弁護士さんが続いて面会にきてくれた。孫は勇気百倍すると同時に、一ヵ月来のはりつめた緊張がようやくほどけるような気がした。この二人の大弁護士が応援してくれたら、あるいは勝つかもしれない。

ところがここで、また一つの障害が現われた。青木英五郎氏を訴訟代理人に依頼した場合には、孫の出廷を許さない、と拘置所から通告されたのである。これには困ってしまった。孫はどうしても自分の命を争うこの訴訟に出廷したかった。いくら有力な弁護士さんでも人まかせに頓り切るのは心許なかった。

青木氏も、「こういう訴訟は死刑囚である本人の孫が出廷してこそ、訴える力も大きいのだから、君が出廷できないと困る」という意見であった。結局、青木弁護士は代理人としてではなく、補佐人として、訴訟を助けることを約束してくれたが、新所長の方針で、訴訟書類を弁護士さんに届けるのも自由にならなかった。手紙は相変らず発信拒否されたし抹消された。そして、弁護士の依頼ということから問題になった孫の出廷が、所長のハラ一つで、危なくなった。死刑囚が民事法廷に立つということは全く異例のできごとだったのだ。孫の提訴にあわてた法務省と拘置所が、そこまで頭が廻らずに孫を出廷させたことが習慣になって、これまで百回以上も出廷させてきたが、他の死刑囚が行政訴訟を起こしても、出廷を許していなかった。大阪拘置所長は「いまのところ、君だけに出廷を許しているが、いつ出廷を禁止するかわからないからそう思え」と孫に通告した。

ずっと八、九件の訴訟がいくつかの民事裁判所にかかっていた。孫は毎月数回、それらの裁判所に出廷していたが、出廷を禁止されるとなると恐慌を来たすことになる。無料奉仕してくれる弁護士がみつからない限り、どの訴訟も放棄せざるを得ない結果になるのであった。孫は内心あせりにあせっていた。各裁判所へ訴訟の促進を矢のように催促したが、いっこうに進捗しなかった。第一審で名判決を受けた文読事件の控訴審も、第一審判決後五年になろうとしているのにまだ判決が出なかった。その他の訴訟も右へならえで、拘置所側は尋問を予定された証人を欠席させたり、被告側の答弁をおくらせたりして、裁判のひきのばし戦術に出たため、少しも前へ進まなかった。孫には、裁判所と被告側が彼の処刑を待ってウヤムヤに訴訟を葬むろうとしているように思えてならなかった。事実そうだったのかもしれない。あのような名判決が出た以上、孫の訴えを全く取り上げないわけにはいかなかったろうし、孫を勝たせると、行政上、必然的に厄介な問題に発展せざるを得ないのである。孫はもはや、その役割を果たしたのである。孫に対して意地悪くなった被告側代理人の態度などからみても、孫の処刑待ち、という空気が窺える。

孫は「文読事件」の控訴審の判決日が決定するのを待った。恩赦訴訟を受理した裁判所が、執行停止の決定を出してくれるのを待った。待てどくらせど、どちらの決定も来なかった。特に執行停止の決定は、「首が抜ける」ほど待ち遠しいものだった。六月二十八日はもう目の前にきていた。

内心の不安はおおいがたいものがあったが、それでも孫という男は悲鳴をあげたり泣きごとをいったりしない。愛子さんにも、その他の人にも、希望的観測だけを語った。きっとこの苦境から切り抜けるという信念が彼を支えた。愛子さんは優しい手紙をくれたし、法廷では被告側代理人に負けてなんかいなかった。

いつもサッソウとして闘志満々だった。

彼はいろいろな人に、自信たっぷりの手紙を送りつづけた。北海道の近藤治義という牧師さんにあてた手紙を紹介しよう。

「——もうひと昔まえになりますが、ここの教誨師の一人がぼくに面白いことをいいました。理屈をいわないで、念仏を唱えていなさい、そうすればひとりでにしあわせな人生がひらけてくる、と。ぼくは理屈を並べて念仏を唱えませんでした。（以下、抹消されていたのを再現した）しかしどうでしょう。当時いた死刑囚はみな処刑されて、ぼく一人が生き残っています。そして、ぼくはいま心底からしあわせです。こんな生き甲斐のある人生を知りません。最高裁で破れましたがまけたとは思っていません。昨年から僕に原稿執筆の依頼があるのですが、どうしてもかいた原稿がここの検閲をパスしません。そのため、新しく訴訟を起しました。現在ぼくは九件の訴訟をかかえています。そのなかには恩赦却下を争う訴訟もあります。昭和三十一年四月三日に出願した恩赦が翌年五月二日に中央厚生保護審査会で却下され、これが去る四月八日に通知され、直ちに訴訟を起したわけです。これまでは恩赦却下と同時に処刑されたのが、ぼくの場合はそうではなかったのです。

この訴訟について、当地の高名な先生たちが援助して下さる話が出ています。毛利与一弁護士、青木英五郎弁護士が先般面会にこられて、そういう話でした。出版の計画もあるようです。ぼくはともかく少しでも内容のある勉強をし、仕事をすることが第一だと思ってもりもりやっています。

六月一日も出廷しましたが、この頃は法廷でよく被告側代理人の検事たちと、はげしく論戦をやることがあります。やっつけないではおかないという闘志十分ですから、まけていません。今月は十二日（弁論）、二十五日（ぼくの本人尋問）、七月はなく、八月一日（ここの教育課長と総務部長を尋問)、九月二十八日(二人の職員を尋問)と日程がきまっていて、近く面白いニュースがある見通しです。十月三日(二人の職員を尋問)と日程がきまっていて、近く面白いニュースがある見通しです。仕事が多くてほんとうに悲鳴をあげていますけど、やりとげていくのが楽しみです。またじつ、少しずつなんとかなってゆくので休む暇がありません。当局はいまやっきになって水防工事をしていますが、ぼくのたたかいを濁流にたとえれば、そうしたいちじしのぎでは止めきれる筈がありません。

いぜんとして、ぼくの所へは教誨師が姿を見せません。また、所長がかわっていろいろ面白くないことが起ってきました。リクリェーションとしてみとめていた映画、テレビもみせなくなりました。しかし、そのためではないでしょうが、ぼくの体は少し弱っています。でもまだ元気です。宗教には無縁の男ですが、人間として自己の可能性を無限に探求したいのです。今日は一日ゆっくりと本をよんで休養しました。いま涼しい風がふいています。御自愛下さい。(ここまで抹消されていた)

一九六三年六月二日　　斗八拝」

この手紙は便箋三枚の短かいものだが、最初の一枚を除き、あとの二枚は完全に抹消されていた。孫は佐藤ちまさんやその他の人にもあてて、同じような内容の手紙を書いているが、いずれも発信禁止の処置をとられている。この手紙は孫の死後、近藤さんから借りて、わたしが消された墨の濃淡を頼りに再現したものだが、なぜこういう手紙を抹消しなければならないのか、理解に苦しむところである。この手紙を全文、牧師さんが読むことが、どういう「管理上の障害」をもたらすのか、一度岡本所長に会って訊ねてみたいくらいである。松本所長は全くといっていいほど抹消しなかったし、発信禁止もしなかった。それでもどんな問題も起らなかったのである。

この手紙を書いた数日後に、孫はわたしにも手紙を寄こした。同じような内容なのに、わたしあての手紙は一字も抹消されてない。

「管理上、都合が悪い」という理由で、抹消したり、発信拒否したりする規準が実にいい加減であることがわかる。これでは孫が怒るのももっともだろう。

この間の事情を孫は日記に次のように書いている。処刑される二週間前の日記である。

「教育課長がきて、つぎのことを知らせてくれた。つまり、六月十五日付、現代の眼編集部宛ぼくの手紙は、内容に問題があって、上級官庁に伺いをたてなければならぬので、ちょっと検閲がおくれる、といわれていたのだが、これを今度の所長会同のときに直接伺いをたてたらしく、東京の所長からパスしたからすぐ発送せよという電報が只今きたからすぐ発送した、というのである。橘さんはいかにもホッとしたような表情であった。

これまで何度か話しあったことだが、拘置所はぼくの通信の取扱いに相当以上の神経を使っている由だ。それというのは、止めるべきものをパスさせると上級官庁から叱られるし、反対に止めてはならぬ通信を勝手に止めるとこれまたお目玉をくらう、どっちにしても分のわるい立場だという。それというのも、ぼくが徹底的に争う態度をとっているからだ。これが一般の在監者となると、止めても内部の問題にしかならないけれど、ぼくの場合は直ちに訴訟として法廷にもち出されるからだ。

教育課長ならずとも、早く何とか安心して仕事ができるようになってもらいたい。通信や原稿の自由くらいなぜ認められないのだ。この辺にも法務当局の尻の穴の小ささがわかるし問題に対するアプローチのほどがうかがい知れるというものだ――。」

全く拘置所のエライさんも御苦労な話である。検閲と称して、孫一人のためにどれだけ時間と労力をついやしたかはかり知れないものがある。囚人の書いた手紙を熟読精読して何人も回覧し、写しをとり、法務省へ送り、その結果を電報で知らせるというのだからネンが入っている。

孫がわたしあてに寄こした手紙は、牧師さんあてに書いているような近況報告と、原稿がさしとめられて、せっかく注文があるのに、自分が書いて発送できないから、わたしに代って書いてくれないか、というものであった。この手紙は半年ぶりにわたしが受けとったものである。それまで通信が絶えていたのは、わたしの方から絶交状に近い手紙を送ったためであった。

孫は三度、パンフレットを発行した。「死刑制度に対する抗議」「死刑制度廃止への訴え」「死刑制度は憲法に反する」と題する三冊の文書である。昭和三十五年、三十六年、三十七年と、毎年一回発行した。最初の「死刑制度に対する抗議」は、はじめわたしのところへ持ってきて、わたしが「書き直せ」と送り返したので、松原代議士のところへ持ち込み、松原代議士が東京の印刷所で活版印刷にしてやったものである。松原代議士はこのパンフを印刷して東京から大阪拘置所へ送付してやった上、このパンフを送るのに、郵便代がいるだろうと、五千円の郵便料まで添えて送ってやっている。二度目のパンフも、松原氏に頼んだが、「かんべんしてくれ」と断わられ、わたしのところへ廻ってきたのである。わたしは印刷代を四分の一負担して、知りあいの謄写印刷屋に依頼してやった。あとの印刷代は、松原代議士が四千円、Mさんが五千円出資した。三度目のパンフは、わたしが印刷費を全額負担してやった。とにかく他力本願にもせよ、孫は三度、小冊子を自費出版したわけだ。ところが、四度目のパンフを、もう一度、わたしのところへ持ち込んだのである。しかも、速達便で印刷原稿の中に紙切れ一枚ポンと放りこんで送りつけてきた。この紙切れがまた「×月×日までに納品のこと。紙はB４判ザラ紙を二つ折にして使用のこと。版式は活版、謄写、タイプ印刷いずれでもよろしい」といった何のことはない注文書である。わたしは印刷屋ではない。印刷屋へ何度も足を運び、料金の交渉をし、おまけに、毎度、印刷費はこちらもちなのだから、こんな注文書を受け取ってうれしいわけはない。孫のゴーマン病にいい加減頭へ来ているときだったから、「わたしはあなた専用の印刷機械ではない。あなたに対しては、自分が死刑廃止論者であるという以外には何の弱味もないから、小僧っ子みたいな御用聞きに毎度応じなければならないいわれはない。人にものを依頼するのには自ずからそれ相応の礼儀があるはず」と、その原稿をすぐさま送り返した。それ以来、孫から音信はなかったのである。四度目のパンフは、わたしの代りがみつからなかったと見えて、出ていない。

半年ぶりで受けとった孫の手紙は、やはり例によって例の如しであった。近況報告なら何ということもないが、「僕のこと、書いてみませんか、面白いですよ」という調子なのである。わたしに、孫の自伝を手伝うために拘置所へ口述筆記をとりに来い、というのだ。

久しぶりに受け取った手紙から、孫の窮迫した事情はわからなかったし、仮りに、一ヵ月後に殺されることがわかっていたとしても、わたしには、孫の「立志伝」を口述筆記してやる気はなかった。わたしは、初めての子供を持ったばかりで、すべての関心が子供に集中していたころだった。「わざわざ拘置所へ出かけて、あなたのおしゃべりを聞かなければならないほど、わたしは退屈していない。第一、三ヵ月の乳児を抱えて外出することは不可能である。現在のところ、あなたに会ってやる暇も心のゆとりもない」とできるだけコニクらしく、皮肉たっぷりに、ケンもホロロのハガキを出した。このハガキが、わたしが孫にあてた最後の通信になった。その後、折りかえし、「子供がもう少ししっかりして外出できるようになったら、一度是非ぼくに会いにきませんか」といってきたが、「あなたには会いにいきません」と心でアクタイをついて、返事も出さずに放っておいた。彼の方の事情を率直に語って、「どうか一度会いにきて下さい」と下手に出られれば、根はオッチョコチョイのお人よしだから、重いオミコシを上げていたかもしれないが、「孫神社に参拝せよ」という指令にヘイコラ従う気にはなれなかった。急にわたしを思い出して、続けて二度も「会いに来い」といってきたのは、孫は、わたしの助けを必要としていたにちがいなかったが、あくまで助けてほしいと下手に出ることができない男だった。

孫は、法定の生存期限六月二十八日を薄氷をふむ思いで迎えた。この期日を無事に乗り切ることができたら、恩赦訴訟が片づくまで生きのびることができるかもしれない。彼は息づまるような毎日を送り迎えした。毎日、死刑執行停止決定が出るのを待ちに待った。しかし、とうとうこの決定は出なかった。最後の非常手段として、万一にそなえ、再審請求の書類を日付だけ書きこめば提出できるよう準備した。死刑が確定して以来、再審、再審とやかましくいい、この目的でもって、自分の被告事件の一件書類も調べたのだが、孫は、この書類の中からも、再審を請求できるだけの理由を発見できなかった。再審を請求しても即座に門前払いを食うことは火を見るよりも明らかだった。再審請求をすれば、その間、命は保証されるが、却下されるといっそう危なくなる。それで、これは最後の引きのばし作戦として、ドタンバで提出するつもりであった。

六月二十八日を無事乗り切ったとき、孫はヤレヤレと一息ついたにちがいない。もう少しもちそうだ。もう残された道は恩赦却下の取り消し要求をかちとるしかない。しかし、これはまたむずかしい道だった。昭和二十二年から三十六年までの十五年間に、恩赦によって刑一等を減免された死刑囚は、たったの二十一人だった。この間に三百七十人の死刑囚が絞首台の露と消えた。しかも、処刑をまぬがれた死刑囚二十一人のうち、昭和二十七年の講和条約恩赦によるもの十三人を除くとあとの八人はいずれも、監獄の長の職権上申による特別なケースである。死刑訴訟の中で元宮城刑務所長だった人が、所長時代職権上申によって二人の死刑囚を救ったことを証言しているが、要するに第一要件として、拘置所長のお覚えがめでたくなければ絶対に助かる道はないということなのだ。孫がいかに有能な秀才でも、拘置所長が口添えしてくれない限り、絶対ダメである。その拘置所長を年がら年中告訴しているのだから恩赦の却下は当然すぎるほど当然だ。第一、救われたのは三百七十人中二十一人であり、死刑囚となったが最後、九死に一生を得るよりなおむずかしい。孫は、現行の恩赦制度について「宗教による死刑囚の去勢教育は相当の時間がかかる。川上中央矯正研修所長のいうとおり、六ヵ月では無理である。このため恩赦を出願させておいて〝六ヵ月〟の進行をとめ、潮時をみはからって処刑してしまう。この時間かせぎに恩赦制度が利用されているのが真相である」と攻撃しているが、この指摘は的を射ている。孫は宗教教講を「去勢教育」と攻撃してやまなかったが、教育する側からいえば安心立命の境地に立たせ、喜んで死なせるのがせめてもの「法の涙」だという見解があろう。しかし、そういう温情的な死刑囚に対する同情と同時に、なるべく手数をかけずに「自殺」同様死んでもらいたいということは執行人のいつわらざる心持ちだろう。だから死刑囚が「安心立命の境地に入るのは八ヵ月から十ヵ月」と時間をはかる。それよりも早くても遅くてもいけないという。法定の六ヵ月では時間が足りぬ。結局、恩赦を出願させて、教育期間を引きのばし、殺し頃をはかって、時やよしと絞首台に連行するのである。恩赦の出願は死刑囚にとって一るの望みであるよりも、もっぱら執行人の側の、殺人計測器みたいなものである。

孫はなおもこの制度を攻撃する。死刑囚の助命運動などが、この制度に全く反映されることがないという事実について。三鷹事件の竹内景助氏の場合には助命嘆願の署名が五十万も集まったが、いまだに竹内氏の生命は救われていない。

孫の場合も、ごく少数だが、助命嘆願の署名簿が提出されたし、他にもそういう例は多くあるが、助命運動によって死刑囚の命が救われたという事実はない。孫は、恩赦の却下を争う訴状の中で、このような事実を提示し、「現行恩赦制度の運用は日本国憲法に反し、著しく不合理であると断ずるほかはない」と述べた。この訴訟で、彼の主張が入れられれば、恩赦却下を取り消し、もう一度審査のやり直しということになるが、これは、死刑訴訟以上にむずかしい訴訟であった。むずかしいだけに、いままでこともなく受けつがれてきた「恩赦」という制度そのものをゆすぶってみるのは面白くもあった。この訴訟がようやく軌道に乗り始めた矢先についに来るものが来た。

葬式の参列者たち

七月十七日の朝である。拘置所のエライさんは、彼の死について、サザエのように口をとざし一言半句ももらしてくれなかったから想像で補うしかないが、たぶん孫は、執行停止の決定はまだおりないけれども、恩赦訴訟を起こしたばかりだし、法定の六ヵ月がすぎても何のこともなかったから、そんなに事態は急迫していないと楽観する気持ちもあったのだろう。いつもと同じように、午前九時ごろ死刑執行場の玄関先へ運動に出たのだと思う。

そこへ、おエラ方が屈強な選り抜きの警備隊員を数人ひきつれて現われ、いきなり、「執行命令書」をつきつけたのにちがいない。この情報は真偽のほどはわからないが、この日の朝、刑場に近い病舎や、隣接の監房は全部カラにされ、病人はウムをいわさず、診療室につめこまれ、健康な収容者は一せいに運動場へ連れ出されたという。一人重病をよそおって病舎に居残った男が、刑場の方で大声でいい争う声を聞いたそうだ。後日出所したその男が、孫の獄中友だちに語ったのを、わたしがまたその獄中友だちから聞いたのだが、ありそうなことである。こうして準備万端ひそかに整えた拘置所は、孫専用の運動場から、手とり足とり刑場に連れこんだものと思われる。孫が何とわめき、どのように暴れ、彼の死の状景がどういう「地獄図」をくりひろげたか想像するしかないが、力の限り、わめき暴れたことは間違いない。「助けてくれェ！」と泣いたかもしれない。

孫の日記は、七月十二日、死の五日前で終っている。最後の行は「愛子からの手紙を読みながら、ぼくは体があつくなる。愛子、ぼくは、きみがほしい」という言葉で結ばれている。これが孫の絶筆だった。

わたしが、孫の処刑を知ったのは、翌十八日の朝だった。前日と同様、恐ろしく暑い日であった。夜になっても室温はいささかも下らず、わたしは暑さのために眠れないまま、転輾反側していた。新聞が入った音に救われたような気がして、すぐ、新聞を取りに下りたのである。いつも朝寝坊が習慣になっていて、そんなに早く新聞をひろげるということは年に一度あるかないぐらいなのだが、たまたま、そうしてまだ夜もあけきらぬうちに新聞をひろげたとき、まっさきに眼の中に飛びこんで来たのが「日本のチェスマン、遂に処刑」という大見出しであった。一ぺんに眠気が吹きとび、体が冷えるような気持ちになった。

最近受けとって返事を出さなかった手紙のことが思い出された。気持ちの優しい女のつねとして孫につらく当ったたまま、殺されてしまったことが、心残りであった。彼は死刑囚だったのだから、いつかこの日が来るとは思っていたが、あんまり長いあいだ、彼とつきあったので、彼が死の絶壁に立っていることを忘れていた。新聞は孫が「だまし打ちにするのか！」と叫びつつ、大暴れに暴れて処刑されたと報じていた。わたしは足がふるえるようなショックを受けた。彼はわたしがつきあったただ一人の死刑囚だった。孫はわたしの友人ではなかった。愛人でもなかった。もちろん、肉親ではなかった。彼はただ、わたしがつきあったことのある死刑囚というに過ぎない。しかし、わたしは、わたしをいつくしみ育ててくれた高齢の祖母の死を知らされた以上に愕然とした。

八十過ぎた祖母が枯木のように倒れるのは、これは自然にかなったことである。愛惜はあっても驚きはしない。どんな死でも、死に立ちあうのはつらく悲しいことだが、孫の場合、わたしがこれまでに立ちあった、どんな死とも違っていた。死刑制度がある以上、むしろ彼の死刑は当然という気持ちがあったし、彼自身が宣伝していたような「優秀な惜しい男を死なせた」という愛惜でもなかった。これは社会が、社会的な力で生命をつみとった不条理な死に対するわたしの本能的な違和感みたいなものからくる感情だった。

しかし、わたしがこの朝、こんなに早く新聞を読まなかったら、「とうとう孫も殺されたか」と憮然とする感情を一人自分の胸にしまっておいただろう。夫が出勤したあとで新聞を見たのなら、とても、一人で拘置所へ出かける勇気は出なかったに違いない。そしてわたしが拘置所へこの朝訪ねなければ、孫の遺品が拘置所の外へ運び出されることもなかったろうし、いまこうして、わたしが、孫という男の生涯をたどることもなかったろう。孫は毛色のかわった死刑囚として、やがて忘れ去られてしまったに違いない。わたしが例外的な早起きをしたその日に、孫の処刑のニュースが出たということについて、ちょっと運命的な気さえする。孫の執念がまだ生きて拘束力を持っていたということかもしれない。

とにかくわたしは、四ヵ月の赤ン坊を抱いて、夫とともに、拘置所を訪れた。わたしたちが新聞を見て拘置所を訪ねた最初の弔問客だった。

わたしは途中で大きな花束を買った。せめてもの心ずくしに、花だけでもたむけてやりたいと思ったのである。

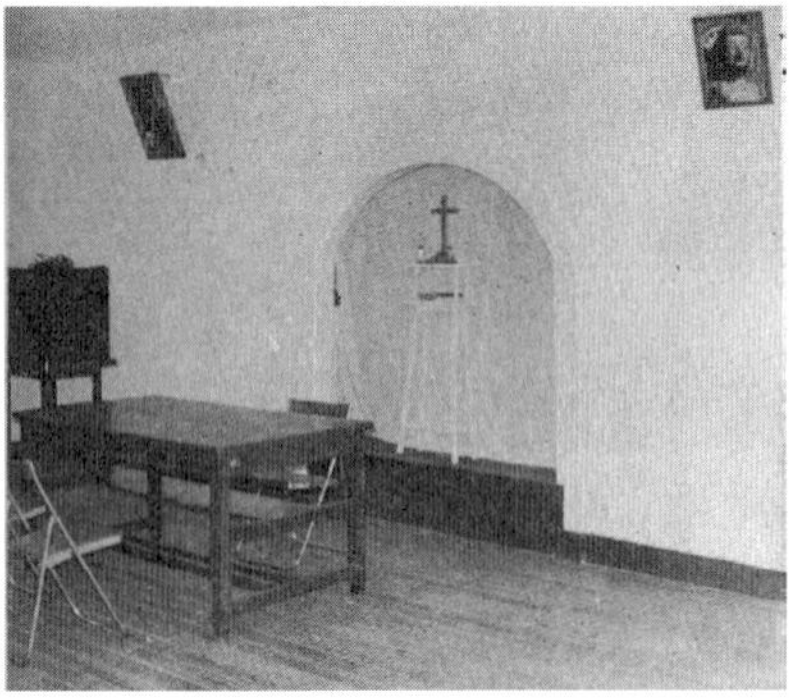
教誨堂

拘置所は、招かれざる弔問客が迷惑気であった。橘という教育課長は、ずんぐりむっくりしたいかにも小心そうなタイプの人で、始終うつむき、ボソボソ聞こえないような声で話した。ときどき、チラリチラリとおびえたようなまなざしでわたしたちを見、すぐさま目をそらしてしまうのである。わたしたちは、昨日、処刑した直後、孫の婚約者という女性を呼び寄せ、あとの処置について相談したこと、彼女が遺品と遺体の処置については拘置所に一任する、手紙や記録は焼き捨ててほしいといったので、いずれ整理した上で、適当に処分するつもりでいることなどを聞き出した。最期の様子を何とかきき出そうと試みたがダメだった。

　孫が死にものぐるいで書いた日記や訴訟書類も、死体と一緒に灰になっておしまいか、と思うと少し可哀そうな気がした。わたしたちが差し入れた本もだいぶあるはずだし、相当数の書籍も持っているはずだった。わたしは、婚約者のかわりに、わたしたちが遺品を引き取ることができないか、とたずねた。橘教育課長は「ちょっとお待ち下さい」と消え、かわりに古田管理部長が現われた。この人は橘氏とは、うってかわった能吏タイプで、眼鏡の奥の眼を光らせ、「何しにきた」といわんばかりの威丈高な態度であった。「孫が所持していた記録類は全部焼却処分にしました」

「いつ？」

「昨日です」

「お役所としちゃずいぶん早手廻しですね」

　そんな押し問答をしているところへ、さっきの教育課長が入ってきた。この人はオドオドとわたしたちの方を見、管理部長の顔を見て、どこへ坐っていいかわからない風情であった。卑屈で何かを怖れるようにビクビクしていた。わたしは、役人のタイプの二つの型を並べて見るような気がしてひどく皮肉な気持ちになった。

「焼き捨てたといわれますけど、さっきこの方が、まだ整理もしていないとおっしゃったばかりなんですよ」

「焼き捨てたとわたしがいってるんだから、焼き捨てたんです」

取りつくシマもなかった。昨日の今日、焼き捨てたはずはなかったが、拘置所のおエライさんがこういう以上、もう孫の記録類が監獄の外に出ることはないだろう。

「ふだん落ち着いているようでも、イザとなったらあわてるんですね」

管理部長は、孫の最期が、あんまりいい死にざまでなかったことをほのめかした。暴れるのにせいいっぱいで、最後の言葉どころではなかった事情がうかがえた。

「遺言はありません」と、あんまりキッパリと何度も強調されたので、わたしは、孫がしょっちゅう遺言状を書き直していたことを思い出した。たしか、金達寿氏が遺言状を返送したあとMさんに全権利を遺贈しているはずであった。あの男が、誰かに遺言状を委託せずに死んだはずがない。その点を訊くと、

「遺言はないが〝遺言状〟ならある」というのである。

遺言状は毛利弁護士のところにあるという。

「処刑後、毛利弁護士にも連絡しました。君尾さんが遺体も遺品もいらないといっていることを伝えましたら了解してくれました。わたしの方には何の手落ちもありません」

あとでわかったことだが、君尾さんは、遺言状を書いていることを知らなかったのだという。恩赦却下の申し渡し後、直ちに書いた遺言状を孫は愛子さんには送れなかったのだ。彼女に彼の死を意味するものを送ることは、さすがの孫にも耐えられなかったのだろう。拘置所は、彼女に遺言はないが、遺言状ならあることを教えなかった。突然の処刑のショックでポーッとなっているところへ「死体がほしかったらあげますよ」とまず、遺体の引き取りを強調された

ら、誰だってまごつくだろう。いくら愛している人の体でも死んでから貰ったってしょうがない。大家族と一緒に暮らしていた独身者のこの人には第一、遺体や遺品をもらい受けても処置に困るということが頭に来たにちがいない。死刑囚とそんな特別な関係を持っていることは家族の誰一人知らないのだから。

彼女ただ一人だけをまず呼びつけて、親切ごかしに「本来だったら親族以外に渡せないことになっているのだが、特別のはからいで、家族同然のあなたに、死体がほしければあげる」といい、彼女から「何もかも拘置所におまかせします」と一札入れさせて、しかるのちに、弁護士に連絡するなんてのは、全くずるいヤリ口である。

遺体は処刑後ただちに、大阪市立医科大学の法医学教室へ送ったといい、拘置所にはなかった。拘置所は君尾さんの住所も毛利弁護士の住所もわたしたちには教えてくれなかった。

「拘置所にはそれを教える義務はない」というわけだ。

わたしたちは、これだけのことをたしかめて、拘置所の門を出た。もはや、殺されてしまったものをどうしようもない。主人は会社へ、わたしは家へ帰ろうか、と相談しながらしばらく門の外に佇んでいると、守衛が「丸山さん」と呼ぶ。「教育課長がお呼びです」

さては、気が変って何か新しい情報でも提供してくれるのかと、赤ン坊を主人に渡すのも忘れて、かけ込むと、廊下の奥で、教育課長がただつっ立って待っていた。こちらが汗だくで赤ン坊を抱いて息せき切って小走りに近づいていくのに、そこから動こうとさえしない。そして何か口の中でボソボソいうのである。二、三度きき直し、耳を五十センチぐらいの距離まで近づけて、やっとこの課長が、わたしたちが持ってきた花束をどうしよう、と訊ねているのを理解した。ガッカリすると同時にむやみと腹が立ってきた。

「どうせ、死体に会っても仕方がありませんし、花はそちらで適当に処分して下さい」

とつっけんどんにいうと、

「それがいいですよ。暑い夏場のことですから、もう病院へ行ってもあるかどうかわかりませんからね。きっともう火葬されてるでしょう。行っても無駄です」

としきりに強調する。こんなハキハキしたもののいい方ではなく、アイマイに語尾をにごして聞こえないような声で、ボソボソ囁くようにいうのである。これがこの課長のふだんの言語動作か、昨日、殺人劇を目撃したばかりで気が転倒していたためなのかわからないが、肩のこる相手だった。

花束問答をして、暗い廊下から炎天の下に出ると、またドッと汗がふき出してきた。「コンチクショウ！」と思う。こんなつまらないことでわざわざ呼び戻すなんて。役目柄とはいえ、昨日、首吊りの縄をひっぱったばかりだというのに、監獄の権威をカサにきて、ぬけぬけと嘘をつく管理部長にも腹が立ったし、教育課長のイジイジした卑屈さも、何とも後味の悪い印象を残した。はじめに拘置所の門を出たときは、遺体を追って病院まで出かけて行く気はなかったのだが、腹を立てて、気が立ってくると、逆にどうしても、死体をこの眼で見とどけないではいられない気持ちになった。せっかくここまで弔問にきたのだから、御本体のいるところまで行きましょう、ということになった。市立大学医学部は、阿倍野橋の近くで、ちょうど帰り道だった。

　孫の遺体は医学部の地下のモルグで冷凍されていた。大学はちょうど夏休みに入ったばかりで閑散としており、学生だか助手だかわからないが、若い人がそこへわたしたちを案内してくれた。モルグはいわば、死体の冷蔵庫で、寝棺に入ったままの死体が、そのまま入るボックスが四つあった。その一つに孫の死体が入っていた。零下二十度で冷凍してるといい、冷蔵庫の内部にはツララがたれ下っていた。孫の他にもまだ、死体が入っているという。狭い冷凍室はひんやりとして、ジメジメと気持ちが悪かった。

「開けてみましょうか」

　わたしは入口の近くに佇んで、そこから前へ進むことができなかった。口を開けた死体冷凍室に、赤ん坊が吸い込まれるような気がして、腕の中にしっかりと抱きしめていた。

　孫は棺の中で静かに横たわっていた。Mさんが差し入れた浴衣を着せられ、白い繊細な感じの手を軽く前で組みあわせて

大阪市大医学部のモルグ。孫の遺体は、医学部法医学教室の教材として払い下げられ、このモルグで学生たちの解剖をまっていた。

いた。棺の中には一輪の花もなかった。わたしは、字を書くこと以外、どんな労働もしたことがない指先だけをみつめた。指はいまにも動き出しそうだった。やっと監獄の門を出たと思ったところが、この狭い冷凍室に閉じこめられて、さぞ窮屈であろうと思った。荒木同様の粗末な寝棺は、一メートル七十センチの彼を納めるのには小さすぎ、足を折り曲げて、いかにも窮屈そうだった。

モルグを出ると、外の熱気がムッと襲いかかってきた。まがうことなく、吊られた死体がここにあると確認したことが、わたしの感情をたかぶらせた。拘置所は孫の処刑による「社会的混乱」を予想したというが、とんだ被害妄想であった。愛人にすら引きとりを拒まれた死体がひっそりとここで眠っていた。ひとりぽっちで、どんな暖かい肉親のまなざしもなく、彼の死を悼む一しずくの涙もないところで。わたしたち夫婦が、シャバで孫と会見した最初の人間だった。そして、わたしたち以外に、死体を追ってここまで来るようなもの好きはいるまいと思われた。

死体は学生たちの教材用に大学が監獄から払い下げて貰った一つの「物体」にすぎなかった。そして、夏休みに入ったばかりの大学では、この死体がいつ解剖され、その目的を果して火葬にふされるか見当がつかないといった。早くても、二、三ヵ月先になるでしょう、というような話であった。

花を拘置所へおいてきたことがくやまれた。

このまま、いつ葬られるとも知れずに何ヵ月も放置するにしのびない気持ちだった。

わたしたちは、毛利弁護士に電話して、君尾愛子さんの住所をきき出した。

君尾愛子さんの家は布施市の朝鮮人集落の中にあった。たずねたずねて、やっとたずねあてたところが、彼女は留守だった。

子供にとっては最初の外出であり、わたし自身も外へ出るのはほとんど数ヵ月ぶりだった。炎天下を真夏の太陽にいられながら、あちこちするのは相当な強行軍だった。子供もわたしもグッタリしてしまった。

「孫よ、もうあきらめなさい。打つ手は打ってあげたんだから」

心の中で呟きながら、わたしたちがわが家へたどりついたのはもう夕方だった。その夜はささやかながらわたしたちだけで、通夜をしてやる気持ちで、遅くまで孫のことばかり話しあっていたところへ、十時すぎ、君尾愛子さんが訪ねてくれた。この人は眼をまっ赤に泣きはらしていた。遺品の件では拘置所にだまされたような気持ちで腹が立つという。

翌日も、その翌日も、わたしは毎日、孫のために外出することになった。毛利弁護士の助けをかりて、焼き捨てられたはずの遺品をとり戻すことに成功した。毛利先生の事務所で孫の最後の遺言状も見た。

遺　言

一、国が不当な手段で私を処刑しようとする場合は、実力で抵抗しますから、私の死体を解剖して、ことの真相を追求すること。

不意打ちに処刑しようとしても再審の請求をして死刑の執行をくい止めるべく、再審請求書を作成して所持しているので、いざというときは、年月日だけ記入して提出すれば法的に有効であり、そのようにするが、それができなかった場合は、実力によって阻止されたものと判断してよい。
二、私の財産および権利その他一切の権原（限）は君尾愛子に譲渡する。
三、私のことは君尾愛子、M、松原喜之次に相談してしかるべく処置すること。
右のとおり遺言する。
昭和三十八年四月十日
孫　斗　八

遺言執行者として毛利与一弁護士を指定する。但し、適当な人に委託することを妨げない。


以前の遺言状に比べると簡単にはなっているが、何ともいやはやである。毛利弁護士も了解なしで、遺言執行人に指定され、何ともいやはや、と苦笑しながら、「遺言執行人に指定されちゃっているんでね」と、あちこち電話してくれた。

遺品問題は実にこの弁護士さんの電話一本で解決した。大阪拘置所長を呼び出し、

「こちらはね、どうしても返さんというのなら、裁判所で解決して貰うほかはないといってるんですがね、それでもいいですか」

笑いながら、そういわれただけである。どっちみち、拘置所から帰ってきても、孫の著作の内容はほぼ見当がついていたし、夥しい反古を貰い受ける結果になるかもしれないとは思われ

たが、同じ焼却処分に付すにせよ、せめてわたしたちの手で焼いてやりたいという気持ちだった。

あとは、遺体の処理をどうするかという問題だけだった。わたしたちのあとから拘置所を訪問した金南学さんも参加してくれたので、孫の遺族は、君尾愛子さん、金南学さん、わたしたち夫婦の四人になった。三人寄れば何とやらが、四人になったのだから心強い。Mさんにも連絡して、五人でお葬式をしてやりましょうと、相談がまとまった。ついでに遺言状にあんなふうに書いてるんだから大学で解剖して貰いましょうということになった。

大学に行って、居あわせた吉村昌雄教授に相談を持ちかけた。

普通、解剖を依頼されると二万円ぐらい頂くことになっているのだという。吉村先生は、「事情が事情ですから……」と金六千円也でスペシャルサービスしてくれることになった。この先生は気さくな人で、いろいろな話をしてくれた。モルグは三百万円もかけて、つい最近設備したこと、モルグを持たない大学が多いこと、モルグがあるといつでも必要なときに死体が解剖できて便利なこと、医学部の学生が大学を卒業するまでに一人最低三体解剖しなければ卒業できないこと、この死体の最大の供給源が監獄であること。

「数年前までは、一年に三、四十体も来た年があったんですがね。最近は減りました。死刑囚が少なくなりましたからね。一年にせいぜい数体ですね」

監獄は死刑囚ばかりじゃなく、獄死者など引き取り手のない死体が出ると、在阪の各大学の医学部に按分して回してくれるのだという。監獄から出てくる死体の他には行路病者、身許不明の他殺死体が、学生の教材になるのだそうだ。

「最近死体の数が少なくなりましてね、いまでは、一人三体という最低線ギリギリいっぱいというところです。」

「じゃ、せっかくの教材を横取りしたら申し訳ないですね」

「いや、法的に、引き受け人が現われると引き渡さなければならないことになっていましてね。大丈夫です。いまのところ、いっぱいいっぱいで間にあってますから……」

「それじゃ、死刑制度がなくなると、ますます死体不足になって困るんじゃないでしょうか。わたしは死刑に反対なんですけど……」

「そうですねえ、困るかもしれませんねえ。でも死刑はいやですね。僕も何回か立ちあいましたが、全くいやです」

それから、立会人になったときの体験談と世界各国の死刑の方法について話をしてくれた。銃殺なんかより、絞首刑の方が、死に方としたらずっとラクなのだそうである。

わたしは、わたしたちの社会がもつ、わたしの知らないメカニズムにふれたような思いがした。そして、これは死刑問題研究家の死刑囚孫さえ知らなかった、死体処理のメカニズムでもあった。彼は処刑後、拘置所が火葬に付し骨を拘置所の仏壇に安置してくれるものと信じていた。拘置所もまた、彼に死体は大学へ払い下げ、死体運搬料と火葬料を節約しているとは教えなかった。学生たちが切り刻み、用がなくなると、いつとも知れず火葬場に運ばれ、文字通り「処理」されておしまい、という人生を終る人間が、かくもたくさんいるという事実が、わたしを驚かせた。そして、ほとんどの死刑囚がそのように「処理」されるのだ。死刑囚たちは生きながらに、われとわれ自からに線香をたく。生きてたくこの焼香が、彼に捧げられた焼香のすべてなのだ。彼らが死後、線香にいぶされることはまずないのである。生きて役に立たなかった彼らが、死んでからただ一度、教材として社会のための用をなすわけだが、哀れとも何ともいいがたい思いがする。死後どうされようと知っちゃいないみたいなものだが、その人の死は彼の全人生を物語るのだ。

さて、孫のための最後の御奉公に、死体を解剖にふし、葬式を出してやることにきめたものの、先立つものはおカネである。吉村先生に葬儀屋に当って貰った結果、最低のお葬いでも一万五千円はかかるという。

わたしたち夫婦は一円のたくわえもない貧しさだったし、金南学さんは、今日食べる昼食代がない始末。かといって、君尾愛子さんも死んでしまった愛人に借金してまでみつぐのはイヤだろう。Mさんも、前日訪ねた君尾さんに、「千円ぐらいなら……」といわれた由。仕方がない。ことに臨むとわたしは案外世俗的な才覚が働く方らしい。松原喜之次代議士の私宅に電話して折りよく病気療養中で在宅された代議士さんに、香典のおねだりしたのである。

わたしはこの代議士さんと一面識もなかったし、孫の遺言状を見て、初めて名前を知った人であった。大阪出身の代議士だが、選挙区が違うので、名前も顔も知らなかった。

電話した翌日、松原氏から、速達書留が届き、真新しいパリパリの五千円札が出てきたときは全く驚いた。死刑囚孫に、五千円もの香典を贈ってくれる人がいる、という驚きだった。それが、日本国の代議士なのだ。一国の代議士から香典を贈られた破廉恥罪の死刑囚は、おそらく孫の他にはいるまいと思う。

葬式は二十三日ときめ、二十二日に夫の勤め先で夏のボーナスが出た。これでおカネの心配はなくなった。

当日の会葬者は、君尾愛子さん、Mさん、金南学さん夫妻、わたしたち夫婦、わたしたちの四ヵ月の赤ン坊を入れて七人だった。

午前十時から、吉村教授の執刀で解剖。解剖は二時間かかった。解剖に立ちあう勇敢な人は一人もいなくて、わたしたちはおとなしく教授の仕事が終るのを待った。金南学さんは火葬許可書を貰うために区役所へ走り、君尾愛子さんは、花とささやかな野辺おくりの調度品を買いに行った。わたしのオッチョコチョイ亭主が、どこかへ消えたと思ったら、どこかしらで赤旗を借りてきた！

孫斗八とアカハタ！　小道具はすっかり整った。孫斗八の死は「輝かしき闘士の死」というような様相を呈してきたのである。

解剖を終えた吉村教授はさっそく死体検案書を書いてくれた。両の腕にハッキリと五本の指のあとがアザになって残っていたという。舌をかみ切ろうとしたらしい口の中のきずあと、両足にひきずられたらしいすりきず。それ以外に外傷はなかった。絞首台に立った死刑囚は、手錠をはめられ、足をくくられ、目かくしされることになっているが、手錠のあとはなかった。おそらく、足縄も手錠もはめさせなかったのだと思われる。両方から、あざができるほど強く腕をつかまれ、絞首台へひきずって行かれて、首縄をかけるなりすぐ踏板をはずすハンドルをひかれたのだろう。屈強な若い看守が歯をくいしばり、無言のうちに腕も折れよと必死に絞首台の下まで運びこんだ様子が目に浮かんだ。じっとしていても汗がにじみ出す暑い朝、彼はどれくらいの冷たい汗を流したろうか。彼が気持ちの優しい青年だったら、この朝の記憶は、一生彼にまつわりついて離れないだろう。「仕事だったのだ、仕方がなかったのだ」といいきかせても、殺人に加担したという意識が彼を離さないのではなかろうか。

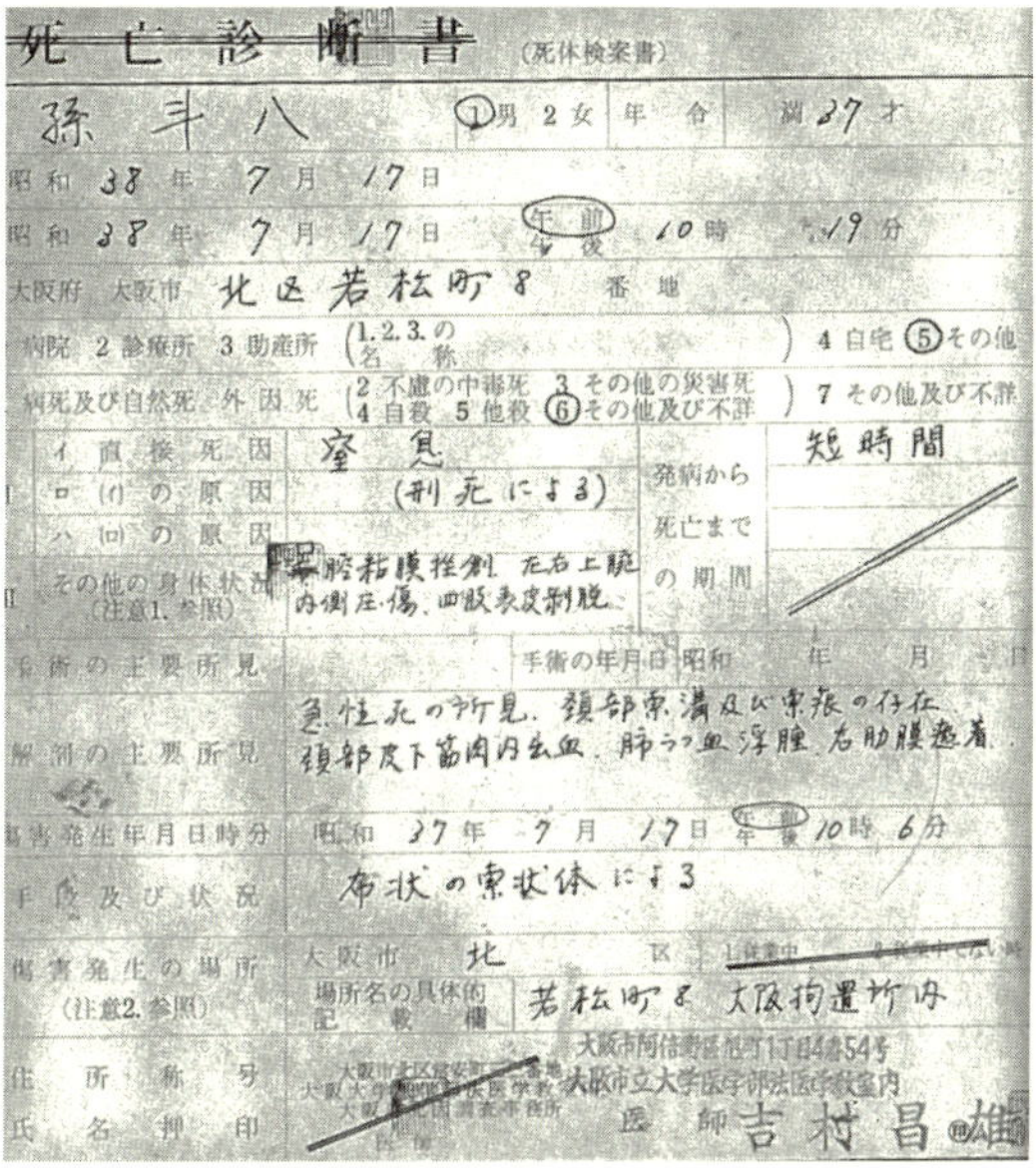
死亡診断書（死体検案書）
孫斗八　1男 2女　年令 満37才
昭和38年7月17日
昭和38年7月17日 午前 午後 10時19分
大阪府 大阪市 北区若松町8 番地
1病院 2診療所 3助産所（1.2.3.の名称）4自宅 5その他
1病死及び自然死 外因死（2不慮の中毒死 3その他の災害死 4自殺 5他殺 6その他及び不詳）7その他及び不詳
イ 直接死因　窒息（刑死による）
ロ (イ)の原因
ハ (ロ)の原因
発病から死亡までの期間　短時間
その他の身体状況（注意1.参照）　腔粘膜挫創、左右上腕内側圧傷、四肢表皮剥脱
手術の主要所見　手術の年月日 昭和 年 月 日
解剖の主要所見　急性死の所見、頸部索溝及び索痕の存在、頸部皮下筋肉内出血、肺うっ血浮腫、右肋膜癒着
傷害発生年月日時分　昭和37年7月17日 午前 午後 10時6分
手段及び状況　布状の索状体による
傷害発生の場所（注意2.参照）　大阪市 北 区　場所名の具体的記載欄 若松町8 大阪拘置所内
住所称号　大阪市阿倍野区旭町1丁目4番54号 大阪市立大学医学部法医学教室内
氏名押印　医師 吉村昌雄

孫斗八の死体検案書。

　孫の最期の状景と一緒に、看守のユニホームの背中ににじむ汗の匂いが漂ってくるような気さえした。

　わたしたちは、殺風景なモルグの隣の霊安室で、孫と最後のお別れをした。君尾さんが泣いた。Mさんが泣いた。お棺の中は、花と涙でいっぱいになった、わたしは泣かなかった。わたしはずいぶん涙もろい方で、くだらないテレビや映画の主人公にもついもらい泣きする癖があるが、この男のために流してやる涙はなかった。彼のおとむらいができるようお膳立てはしてやったが、わたし自身は、孫の死の立会人でしかなかった。

わたしは、チラリと孫の手を見ただけで、子供を抱いてその部屋を出た。わたしには首に縄のあとがある死体を凝視することはできなかった。だから、二度目の死体との対面でも顔は見なかった。

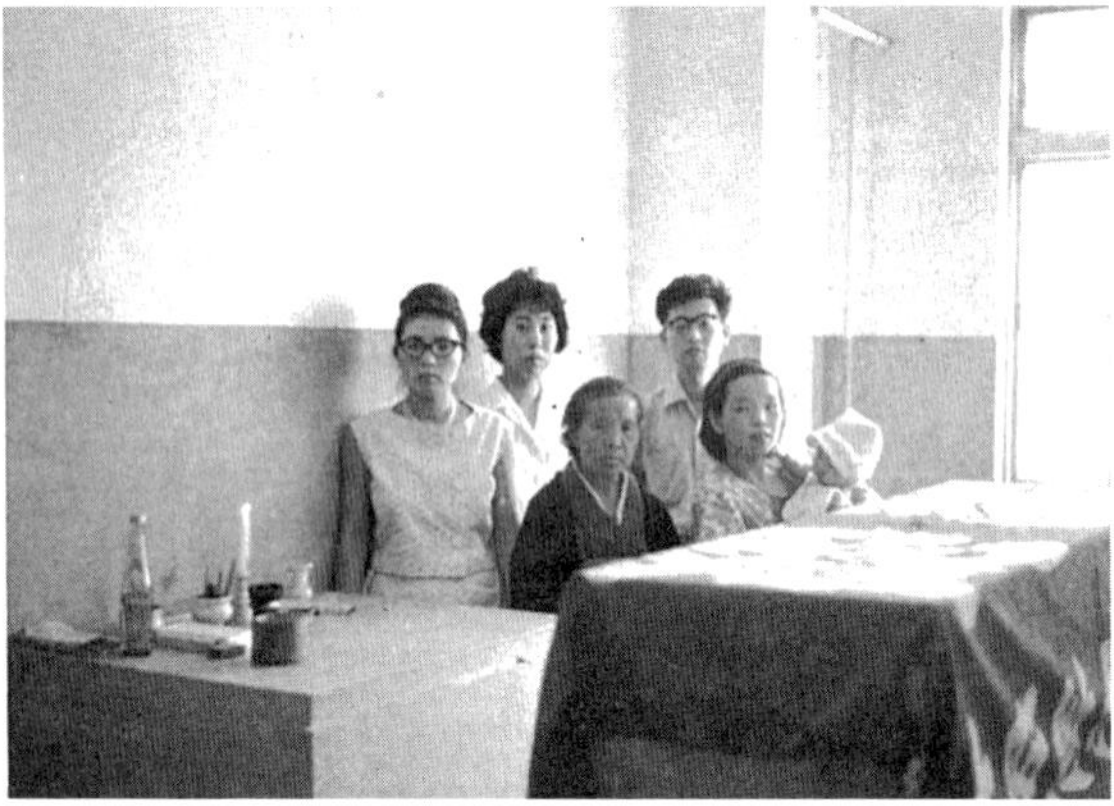

葬式の参列者たち（大阪市大病院地下霊安室で）。赤ん坊を抱いているのが丸山友岐子。

死体のある部屋から出ても、チラリと見た手のイメージが離れなかった。解剖するため冷蔵庫から出されて二時間あまり経つ間に、腐蝕作用が進行していた。最後に見た孫の手は、もはや白いきれいな手ではなく、紫色に変色していた。

生きているということは、腐蝕しないことである、わたしは至極当然のことを、腐りはじめた孫の手から理解した。

すると、孫の闘争が、腐蝕作用にあらがうためのたたかいであったように思えてきた。彼は生きながら腐蝕することに耐えられない男であった。いつも死を前に見すえながら、絶対におとろえることのなかった向学心。どんなささいな不合理でも、不合理を仕方がないものとして妥協的に見すごすことのできない男であった。宗教書をひもとくかわりに、彼は共産主義の文献を読んだ。法律を勉強した。実存主義やプラグマチズムにも、旺盛な好奇心を示すことができた。自分の法廷闘争に直接役立たない、サルトル、ボーヴォワール、カミュ、ジュネの書いた本を読んでいた。彼の知識欲は恐ろしく貪欲だった。彼はどんな「慰め」にも逃避しなかった。宗教を鼻で笑った。小鳥を飼うことを拒み、花を楽しむこともしなかった。彼の関心は、死後甦えることではなく、ピチピチした肉体をもって社会へ生還するというただそのことだけだった。彼は最後の最後まで自分の「生命」そのものに責任を負った。一度も自分のいのちを投げなかったし、責任から逃れようとしなかった。彼は迫りくる腐蝕作用と闘いぬいた。人生を生きぬく態度としたら、誰でもマネのできることではない。わたしは、平凡な主婦の日常におぼれがちな、わたしの生活をかえりみた。わたしは、「あなたには悔悛の情がない」と彼を責めぬいた。「反省せよ」と迫った。しかし、とわたしは思う。「悔悛の情」というのは、人の血で手を汚したことのないわたしたちの空想ではないだろうか、と。わたしたちだって人を殺さないまでも、さまざまな罪を犯す。罪を犯した途端に、一目散にそこから逃げだそうとする。長い日常生活の積み重ねが、一つことの反省の中に、わたしたちをとじこめておかぬ。わたしたちは監獄に対して無意識のうちに、「悔悛」と「反省」のみを求めているが、監獄から送られてくる「ザンゲ」や「くいあらため」の通信になれ、監獄にはその感情だけが生きているように思いこむ。少なくとも、犯罪者を仲間に入れてやるのは犯罪者の「くいあらため」の言葉を通してである。「くいあらためる」ことがそんなに重大な問題だろうか？「悔悛」といい「反省」といっても、ある瞬間、心の中に起伏する一つの感情の流れにすぎないのではないだろうか？　感情というヤツはうつろいやすく、不安定なものだ。

わたしたちが犯罪者に求めなければならないものは、「悔悛」という、否定的な一つの感情ではなく「二度とあやまちをくり返さない」という犯罪者の主体的な決意なのだ。それが、もう二度と拘禁されるのはマッピラというエゴイスティックな計算から生まれたものであってもいい。あやまちを犯さずに生きていけるという主体的な強さを援助すること、それが、わたしたちが監獄行政に期待しなければならない第一の目的でなければならない。

孫斗八は、監獄の中から「くいあらため」の感情の発露以外に犯罪者がもつもう一つの声をわたしたちに聞かせたただ一人の犯罪者だった。彼は、わたしたちに監獄が従順を強制するあまり、囚人の主体性を根こそぎむしりとってしまう、と実情を訴えた。見せかけの従順は決して彼らの生き方をかえぬ。その証拠に二度以上監獄に入る人間が、全体の半分以上もいるのだ。彼は「くいあらため」を拒否したが、そのまま、彼が生きて社会へ帰って来たとしても、彼によって誰かの生命がおびやかされることはないにちがいない。

わたしたちは、彼が行なうであろう第二の犯行を防止するためになら、彼を殺してしまう必要はなかったのだ。彼のこの死がまだ社会にいる死刑囚候補者たちに、一つの忠告となるだろうか。なりはしない。

彼が自分の命をいとおしむほど、他人の生命をも尊重していたら、彼が殺した二つの生命といまつみとられた彼の生命と三つの生命が、その生をまっとうできたのに。

霊柩車が来て、わたしのもの思いは中断した。たった六人の会葬者と死体を載せた霊柩車は瓜破斎場に向って走った。それぞれのもの思いをのせて。金南学さんが、

「喜べよ、孫さん。もって瞑すべしだよ」

と座席の下の孫斗八に語りかけた。この思いはみな同じだった。

死体を焼くあいだ、休憩室で待っていると、朝日新聞社の永尾記者がかけつけてくれた。この人は、孫の生前、記者という職務以外に資料の調査などいろいろと面倒をみてくれた人だった。『週刊朝日』の取材に来てくれたのである。わたしたちはかわるがわるに、わたしたちがかかわった孫という男を語った。

Mさんは、「斗八は気持ちのやさしいいい息子だった」と、処刑されたその日に受け取った最後の手紙を披露した。手紙にはこれからの仕事の予定と、新しいパンツを差し入れてほしい旨書かれていた。何ごとにも綿密な彼は、パンツの図を書き胴まわり何センチ、丈何センチと明細に指定していた。しかしもう彼には新しいパンツは永久に必要がなかった。

まだ残り火が残っている熱い骨が、母と愛人の手で拾われた。絹の金らんで巾着みたいな恰好にしつらえた安ものの骨壺に納まった孫は、第二の母の胸に抱かれた。彼は愛人の胸に抱かれたかったかもしれないが、骨は骨である。生きた肉体ではない。

ささやかな葬儀のあと、いったんわたしの家へ落ち着いた。骨となってわたしの家へ立ち寄ることがあるなんて、おそらく孫は予想もしてなかったに違いない。帰ったら金達寿氏から速達で香典が届いていた。

今日が初対面で、解散したらもはや二度と会うことがないであろう孫の〝遺族〟たちが最初で最後の夕食をともにした。

孫と知りあったとき、二十一歳だった苦学生の金南学さんは二十八歳になっていた。彼は大学で学んだ法律の知識を、日本の社会で活用することはできなかった。彼が得た職業は朝鮮人学校の教師という不安定な恵まれない地位だった。

やっとの思いで学校を卒業して社会へ出た彼が得たものは、美しい日本人妻だけだった。彼は朝鮮へ帰ろうと決意しているところであった。ところが、愛する妻を北朝鮮の社会がどう受け入れてくれるだろうか、という不安が彼を深刻に悩ませていた。朝鮮総連の係の人が、彼が北朝鮮の社会で〝出世〟したければ、日本人妻を置いていく方がいいと忠告したのだという。若い妻は夫とともに、見知らぬ異国でどんな苦労もともにする決意をしていたが、夫は悩んでいた。子供たちはどうなるだろう？　日本で彼がなめたと同じ辛酸を、混血児である彼の子供が朝鮮でなめるのではないだろうか？　いま彼を日本の社会が受け入れてくれないように、彼らの子供たちの将来が、混血児だという理由だけでとざされてしまいはしないか。妻やこれから生まれてくるであろう子供たちを愛すれば愛するほど、自分の家族を苦労させることは耐えがたかった。

それで、金南学さん夫妻は、「離婚すべきだ」「いややはり一緒に北朝鮮へ帰ろう」という二つの結論の間をいったりきたりしているところであった。帰国の申請はすでにしているので、予定どおり帰るとすれば、もう十日間の間にどちらかにきめなければならなかった。

君尾愛子さんも、単身で母国へ帰る決心をしていた。金南学さんも同様だが、母国といい条《ながら》、日本で生まれ日本で育った彼らは母国語を知らず、母国の風土も知らなかった。

朝鮮はむしろ彼らの異郷であった。しかし、なお、この人たちは、日本にいる家族とわかれて、ひとり見知らぬ他人の中へ、彼らのただ一つの故郷へ帰ろうとする。金南学さんがいった。

「いまの僕の状態はかつての孫斗八と同じです。なまじ大学を出たばかりに、肉体労働の世界へ飛び込んでいけないし、かといってホワイトカラーとして生きていくこともできないのです。いっそ帰る国がなければ、しゃにむに努力して、何とか道をきり拓こうとするんだが、もう努力しない先から、俺は朝鮮人だからダメなんだという逃げ口上が準備されているんですからね。国へ帰ったらそんなことはないと思う。努力して酬いられなかったら、それは僕の責任なんだ。僕は逃げ場のない所で力いっぱい努力してみたいんです」

孫はMさんと一緒に、Mさんの家族として帰っていった。彼にはもう帰るべき母国はなかった。その後、金南学さん夫妻がどうしたかわたしは知らない。二人揃って帰国したろうか？ それとも単身で？ 君尾愛子さんも、日本の思い出を日本に残したまま、どうやら帰国したようだ。母国へ帰った彼らを待ちうけているものはいったいなんであろう。彼らの運命が北朝鮮の社会で、どのように拓けていくだろうか。その問題はもうわたしの想像を越える。

孫はMさんの家族に加えられるはずであったが、Mさんの他の家族がそれを喜ばなかったようだ。骨は四天王寺に預けられ、Mさんだけが折りにふれて詣でているらしい。

（完）

解説
死刑囚版 寅さん

辛淑玉

この本を、今の時代に合わせてどう読み解くか。恐らく、多くの日本人には難しいだろう。

まず、本書は死刑囚孫斗八の記録ではない。書かれているのは、若き日本人女性丸山友岐子の自己主張の記録である。彼女は、在日との関わりはあっても、在日社会に理解が深かったわけではない。

彼女は、日本人の目から見た死刑囚孫斗八の姿を見事に描いた。そしてその視線は、現代までも続く日本社会の視線である。

厳しい言い方をすれば、彼女の文章は情緒的で、孫に負けず劣らず自己陶酔的だ。彼女が言っているのは、「人格破綻者の孫斗八という死刑囚がいた」「そいつは死刑になっても文句の言えないような奴だった」「そのくせ死刑になりたくなくて、法的手段をはじめとしてあらゆる手段を駆使した」「本当に傲慢で嫌なやつだった。孫斗八が死刑廃止を訴えるなんて盗人猛々しい」「そんな人間失格の死刑囚ととことんつきあって、ついには遺体まで引き取ったすごい私がいる」というものだ。

その描き方は、いわば「死刑囚孫斗八」を切り取って描いたもので、孫斗八という人間の背景にある歴史・社会・経済のファクターは描き切れていない。書き手の都合で、使い勝手のいいもの、彼女の目についた事実だけをピックアップしているように感じた。

興味深かったのは、この本が過去に出版されたとき、関わったとされる在日の文化的エリート金達寿氏や金時鐘氏が「在日朝鮮人孫斗八」をうまく解説できていなかったことだ。

おそらく、彼らは在日とはいえ「ぼんぼん」だったから、素の朝鮮人孫斗八を背負いきれなかったのだろう。確かに金達寿ら在日一世は苦労をした。しかし一方で、強固な民族団体に守られて生きてきた在日であり、しかも日本社会で評価されている文化人である。日本と体を張って対峙していたわけではない。さらに、今も昔も、民族団体にとって「死刑囚」は取り組むべき課題でもなんでもない。

日本社会に、何の後ろ盾もなく裸で放り出された一匹狼の人生は、彼らの想像を超えていたのだ。そこに「朝鮮人」という共通項があるからといって、命がけで救出するモチベーションなど持ちようがない。むしろ在日社会の価値観から言えば、彼をかばうより覆い隠したいという衝動のほうが大きかったはずだ。冤罪の可能性はゼロで明らかに殺人を犯している孫と、同じ朝鮮人として一括りにされたくない、と。

しかし孫は、昭和の「闇」そのものだった。死刑囚という特殊性さえ除けば、孫のような在日は山のようにいた。そんな男たちを見続けてきたのは、女とその子どもたちなのだ。

例えば、妻の親族が日本国籍を取得したという理由で、妻の顔を受話器で滅多打ちにした男。夫の暴力から逃げていった妻と娘を追いかけ、ガソリンをかけて焼き殺そうとした男。真っ赤に焼けた炭を素手で掴み、息子の顔に突きつけ、手が焼けただれても放さなかった男。子どもが警察に捕まったとき、警察署で自分の子どもを半殺しにするまでぶちのめし、警官が何人も止めに入っても止めきれなかった話など、枚挙に暇がない。

梁石日の『血と骨』が出版された時、その凄まじい暴力性とエネルギーに巷では衝撃が走ったが、私の周囲には、「梁石日はどうしてうちのことをあんなによく知っているんだ？」と口にした人が何人もいた。

壊れなければ生きていけなかった。

壊れることで、かろうじて生きることができたのだ。

生きるために絶えず国家と闘わざるを得ず、おのれの命の価値を虫けらのように扱われた者にとっては、他者の命の価値も虫けら同然なのだ。

私がそんな話をすると、決まって「そんな朝鮮人ばかりではない」と言う人がいる。また、ネトウヨは喜んで、朝鮮人は全部おかしいと辛淑玉が言っていた、と言いふらすだろう。

しかし、私が知っている目の前の在日と、在日の聞き書きに出てくる在日の姿には、あまりにも大きな落差がある。熾烈な差別ゆえに、美しい在日でなければ生きることが許されなかったからこそ、そこに蓋をしなければならなかったのだと私は思う。そして蓋をされた中身が「孫斗八」なのだろう。

あえて私なりに孫斗八を例えるなら、死刑囚版『寅さん』と呼びたい。

寅次郎は、就職もせず、適当なことを言って放浪し、口八丁手八丁で、そして、入籍もせずに何人もの女性と恋（性欲の発散）をしたり、やたら説教をし、自分勝手で、苦しくなると親族に無心をし、いつも迷惑ばかりかけている。しかし、暖かい親族に支えられて、困った困ったと言われながらも、結局はなんとかなるという人情噺。それゆえ、日本のお正月の国民的映画として君臨し続けた。

寅さんがやっていた「テキヤ」という商売は、公務員はおろか民間企業にさえ就職できなかった在日・被差別者の主要な仕事の一つだった。そして、寅次郎のように、国民健康保険にも入らない（公的支援から排除された）状態で居所を転々とするのは、まさに在日の生き方そのものだった。

また、『寅さん』の舞台である葛飾柴又は、在日や被差別者の集住地域でもあった。しかし、映画からは、その二つはそっくり切り落とされている。それはそうだろう。日本人がお正月に楽しく見る映画に朝鮮人なんかが出てきたら興ざめしてしまう。興行にならないからだ。

寅次郎から笑いを取って、代わりに暴力を加えたら、「孫斗八」そのままではないだろうか。そんな在日の男は掃いて捨てるほどいたし、特段珍しくも面白くもない迷惑な存在として、日常の中に存在したのだ。

そんな視点から見ると、この著者の孫斗八の描き方は、「良心的日本人が安心して読めるもの」に仕上げられていることがわかる。同時に、朝鮮人の男たちにとっては、何としても触れたくないもので、その闇からは逃げるか、無視するしかなかったのだろう。

確かなことは、国を奪われ、命が虫けら並にされた社会で、頼りになる親も、親戚も、仲間も組織もなく、一匹狼で生き抜くには、弱者の最後の武器である「ウソ」だけで世を渡るしかなかったということだ。人間性なんか、とうの昔に壊されていたのだ。

植民地支配の下では、自分の命すら自分の自由にはならない。

そして、奪われつくした者が生きようとすれば、生活のすべてが「国家（ルール）」との闘いになる。それは、死刑囚であっても、娑婆にいる私たちでも同じだ。彼がどんどん裁判を起こしたのは、生きるためには国家と向き合うということが被差別者の宿命だからだ。それは今も同じだ。

しかし日本社会は、そのような被差別者の歴史を、自らの歴史として認識することは一度としてなかった。

先日も、ある医学部卒の政治家が、「いやぁ、私のクラスにも在日の友人がいてね。彼はすごいんだよ。医学部って、勉強する内容が多くて、だから（当時は）みんなでカンニングなんかもしててさぁ。でも、彼は一度もそんなことをしたことがないんだよね」と語った。この政治家は、自分は在日の理解者だと伝えたくてそんな思い出話を語ってくれたのだろうが、それを聞いた私は「なんて残酷な話なんだ」と感じた。

当時の在日は今以上に社会上昇が困難で、唯一開かれていた資格が医者だった。いくら優秀でも、就職先がないから医学部を選択せざるを得ない。しかも、一族の期待と資源（金）を背負わされている。そんな在日がカンニングなどというリスクを犯せるものか。その張りつめた緊張感は、この政治家には理解できなかったのだろう。

そんな理解の断絶の果てが、在日が日本名を使うのは特権だとして「死ね」「殺せ」「浄化せよ」と叫ぶヘイト・スピーチがまかり通る今だ。この社会では、創氏改名が特権だという解釈になるのだ。

とはいえ、レイシストも決して気楽に生きているわけではない。彼らの生きづらさは、かつての在日の生きづらさに近づいている。外国人登録証のようなマイナンバーで管理され、大学を卒業しても正社員にはなれない。やっと非正規で採用されても未来など見えない。ローンすら組めず、災害が起きても、原発事故が起きても、政府が助けてくれることはない。いま日本で起きていることは、「日本人の在日化」なのだ。自分の生活も命も軽く扱われているのに、人権を口にする劣等民族がいるとなれば、叩きたくもなるだろう。

彼らは無知なのではなく。憎しみを内在化したのだ。そして、壊れている。かつて全てを奪われた在日一世の男たちのように。

日本人が、国家によって日本人としての特権を奪われ、二級市民化、朝鮮人化させられている以上、彼らも在日と同じような破壊の歴史を辿らざるを得ないだろう。

孫斗八は、死刑囚となる前に、すでに朝鮮人としては死刑を執行されていたのだ。その抜け殻が死刑囚孫斗八だった。その姿はまさに、日本の近代史が生んだ闇そのものだ。

日本社会が奪ったものの大きさを理解しながら本書を読めば、これから人々がどう壊れていくかも見えてくるはずだ。

壊れた孫斗八が全身全霊を傾けた闘いの果実を手にしたのも、結局は日本社会だった。

むしり取られるとはこういうことだ。

孫斗八・年表

1925 年 12 月 21 日	朝鮮慶尚南道で生まれる
1933（昭和 8）年 4 月頃	叔父と日本へ
1944（同 19）年 4 月	広島高専電気科入学
1945（同 20）年	退学処分
1951（同 26）年 1 月 17 日	殺人事件を起こす
12 月 19 日	神戸地裁一審判決・死刑
1952（同 27）年 5 月 8 日	大阪拘置所へ移管
1953（同 28）年 5 月以降	隔離厳正独居
1954（同 29）年 10 月	大阪地裁・行政訴訟提起
1955（同 30）年 2 月	大阪高裁控訴棄却・死刑判決
12 月 19 日	上告棄却・死刑判決確定
1956（同 31）年 4 月 3 日	恩赦出願
1958（同 33）年 8 月 20 日	大阪地裁民事三部（平峯隆裁判長）・行政訴訟「文書図画閲読等禁止処分に対する不服事件」勝訴
1961（同 36）年 4 月 7 日	死刑執行停止命令
1962（同 37）年 3 月 27 日	死刑訴訟 1 審敗訴
4 月 8 日	恩赦の却下告知（昭和 32 年 5 月 2 日付却下）
4 月 14 日	恩赦訴訟提起
1963（同 38）年 4 月 30 日	恩赦訴訟の訴訟救助決定
6 月 1 日	行政訴訟弁論
6 月 12 日	同上
6 月 23 日	同本人尋問
7 月 17 日	大阪拘置所にて死刑執行

社会思想社版『超闘 死刑囚伝』の年表を改訂した

著者◎丸山友岐子（まるやまゆきこ）
1934年6月、大阪府泉佐野市で生まれる。1981年、中山千夏らと「死刑をなくす女の会」を立ち上げる。マスコミ報道による女性への陵辱に抗議し、おんな通信社をおこし、『女子高生コンクリート詰め殺人事件―彼女のくやしさがわかりますか？』『報道の中のおんなの人権―「女子高生コンクリート詰め殺人事件」をめぐって』を刊行。1995年6月、死去。
著書に『わが愛と性の履歴書』（1979年、社会評論社）、『はじめての愛―あべ定さんの真実を追って』（1987年、かのう書房）、『武甲山殺人事件』（1994年、一葉社）、など多数。

解説◎辛淑玉（しんすご）
ヘイトスピーチとレイシズムを乗り越える「のりこえねっと」共同代表。
著書に『怒りの方法』（2004年、岩波新書）『悪あがきのすすめ』（2007年、岩波新書）、『辛淑玉的現代にっぽん考　たんこぶ事始1、2』（2010年、七つ森書館）等多数。

逆うらみの人生 **死刑囚・孫斗八の生涯**

2017年1月10日　第1刷発行

著　者　丸山友岐子
解　説　辛淑玉

発行人　深田卓
装幀者　宗利淳一
発　行　インパクト出版会
〒113-0033　東京都文京区本郷2-5-11　服部ビル2F
Tel 03-3818-7576　Fax 03-3818-8676
E-mail：impact@jca.apc.org
http:www.jca.apc.org/~impact/
郵便振替　00110-9-83148

藤田印刷株式会社